배움에서
삶의 정도를 찾은
선비들

배움에서
삶의 정도를 찾은
선비들

변원종 지음

작가의 말

강력한 힘이 세상을 쥐락펴락한다. 강력한 힘으로 약소국을 강탈하고 권력을 앞세운 기득권층은 힘없는 사람을 짓밟고도 양심이나 반성은 찾아보기 힘든 것이 현실이다. 세상은 불신과 원망으로 뒤섞여서 아픈 목소리는 힘을 가진 사람들에 의해 잦아들지 않는다. 부자는 더 못 가져 안달이고, 권력을 가진 사람은 더 연장하려고 애쓰고, 경제 대국은 더 못 챙겨 서로 으르렁거린다. 그러니 가난한 사람과 못 가진 나라 사이의 장벽은 점점 높고 단단해져 치유하지 못할 깊은 반목과 대립의 앙금만이 어지러이 오갈 뿐이다.

이런 치유할 수 없는 세계정세와 국내상황에서 요구되는 삶의 지표가 있다. 바로 선비정신이다. 조선 시대의 이상적 인간상으로 지칭되는 선비는 조선 시대 중기부터 형성된 인격과 덕성을 갖춘 지식인을 일컫는 말이다. 이른바 '사림士林'이라고 불렸던 당시의 선비들은 관직에 나아가는 일 자체가 사리를 추구하는 일이라고 보고, 관리가 되길 거부한 채 학문과 수양의 도야에만 몰두하기도 하였다. 임진왜란과 병자호란의 전란과 사화를 겪으면서 부패하고 무능한 중앙정부의 공교육 대신 사림이 서원을 중심으로 인재를 양성하고 향촌 사회를 이끌기 시작한 것이다.

조선 시대의 사림들은 재야의 선비로서 사욕을 극복하기 위하여 철저한 자기 수양에 힘썼으며, 아울러 인간과 자연 세계의 이치를 탐구하기 위해 진지한 노력을 기울였다. 즉 자연을 도구로 보는 것이 아니라 인간과 자연의 상생을 도모하는 자연 친화력이 있었다.

퇴계는 뜰에서 자라는 잡초의 풀 한 포기에도 우주의 신비가 깃들어 있음을 발견하여, "뜨락에 푸른 풀도 생각은 다 같으니, 그 미묘한 뜻을 뉘라서 맞추리요?"라고 감탄하였으며, 그 스스로 이 시를 설명하여 "한가한 뜰의 미세한 풀도 낳은 창조가 일어나며, 그 속에 우주의 진리가 갖추어 있음을 눈으로 보니, 그 생각조차 향기롭다"라고 하였다. 이처럼 작은 풀 한 포기에서도 자연의 진리가 드러나고 있음을 통찰하였다. 산수 자연을 감상하는 것을 통해 세속적인 욕심에서 벗어나 정적인 순수한 감정이 침잠되어 심신을 정화하는 수양적 측면을 말하는 것이다.

선비는 조선조 왕권 시대에 불의에는 죽음을 무릅쓰고 왕의 독주를 견제하였고, 부패하고 정의롭지 못한 권력을 향해서 도의를 부르짖기도 하였다. 그리고 임진왜란과 병자호란의 국난에 과감히 외적의 침입에 대항하여 의병 활동과 저항 운동을 일으켜 나라를 구하고자 하였고, 일제 36년 동안 일본의 국권 침탈에 항의하여 독립운동의 일선에서 진두지휘하기도 하였다. 우리 민족의 지난 역사를 살펴보면 국가 존망의 국난을 당할 때마다 나라를 지킨 것은 왕권이나 군대도 있었지만, 절의를 지킨 선비정신, 즉 목숨을 버리고 의를 좇아[사생취의 捨生取義] 절의를 지켜왔기 때문이다.

율곡은 경연에서 "미리 군대 10만 명을 양성하여 급한 일이 있을 때를 대비하옵소서. 그렇지 않으면 10년이 못 가서 흙이 무너지듯 하는 화가 있을 것입니다" 하니, 정승 류성룡이 말하기를 "일이 없이 군대를 양성하는 것은 화근을 만드는 것이다" 하였다.

이 당시는 난리가 없은 지 오래되어 안일한 것만 좋아하여 경연에 있던 신하들이 모두 '선생의 말씀이 잘못이다' 하였다. 선생은 나와서 류성룡에게 말하기를, "국세의 위태로움이 달걀을 쌓아 놓은 것 같은데, 시속 선비는 시무를 모르니, 다른 사람이야 진실로 기대할 것이 없거니와, 당신도 또한 이런 말을 하는가?" 하였다.

임진왜란이 난 뒤에 류성룡이 조정에서 언젠가 사람에게 말하기를, "지금에 와서 보면 이문성 李文成은 참으로 성인이다. 만약 그의 말대로 하였으면 나라의 일이 어찌 이렇게 되었겠는가. 또 그가 전후에 계획한 정책을 혹자들이 비난하였지만, 지금 모두 꼭꼭 들어맞으니, 참으로 따라갈 수 없다. 율곡이 만약 살아 있다면 오늘날 반드시 타개할 방법이 있었을 것이다" 하였으니, 참으로 1백 년을 기다리지 않고도 안다는 것이라 하겠다.

율곡은 일찍이 학문을 연구하는 사람들에게 말하기를, "도는 높고 먼 데 있는 것이 아니요, 다만 사람이 일상생활하는 가운데 있는 것이니, 일에 따라 각각 마땅함을 얻으면 그만이다. 다만 배우지 못한 사람은 마음이 어둡고 식견이 없으므로, 반드시 글을 읽고 이치를 연구하여 사람이 마땅히 걸어갈 길을 밝게 한 뒤에야 지식이 올바르게 되고, 실천하는 것도 올바른 길을 얻게 된다" 하였다. 그는 학문하는 사람이 해야 할 일은 '일상에서 일어나는 삶의 질서를 알고 실천하는 일에 불과하다'라고 보았다. 즉 선비의 공부는 죽은 뒤에야 끝나는 것이기 때문에 서두르거나 늦추거나 해야 할 사안이 아니라 평생 갖고 갈 책무임을 알 수 있다.

선비의 특징을 다음과 같이 정의할 수 있다. 부단한 공부와 자기 수행을 통해 개인적인 욕망과 세속적인 편안함을 절제하여 바람직한 사회와 국가를 위한 사회정의를 실천하는 데 있었다. 불굴의 정신으로 영리 추구를 위한 삶을 영위한 것이 아니라, 이웃과 백성들의 아픔과 고통에 관심을 두고 올바른 국가관을 제시함으로써 정의로운 사회를 건설하려고 애를 쓴 지성인이었다.

그리고 선비는 지조와 절개의 상징이기도 하다. 사람을 대할 때는 떳떳하고 사물을 대할 때는 사사로운 물욕에 사로잡히지 않으려고 노력했다. 비록 집안이 가난하더라도 권력 앞에 아부하고 의지하는 비굴한 삶을 선택하지 않았다. 그러므로 선비는 어떤 상황에서도 떳떳하며, 떳떳하기에 올바른 목소리를 낼 수 있었다.

기본적으로 세속의 권세와 부귀영화를 꾀하지 않을 뿐 아니라, 성현의 공부 자체가 평생의 업이어서 직접적인 경제 활동을 하지 않았기 때문에 청렴과 청빈한 삶을 지향할 수밖에 없었다. 혹시라도 관직에 입문하여 높은 벼슬에 올랐다 하더라도 관직에서 물러나면 다시 청빈한 삶으로 돌아와 독서와 학문, 수양에 몰두하였다.

이처럼 선비는 사회와 국가의 등불이자 정신적 지주이며 인격의 기준이었다. 또한, 세속의 명리를 찾거나 시류에 영합하지 않고 공익과 도의를 위해 저항한 선비의 기개가 없었다면, 우리는 보편적 가치를 추구하는 명맥을 유지할 수 없었을 것이다. 이러한 점에서 곳곳에서 이해관계의 충돌로 인해 벌어지는 극심한 혼란과 갈등, 권모와 술수가 횡행하는 역사적 과제 속에서 사회의 정의를 인도하는 참된 선비상을 갈망하고 있다.

차례

제1장

배우면서 모르는 것을 물으면
길이 보인다

공자는 인을 통해 인간다움을 회복하고 이를 통해 사람답게 사는 사회를 만들고자 노력했다. 그 노력이 교육을 통해 많은 제자가 혜택을 받음으로써 오늘날 동아시아 교육열의 진원지가 유교임을 알 수 있다. 학문學問은 한자의 표현 그대로 '배우고 모르는 것을 물음'으로써 진정한 앎에 접근해간다는 뜻이다. 지식을 배우는 것이 '학'이고, 그 지식을 주체적으로 소화하여 진정한 나의 것으로 만들기 위해 비판적인 관점에서 의문을 가지고 질문하는 것이 '문'이라고 할 수 있다. 지식이란 과거에 어떤 제한된 시간과 제한된 장소에서 특정 경험과 견해를 가진 어떤 사람에 의해 도달한 결론이다. 그런 지식을 배우고 익히는 것이 '배움'이다.

그런데 그 지식을 배우는 사람은 다른 시간, 다른 장소, 다른 경험적 배경을 가진 사람이다. 따라서 그 지식을 배울 때는 항상 자신의 관점에서 되짚어 보는 자세즉 "問"가 절대적으로 필요하다. 왜냐하면, 어떤 지식이든 그 자체로 완벽한 것은 없고 항상 일정한 한계가 있는 만큼 그 한계를 알아야 더 나은 단계로 발전시킬 수 있기 때문이다. 요컨대 어떤 지식이든 항상 의문을 가지고 비판적으로 접근할 때에만 참된 나의 지식이 될 수 있다는 것이 "학문"의 의미라고 할 수 있다.

유교가 국가의 이념이었던 조선은 교육을 중시하는 모습이 서양 사람들에게 놀라움 그 자체였다. 예를 들면 조선에 온 서양 선교사들은 조선인들의 지식수준과 학문에 대한 열정에 찬탄을 금치 못했다. 클로드 샤롤르 달레 신부가 1874년 쓴 『한국천주교사』를 보면 그 사실을 알 수 있다.

> 우리는 매우 잘 관리되고 있는 조선 왕실의 도서관을 보고 무척 놀랐다. 2절지 크기의 왕가 연보, 의술 관련 서적, 공자와 관련된 책들, 그리고 4절지 크기의 한국사 서적 등 수천 권에 달하는 다양한 서적이 질서정연하게 정리되어 있었다. 책들의 뛰어난 인쇄 상태에 우리는 다시 한번 놀랐다. 양피지처럼 만든 종이, 고리나 구리로 만든 모퉁이 장식이 달린 책들이 즐비했고 얇은 대리석 판에 금 글자로 새겨 넣은 서적은 구리로 나전 세공을 한 장식으로 이어 붙여 병풍처럼 펼쳐지기도 했다.

서양의 선교사가 본 조선 왕실 도서관 모습은 신기하고 경이로웠던 것 같다. 방대한 양의 장서와 다양한 종류의 관련 서적, 그리고 뛰어난 인쇄 기술 등 서양에서 일찍이 경험하지 못한 새로운 모습이었던 것이 분명하다.

1866년 한국에 온 프랑스 해군 장교 주베는 조선에서 놀라운 경험을 하게 된다.

　　　　　　　　　　　배움에서 삶의 정도를 찾은 선비들

볕이 따가운 어느 여름날, 주베 장교는 옷을 챙겨 입고 조선의 거리로 나섰다. 이제 조선이라는 나라에 익숙해질 법도 한데 그의 눈에 아시아 대륙의 동쪽 끝에 있는 조선은 여전히 미지의 세계였다. 백색 옷을 입은 조선인의 모습은 마치 유령 같았고, 거리에서 여자들의 모습을 보기가 쉽지 않았다. 그래서 주베 장교는 조선은 여자가 매우 귀한 나라라고 착각까지 했다. 하지만 얼마 전에야 조선 여자들이 문밖출입을 잘 하지 않기 때문이라는 사실을 알게 되었다.

날씨가 너무 더워 주베 장교는 잠시 나무 그늘에 앉아 땀을 식혔다. 그런데 그곳에서 놀라운 광경을 목격했다. 척 보기에도 찢어지게 가난해 보이는 집의 방문이 열려 있었는데, 그 안에 상당량의 책이 쌓여 있는 것이 아닌가. 주베 장교는 생각했다.

'끼니 걱정을 하며 살 법한 집에 웬 책이 저리 많을까? 아하, 저 집 주인이 책벌레인가 보구나.'

그러나 주베 장교의 예상은 빗나갔다. 거리를 걸으며 그는 약속이라도 한 듯 방 안에 책이 놓여 있는 조선의 가정집들을 목격했다. 이에 주베 장교는 감탄했고, 이 사실을 고향에 알려야 한다고 생각했다. 그래서 주베 장교는 1873년 프랑스 잡지 「투르드 몽드」에 공부하는 조선 선비의 삽화와 함께 이런 내용의 글을 보냈다.

"조선 사람들은 매우 가난한 사람의 집에도 책이 있고, 학문에 대한 애착이 매우 강하다. 이는 선진국이라고 자부하는 우리의 자존심마저 겸연쩍게 만든다."

주베는 조선과 같은 극동의 먼 나라에서 자신이 경험하지 못한 신기한 체험을 하게 된다. 그것은 먹고살기조차 힘든 매우 가난한 집에도 상당량의 책이 쌓여 있다는 사실이며, 이것은 당시 선진국이라고 자부하는 프랑스의 자존심마저 부끄럽게 만든다고 생각한 것이다. 조선 사회에서 문맹자들은 심한 천대를 받기 때문에 글을 배우려는 애착이 매우 강했다. 프랑스에서도 조선에서와 같이 문맹자들을 가혹하게 멸시한다면, 경멸을 받게 될 사람이 허다할 것이라고 그는 생각했다.

마을을 돌아본 후의 충격을 적어 그는 「투르드 몽드」의 잡지에 보낸다. 이런 프랑스 장교의 놀라운 경험이 결국 지식의 보고인 규장각 도서인 『의궤』를 프랑스로 가져가게 된 이유가 되었다.

그는 또 이렇게 말했다.

> 방대한 양의 서적과 비축용 종이를 발견했으며, 서적 등 일부는 훌륭한 그림을 담고 있는데, 그것들은 오늘날 파리 국립 도서관에 옮겨져 소장되고 있다. 거의 모든 책은 한서漢書이나 조선은 고유한 언어를 지니고 있으며, 그것은 동양 어느 나라에서도 찾아볼 수 없는 진정한 표음문자이다.

이 해군 장교는 날카로운 관찰력으로 우리의 언어와 문자에 대해서도 정확히 관찰했지만, 한자로 적혀 있는 외규장각 책들이 단지 중국 책인 줄 아는 오해를 일으켰다. 아마 그가 한문을 이해할 수 있는 능력이 있었다면 조선 학문의 진수를 알아볼 수 있었을 것이다.

영국 선교사 언더우드는 역사학자 존스 박사의 말을 인용해서 이렇게 말했다.

조선인은 지식욕이 강하고 학자가 되는 것이 모든 사람의 이상으로 되어 있다. 이에 반해 중국은 기질이 상업적이고 상인의 국가인 것 같고, 일본은 군국주의적이고 무사인 나라인 것 같다. 그러나 조선은 학문적이고 학자의 나라라는 인상을 준다.

사회적인 혼란기에도 학문을 사랑한 나라. 조선의 선비들은 왜 글을 읽고 어떻게 공부했을까? 조선의 주류 학문인 성리학을 탐구한 선비들에서부터 조선 후기 사회 개혁을 추구한 실학자들, 신분을 뛰어넘어 학문 탐구에 몰두한 천민들의 공부하는 모습이 프랑스 해군 장교 주베는 경이롭게 보일 수밖에 없었다.

사람이 더욱 나은 삶을 위해서 갖추어야 할 덕목이 바로 학문이다. 한 사람이 사회에서 자기 역할을 담당하기 위해 필요한 모든 덕목이 학문에 갖추어져 있기 때문이다. 학문은 한 개인이 사회에서 자기 역할을 할 수 있게 해주는 것이기도 하지만, 한 국가의 흥망 역시도 그 국민의 학문 여부에 달려 있다고 할 수 있을 것이다. 그 대표적인 곳이 혁신기술을 접목한 미국의 실리콘밸리이다.

제2장

|

절의를 추구한
선비정신

외국인들이 놀랄 정도로 학문을 추구한 조선의 선비는 지성과 인격을 함께 갖춘 유교 사회의 지식인을 말한다. 단순히 유교적 교양을 갖춘 사대부의 정신을 뜻하는 것이 아니라, 인격 완성을 위해 끊임없이 학문과 덕성을 키우며, 대의를 위하여 목숨까지도 버릴 수 있는 불굴의 정신을 소유한 인격자를 의미한다. 이러한 선비정신은 우리 민족의 고유 사상인 풍류도와 화랑도 정신이 오랜 역사를 통해 면면히 이어져 오다가 조선 시대에 본격적으로 등장하게 된다.

'선비'란 어원을 살펴보면 고려어를 기록한 『계림유사 鷄林類事』에 등장하고, 세종 때 만들어진 『용비어천가』에 '선비'라는 용어가 나온다. 사전적 개념은 '옛날에 학식은 있으나 벼슬하지 않은 사람', '학문을 닦는 사람을 예스럽게 이르는 말', '어질고 순한 사람을 비유하여 이른 말'이라고 정의한다. 여기서 선비는 관직에 나아가지 않더라도 사람이 마땅히 행해야 할 도덕상의 의리를 구현하고자 하는 인격과 덕성을 갖춘 지식인을 가리킨다.

우리 선조들은 인격과 지성을 갖추고 언행과 예절이 바르며 의리와 원칙을 지키고 관직과 재물을 탐내지 않는 고결한 인품을 지닌 사람들을 가리켜 '선비'라고 부르며 존경하였다. 선비로서 갖추어야 할 선비정신은 사대부로서 유교적 교양을 갖추는 것만 뜻하는 것이 아니라, 인격 완성을 위해 끊임없이 학문과 덕성을 키우며, 세속적 이익보다 대의를 위하여 목숨까지도 버릴 수 있는 불굴의 정신과 기상을 가리킨다. 이러한 선비정신은 오랜 역사를 통해 면면히 이어져 왔으며 16세기 이후 조선의 시대정신이자 사회와 문화를 지탱하는 힘과 사상적 역할을 하기도 하였다.

불굴의 정신과 기상이란 무엇인가? 소나무가 도저히 살기 힘든 환경에서 수백 년을 넘어 수천 년 가까이 온갖 시련과 고통을 이기며 살아온 것과 비견된다. 소나무의 평가가 드높았던 데에는 상록수라는 것도 큰 비중을 차지했다. 비바람과 눈보라의 역경 속에서도 모습이 푸르니 꿋꿋한 절개와 의지의 상징이 된 것이다. 우리 주위에서 가장 많이 접하는 대표적인 상록수인 데다 생김새가 시원시원하고 멋이 있어 충정과 절개, 지조와 같은 유교의 선비적 덕목을 상징하여 정신적인 측면과 실천적 강령으로도 숭상했다.

이런 이유로 율곡 이이는 세한삼우歲寒三友로서, '소나무[松] · 대나무[竹] · 매화나무[梅]'를 꼽았고, 윤선도는 시조 '오우가'에서 소나무를 벗으로 여겼고, 추사 김정희는 '세한도' 발문에서 "성인께서 유달리 칭찬하신 것은 단지 엄동을 겪고도 꿋꿋이 푸르름을 지키는 송백의 굳은 절조만을 위함이 아니다. 역시 엄동을 겪은 때와 같은 인간의 어떤 역경을 보시고 느끼신 바가 있어서이다"라고 하였다. 『논어』「자한」편에 "한겨울 추운 날씨가 되어서야 소나무 측백나무가 시들지 않음을 비로소 알 수 있다"라는 것에서 '세한

　　　　　　　　　　　　배움에서 삶의 정도를 찾은 선비들

도'의 제목을 따왔는데, 사람은 고난을 겪을 때라야 비로소 그 지조의 일관성이나 인격의 고귀함 등이 드러날 수 있다는 뜻이다. 시절이 좋을 때나 고난과 핍박을 받을 때나 한결같이 인격과 지조를 지켜야 한다는 추사의 다짐이다.

선비정신과 실천 강령의 덕목은 수기안인修己安人, 즉 사회정의의 실천, 지조와 절개, 도와 기예 일치, 청렴과 청빈 낙도, 충정 등 도덕적 행위로 설명할 수 있다. 수기안인은 자신의 마음과 행실을 먼저 바르게 닦아 수양하여 다른 사람들을 편안하게 하여 바람직한 공동체를 형성하는 것을 궁극적인 목적으로 한다. 즉 선비가 관직에 나아가는 것은 자신의 부귀와 명예, 권력을 누리기 위해서가 아니라 궁극적으로 함께 더불어 바람직한 삶을 도덕적으로 영위하도록 하기 위한 것이다.

인간은 도덕적인 삶에 관한 영역, 즉 삶의 방향을 어떻게 설정할 것이며 바르게 살기 위해서는 어떻게 처신해야 할 것인지에 대해 어려서부터 꾸준히 교육을 받아 오면서 성장하고 가치 기준을 설정한다. 그러한 가치 기준에 비추어 자신의 행동이 옳은지 그른지를 살피며 반성하기도 한다.

공자와 맹자는 그 가치 기준을 다음과 같이 설명하고 있다.

> 도에 뜻을 둔 선비나 어진 사람은 모두 구차하게 살기 위해 인仁을 해치지 않고, 자기의 생명을 희생해서 인을 이루려는 노력을 한다.
>
> – 『논어』 「위령공」

천하에 도가 있을 때는 도로써 몸을 따르고, 천하에 도가 없을 때는 몸으로써 도를 따르는 것이기 때문에 도를 가지고 남을 따른다는 말은 들어 본 적이 없다.

─『맹자』「진심 상」

생명도 원하는 것이고, 의로움도 원하는 것이므로, 둘 다 얻을 수 없다면 생명을 버리고 의로움을 택하겠다.

─『맹자』「고자 상」

이러한 공맹의 주장은 '도덕적인 삶이 인생에서 얼마나 귀중한 것인가'라는 가치 규범을 담고 있다. 그것은 바로 사람다운 삶에 대한 염원이고 윤리 이념과 도덕 원칙이 부도덕한 삶과 충돌할 때, 윤리의 기본원칙을 지키기 위해서 용감하게 정의를 위해 희생해야 함을 강조한다. 이것은 윤리의 기본원칙만이 사람다운 삶의 참다운 본질로 보았기 때문이다. 즉 '자기의 생명을 희생해서 인을 이루는 일[살신성인殺身成仁]', '도로써 몸을 따르는 것[이도순신以道殉身]', '삶을 버리고 의를 취하는[사생취의捨生取義]' 원칙은 가정이나 사회, 국가가 위난에 빠졌을 때, 지사나 열사들의 정신적 바탕을 이루어 사회나 국가를 구원하는 희망을 주었고, 그들을 존숭하는 이유도 여기에 있다.

공자는 다음과 같이 말한다.

공부하는 선비가 오로지 인생의 진리만을 탐구하는 데 노력하지

배움에서 삶의 정도를 찾은 선비들

않고서 자기의 옷이 남루하고 음식이 거칠다고 해서 수치심을 가진다면 이는 물질에 치중하려는 사람이므로 그와 함께 인생의 도를 의논할 만한 가치가 없는 것이다.

– 『논어』 「이인」

또한, 증자는 다음과 같이 선비의 임무를 설명하고 있다.

선비는 포용력이 크고, 의지가 강하지 않으면 안 된다. 왜냐하면, 그가 담당한 책임이 중대하고, 또 그가 가야 할 길은 멀기 때문이다. 인도仁道를 널리 떨쳐야 하는 것이 자기의 임무일진대 그 책임이 어찌 무겁지 않겠는가? 죽고 난 후에야 책임이 비로소 정지되므로 그 길이 어찌 먼 것이 아니겠는가?

– 『논어』 「태백」

선비란 포용력이 크고 강한 의지를 키워 인을 행해야 할 책임이 있음을 말하고 있다. 평생 지고 갈 임무이기 때문에 무겁고, 그 임무는 죽고 난 후에 비로소 정지되므로 그 길이 멀다고 보았다.

제3장

사림들의 상생을 도모한 자연관

조선 시대의 이상적 인간상으로 지칭되는 선비는 조선 시대 중기부터 형성된 인격과 덕성을 갖춘 지식인을 일컫는 말이다. 이른바 '사림士林'이라고 불렸던 당시의 선비들은 관직에 나아가는 일 자체가 사리를 추구하는 일이라고 보고, 관리가 되길 거부한 채 학문의 도야에만 몰두하기도 하였다. 즉 전란과 사화를 겪으면서 부패하고 무능한 중앙정부의 공교육 대신 사림이 서원을 중심으로 인재를 양성하고 향촌 사회를 이끌기 시작한 것이다.

조선 시대의 사림들은 재야의 선비로서 사욕을 극복하기 위하여 철저한 자기 수양에 힘썼으며, 아울러 인간과 자연 세계의 이치를 탐구하기 위해 진지한 노력을 기울였다. 즉 자연을 도구로 보는 것이 아니라 인간과 자연의 상생을 도모하는 자연 친화력이 있었다.

퇴계는 뜰에서 자라는 잡초의 풀 한 포기에도 우주의 신비가 깃들어 있음을 발견하여, "뜨락에 푸른 풀도 생각은 다 같으니, 그 미묘한 뜻을 뉘라서 맞추리요?"라고 감탄하였으며, 그 스스로 이 시를 설명하여 "한가한 뜰의 미세한 풀도 낳은 창조가 일어나며, 그 속에 우주의 진리가 갖추어 있음을 눈으로 보니, 그 생각조차 향기

롭다"라고 하였다. 이처럼 작은 풀 한 포기에서도 자연의 진리가
드러나고 있음을 통찰하였다.

　퇴계는 마음이 바르게 되어 있어야 비로소 자연을 올바르게 즐
길 수 있으며 또한 자신의 내적 감흥을 바르게 드러낼 수 있다고
생각했다. 동시에 그는 자연의 아름다움을 즐기는 것을 통해 심신
을 바르게 할 수 있는 수양이 된다고 보았다. 그는 세속적인 일체
의 관념을 도외시하여 마음을 비우고 담담하게 받아들여야 하며
독서나 화초, 산이나 계곡, 물고기와 새 같은 것에 대한 감상을 통
해 진리나 아름다움을 느낄 수 있다고 믿었다. 이는 선현들이 즐겼
던 수양법과 일치한다. 산수 자연을 감상하는 것을 통해 세속적인
욕심에서 벗어나 정적인 순수한 감정이 침잠되어 심신을 정화하는
수양적 측면을 말하는 것이다.

　퇴계는 자연을 즐기는 것이 심신을 정화하는 훌륭한 수양의 의
미를 지니는 것으로 생각했다.

　　　산수가 아름다워 그윽이 굽이쳐 도는 곳을 만날 적마다 혹은 술
　　　병을 가지고 가거나 혹은 벗들과 함께 더불어 노닐며 읊조리다
　　　가 날이 저문 뒤에야 돌아오나니, 이 모두 마음속을 가득 열고
　　　정신을 트이게 하니 성정을 기르는 일이다.

　자연을 즐긴다는 것이 인간의 성정을 순화하여 함양하게 하는
수양적 기능이 있다고 본 것이다. 퇴계는 자연을 즐기는 것을 통하
여 물아일체의 경지에 이르러 참된 인생의 경지에 이른다고 생각

하였다.

그리고 율곡이 좋아하여 바위에 새겨 놓았던 구절에도 이와 유사한 내용이 있다.

성품이 저 깊은 물속의 물고기에서 저 높은 하늘의 새에 이르기까지 인간을 포함하여 만물이 모두 같으니, 나의 사랑은 멀리 산과 골짜기의 세상 끝까지 속속들이 미친다.

나와 사물이 같은 성품을 하늘로부터 부여받은 존재라는 인식에 따라, 나와 물속의 물고기와 하늘을 나는 새가 서로 다른 존재가 아니라 하늘 아래 똑같은 성질을 공유한 만물임을 인식하여 자연스럽게 사랑이 산과 골짜기에 미치게 된다고 보았다.

남명 조식이 1558년 지리산을 유람하고 감상한 『유두류록遊頭流錄』을 보면 지리산을 유람하며 다양한 공부를 시도한 선비들의 학문 자체를 엿볼 수 있다.

비로소 불일암에 도착했는데, 이곳이 청학동이다. … 여기에서 바로 내려가는데 한 번에 두어 마장씩이니 달려간 다음에야 쉴 수 있고… 위로 오를 때에는 한 걸음을 내딛기도 어렵더니 아래쪽으로 내려갈 때는 발만 들어도 몸이 저절로 내려갔다. 마치 올라갈 때의 어려움은 선을 따르는 것과 같고, 하산할 때의 쉬움은 악을 따르는 것과 같다.

이것은 조식이 지리산 쌍계사 뒤쪽에 있는 불일암에 오르고 자

장암으로 내려갈 때 느낀 바를 기록한 것이다. 조식은 산을 오르내리면서 산을 오를 때의 어려움을 선행을 행하는 어려움에 비유했고, 산을 내려올 때의 쉬움을 악행을 행할 때의 쉬움에 비유했다. 조식은 지리산을 유람하면서 단지 산을 오르내리는 쉽고 어려움만 생각한 것이 아니라 자신의 심신 수양을 한 것이다.

단원 김홍도의 「포의풍류도布衣風流圖」의 그림에는 선비가 비파를 타고 있는 모습이 담겨 있다. 배경이 생략되어 공간을 가늠하기 어렵지만, 버선을 신지 않은 것으로 봐서는 실내가 분명하다. 선비 주변에는 붓, 벼루, 서책, 생황, 도자기, 파초, 호로병, 중국 고대 청동기 고觚, 사인검 따위가 그려져 있다. 이러한 소품들은 모두 선비의 풍모나 가치를 드러내는 기호이다. 풍류를 흔히 한량들이 기생을 끼고 음주 가무를 즐기는 것이라고 알고 있는 사람들이 많다. 하지만 이것은 겉으로 드러나는 일부분일 뿐이다. 엄격한 예법과 자발적 청빈을 실천하는 일은 결코 쉽지 않다. 부당한 권력이나 재물을 가진 사람들의 끊임없는 공격과 모함을 견뎌내야 한다. 무엇보다 원초적 욕망이 만들어내는 안락과 유혹의 손길에서 벗어나는 일은 확고한 사상과 신념이 없이는 불가능하다. 그래서 선비들은 이러한 부당한 권력과 재물의 유혹을 벗어나 신념을 지키는 것을 최고의 가치로 삼았고 아름다운 그림과 시로 표현했다. 이것을 풍류, 혹은 유유자적이라고 한다.

벽은 진재해의 「월하취적도月下吹笛圖」의 화폭에는 달빛이 밝은 밤에 소나무 아래 바위에서 피리를 부는 선비와 이를 감상하는 친구, 술잔을 받쳐 들고 서 있는 동자가 있다. 화면 왼쪽의 소나무는

배움에서 삶의 정도를 찾은 선비들

멋스럽게 휘어졌고 그 위로 산이 비스듬히 중앙 쪽으로 솟아 있다. 오른쪽 멀리 원경에는 또 다른 희미한 산봉우리가 보이며, 그 위로는 휘영청 둥근 달이 떠 있다.

선비들은 부귀와 권세, 명예를 누리기 위해 관직에 나아가는 것을 추구한 사람도 있었지만, 자연과 함께 풍요로운 아름다운 정취도 즐겼음을 알 수 있다. 자연을 즐기면서 정신적 정화를 이루었고, 잘못된 정치로 고된 삶을 살아가는 백성들을 보면서 당시의 사회와 정치적 모순을 비판하였다. 그리고 이들은 현실 정치와 일정한 거리를 두고 있었기 때문에 오히려 현실에 대해 객관적으로 직시할 수 있는 안목이 있었고, 한편으로는 학문과 인격 수양에 전념하여 사회와 국가에 이바지할 수 있는 기틀을 마련하기도 하였다.

18세기 실학자 다산 정약용은 가난한 선비가 생계를 염려해서 생업에 종사하는 구체적인 방법을 제시하였다.

> 가난한 선비가 생계를 염려해 생업에 종사하는 것은 형세이다. 하지만 밭 가는 일은 힘이 많이 들고, 장사 일을 하면 명예가 어그러진다. 다만 손수 원포園圃: 과수 채소 등을 심어 가꾸는 뒤란이나 밭에서 진귀한 과실과 좋은 채소를 가꾸는 일은 비록 왕융王戎이 오얏 열매의 씨앗에 구멍을 내고, 소운경蘇雲卿이 참외를 판 일과 같이, 하더라도 나쁠 것이 없다. 모름지기 이름난 꽃과 기이한 대나무로 꼼꼼히 꾸미는 것도 지혜로운 꾀이다.
>
> — 「윤혜관을 위해서 준 증언」

왕융이 '오얏 열매의 씨앗에 구멍을 뚫었다'라는 것은 진나라

때 죽림칠현 중의 한 사람인 왕융이 자기 집에서 나는 오얏 열매를 팔면서 남들이 그 종자를 못 받게 하려고 씨에 송곳으로 구멍을 낸 다음에 팔았다는 고사다. 또 소윤경의 이야기는 남송 때 세상이 어지럽게 되자 소운경은 세상을 피해 숨어 살았는데, 그는 농사를 지으면서도 틈만 나면 온종일 문을 닫고 눕거나 무릎을 꿇고 지냈다. 젊은 시절의 벗 장준이 재상이 되어 그를 부르자 마침내 어디론가 떠나버려 종적을 알 수 없었다고 한다. 직접 기른 참외를 내다 팔아 생계를 꾸려나간 것은 소평인데, 글 속에서 두 사람의 이야기가 뒤섞여 있다.

이처럼 선비들은 나라의 정책이 잘못되었을 때 죽음을 무릅쓰고 상소나 간언을 하기도 하였고, 부패한 조정과 관리에 대해 비판적 견제의 기능을 수행하였다. 이런 까닭에 남명은 선비를 '나라의 으뜸이 되는 기운'이라고 하였다. 이는 선비야말로 이기심을 버리고 지극히 객관적이고 공정한 관점에서 올바른 의견을 제시할 수 있었기 때문이다.

퇴계는 "선비는 예의의 원칙이며 원기가 깃드는 곳이다"라고 했고, 영조 때의 실학자인 홍대용은 "인의에 깊이 젖고 예법을 따르며 천하의 부富로도 그 뜻을 어지럽히지 못하고 누항陋巷의 근심으로도 그 즐거움을 대신하지 못하며 천자도 감히 신하로 삼지 못하고 제후도 감히 벗 삼지 못하며 현달하면 은택이 사해에 미치고 물러나면 도를 천 년토록 밝히는 것이 참된 선비이다"『담헌집』에서라고 하였다. 정응은 "한 나라에 있어서 선비란 한 사람에 있어서 원기와 같은 것이니 원기가 흩어지면 사람이 죽은 것처럼 선비가 없

배움에서 삶의 정도를 찾은 선비들

어지면 나라도 망한다"『정암집잡록』라고 하였다.

선비는 조선조 왕권 시대에 불의에는 죽음을 무릅쓰고 왕의 독주를 견제하였고, 부패하고 정의롭지 못한 권력을 향해서 도의를 부르짖기도 하였다. 그리고 임진왜란과 병자호란의 국난에 과감히 외적의 침입에 대항하여 의병 활동과 저항 운동을 일으켜 나라를 구하고자 하였고, 일제 36년 동안 일본의 국권 침탈에 항의하여 독립운동의 일선에서 진두지휘하기도 하였다. 우리 민족의 지난 역사를 살펴보면 국가 존망의 국난을 당할 때마다 나라를 지킨 것은 왕권이나 군대도 있었지만, 절의를 지킨 선비정신, 즉 목숨을 버리고 의를 좇는 [사생취의捨生取義]로 지켜온 것이었다.

이러한 선비의 특징을 다음과 같이 정의할 수 있다. 부단한 공부와 자기 수행을 통해 개인적인 욕망과 세속적인 편안함을 절제하여 바람직한 사회와 국가를 위한 사회정의를 실천하는 데 있었다. 불굴의 정신으로 영리 추구를 위한 삶을 영위한 것이 아니라, 이웃과 백성들의 아픔과 고통에 관심을 두고 올바른 국가관을 제시함으로써 정의로운 사회를 건설하려고 애를 쓴 지성인이었다.

그리고 선비는 지조와 절개의 상징이기도 하다. 사람을 대할 때는 떳떳하고 사물을 대할 때는 사사로운 물욕에 사로잡히지 않으려고 노력했다. 비록 집안이 가난하더라도 권력 앞에 아부하고 의지하는 비굴한 삶을 선택하지 않았다. 그러므로 선비는 어떤 상황에서도 떳떳하며, 떳떳하기에 올바른 목소리를 낼 수 있었다.

기본적으로 세속의 권세와 부귀영화를 꾀하지 않을 뿐 아니라, 성현의 공부 자체가 평생의 업이어서 직접적인 경제 활동을 하지 않았기 때문에 청렴과 청빈한 삶을 지향할 수밖에 없었다. 혹시라도 관직에 입문하여 높은 벼슬에 올랐다 하더라도 관직에서 물러나면 다시 청빈한 삶으로 돌아와 독서와 학문에 몰두하였다.

현대사회는 극심한 자유 보호주의로 인한 극심한 빈부 격차, 환경오염으로 심각한 기후변화, 문화와 종교로 인한 극한 대립과 갈등, 이념에 의한 전쟁, 철저한 개인주의로 인한 소외현상 등의 현상을 어떻게 해결해야 할지 우려할 수준에 이르렀다. 유교는 사물에 대해 측은하게 여기며 이웃에 사랑하는 따뜻한 마음을 가지라고 강조한다. 유교의 가치를 철저히 실현하여 사회정의 구현에 앞장선 선비정신을 이에 대한 대안으로 생각해 볼 필요가 있다. 선비정신은 우리나라가 적극적으로 지향할 가치이며 대표적인 사상이므로 우리가 간직하고 보존해야 할 소중한 정신이며 문화유산이다.

배움에서 삶의 정도를 찾은 선비들

제4장

사람다운 사람이 되기 위한 수양

1. 몸가짐을 단정히 하고 엄숙한 태도를 유지

선비들이 중요시해 왔던 학문은 자신을 수양하여 다른 사람을 바르게 인도하는 실천 공부이다. 선비들은 이러한 근본적인 정신에 입각해서, 철저한 수양을 통하여 내면을 정결하게 유지하고, 사회의 부조리에 대한 비판을 통하여 정의사회를 구현하고자 하였다.

선비가 군자나 성인이 된다는 것은 결코 쉬운 일이 아니며, 이를 위해 학문을 연구하고 끊임없이 자신을 성찰하고 수양하는 삶을 잊지 않도록 다짐하였다. '남에게 지식을 보이기 위한 공부[위인지학爲人之學]'보다는 '자신의 인격을 완성하기 위한 공부[위기지학爲己之學]'를 중시하면서, 학문의 목적이 본래 자기 성찰과 수양에 있음을 강조하였다. '수신제가 치국평천하'라는 말도 먼저 수신이 되어야만 '제가'와 '치국평천하'도 가능하기 때문이다.

수신의 대표적 방법인 경敬은 송대의 정이천이 제시하는 유가의 주요 수양방법이다. 『주역』에서 "경으로 안을 곧게 하고, 의로움으로 밖을 바르게 한다[경이직내敬以直內 의이방외義以方外]"라고 하였다. 이때 경이란 마음속의 본성이 사사로운 욕심에 치우치지 않도록 조심하고 경계하며, 이를 바탕으로 행동을 할 때 그 행동이 과연 옳은지 그른지 도덕적으로 판단하여 바로잡는다는 뜻이다. 이런 경을 정이천은 더욱 구체화하여, '마음을 한곳에 집중하여 어떤 유혹에도 흔들리지 않게 한다[주일무적主一無適]'를 주장하였다. 또 한편으로는 주경의 내용으로 '몸가짐을 단정히 하고 엄숙한 태도를 유지하라[정제엄숙整齊嚴肅]'를 강조하였다. 이는 학문을 배우는 사람들이 평상시에 자신의 외적인 용모와 행동거지뿐만 아니라 내적인 생각과 감정까지도 동시에 자신을 항상 정결하여 성찰하라는 의미이다.

이러한 '정제엄숙'의 생활 습관으로 『이정집』 「유서」에서 "의관을 근엄하게 바로 하고 시선을 높게 가져간다면, 그런 가운데서 자연스럽게 경의 상태가 갖추어진다"라고 보았다. 사람들이 상황과 여건에 따라 어떤 옷을 입느냐에 따라 행동거지와 말의 품격이 평상시와 달라진다. 또 입는 옷에 따라 격식과 예의가 함께 따른다. 그래서 「유서」에서 "용모에 조심하고 사려를 가지런히 하면 자연히 경이 생긴다"라고 하였다. 하루의 일과 중 사람들이 가장 많이 신경을 쓰는 부위가 자신의 용모이다. 그리고 다른 사람의 관심을 제일 많이 받는 것도 다름 아닌 용모다. 용모는 바로 그 사람을 대표하기 때문에 자연히 제일 많이 신경을 쓸 수밖에 없다.

퇴계 이황도 인격 수양의 방법으로 '거경궁리'를 최우선으로 삼았다. 그는 사물의 이치를 궁구하여 지식을 넓히는 '궁리'뿐만 아니라, '거경'을 특히 강조하였다. 즉 기는 선할 수도 있고 악할 수도

있으므로 기를 항상 선하게 만들 방법으로 경의 실천을 중요하게
여긴 것이다.

> 군자의 학문은, 이 마음이 아직 발하지 않았을 때 이르러서는 반
> 드시 경을 주로 하고, 존양 공부를 보태야 한다. 이 마음이 이미
> 발할 때에 이르러서도 역시 반드시 경을 주로 하고, 성찰 공부를
> 보태야 한다. 이것이 경학의 시작과 끝을 두며, 본체와 작용의 측
> 면을 관통하는 이유이다.
>
> -『퇴계전서』「속집」

　이처럼 퇴계는 '천리를 보존하고 인욕을 제거하는 것'은 오직
경의 실천으로 가능하다고 보았다. 그는 모든 일의 근본을 경에 두
어 '경은 마음의 주재자이고 모든 일의 근본'이라고 생각하였다.
즉 이 세상의 이치를 궁구하여 사람답게 사는 것이 목표라면, 사람
의 중심을 이루고 있는 것은 마음이며, 그 마음의 주재자가 바로
경건함이라고 보았다. 그래서 마음이 움직이기 전이나 마음이 움
직였을 때나 항상 경을 유지해야 한다. 퇴계는 경의 구체적인 실
천 방법으로 정이천의 영향을 받아 '마음을 한군데 집중하여 잡념
이 들지 않게 할 것', '몸가짐을 단정히 하고 엄숙한 태도를 유지할
것', '항상 또렷한 정신 상태를 유지할 것[상성성常惺惺]' 등을 강조
하였다.

　율곡도 퇴계처럼 인격 수양에 있어서 경의 태도를 유지할 것을
주장하였다. 그러나 율곡은 한 걸음 더 나아가 경 못지않게 성誠도

강조하였다. 성이란 참된 것, 진실한 것이자 우주적인 질서를 의미한다. 율곡은 경과 성의 관계에 대해 다음과 같이 정의하였다.

> 성誠이란 하늘의 참된 이치이자 마음의 본체이다. 사람이 본래 마음을 회복하지 못하는 것은 개인적이고 간사한 것이 가리기 때문이다. 경을 주로 삼아 개인적인 것과 간사한 것을 없애면 본체가 온전해진다. 경은 공부하는 요령이며 성은 공부의 결과가 이루어지는 곳이니, 경으로 말미암아 성에 이르는 것이다.
> – 『율곡전서』「성학집요」

경은 공부하는 요령이고 성은 공부 결과가 이루어진 것으로 보아, 경으로 말미암아 성에 이르는 것이라고 보았다. 성은 경의 결과이자 목적이고, 경은 성으로 들어가기 위한 수단이나 도구로 파악한다. 즉 성과 경을 상호보완적인 관계로 설명하면서, 경을 통하여 사욕을 줄임으로써 성에 도달할 수 있다. 그러므로 율곡은 아무리 좋은 이상이라도 현실에서 실현되지 않는다면 아무 의미가 없다고 생각하여, 정치와 경제, 교육과 국방 등에 대해 이론보다는 현실이나 실질적인 것을 주장한다.

이와 같이 정이천과 퇴계, 율곡의 수양의 내재적 방법은 다음과 같이 요약할 수 있다.

> 달리 방법이 없다. 오직 정제 엄숙하기만 하면 마음은 한결같은 상태가 될 것이다. 한결같은 상태가 되면 그릇되거나 편벽되는 잘못이 저절로 없어질 것이다. 이것은 오직 오랫동안 함양하기

배움에서 삶의 정도를 찾은 선비들

만 하면 천리가 자연스럽게 분명해진다는 것을 의미한다.

－『이정집』「유서」

그러면 정이천이 말한 '정제엄숙'을 위한 구체적인 방법을 살펴보자. '주경'을 위해서는 먼저 마음속의 사사로운 욕망을 제어해야 할 뿐만 아니라 동시에 자신의 모습이 드러나는 외적인 행동거지와 용모를 단정히 하는 일에도 항상 주의해야 한다. 의관은 항상 단정해야 하며, 표정은 인자하고 공경스러워야 하고, 보고 듣고 행동하는 모든 것이 하나하나 예의라는 규범에 어긋나지 말아야 하며, 때와 장소에 따라 자신의 용모와 행동거지를 조심스럽게 살펴보아야 한다. 정이천의 '정제엄숙'은 일상에서 '보고 듣고 말하고 행동하는' 규범을 통해 몸가짐을 단정히 하고 엄숙한 태도로 자신을 경계하고 성찰하도록 권면하는 수양이다.

외적인 행동은 항상 마음에서 나오는 것임을 알 수 있다. 마음이 순수하지 못하면 행동거지와 용모도 단정하고 엄숙해질 수가 없게 된다. 따라서 이러한 수양을 꾸준히 지속하여 습관을 형성한다면, 자기도 모르는 사이에 '천리가 자연스럽게 밝아지는' 내적 변화가 일어나서 마음속에서 사사로운 욕심과 이기적인 생각이 점차 줄어들 것이며, '보고 듣고 말하고 행동하는' 것이 예의에 맞는 규범이 점차 의식과 행동을 주재할 수 있다. 이처럼 사람의 마음과 행동은 서로 연계되어 있다. 용모와 행동거지가 장중하면 마음은 자연히 '경'의 상태가 될 것이고, 용모와 행동거지가 장중하지 못하면 마음은 순수하지 못하게 된다. 이러한 안팎의 상태를 『이정집』「유서」에서 "말이 장중하지 못하고 경건하지 못하면, 비루하고 야비한 마음이 생길 것이다. 그리고 용모가 장중하지 못하고 경건하지 못하면 태만한 마음이 생길 것이다"라고 말한다. 일상의 게으름, 용모와 말씨의 경솔함, 외관이 바르지 못한 것은 모두 올바른 마음가짐이 드러나지 않은 것이며, 자신에 대한 수양이 엄격하지 못함에서 나온 것이다.

살펴본 바와 같이 올바른 행동거지와 용모의 정제 엄숙한 상태는 '경'의 외재적 수양을 가리키고, 사사로운 욕심과 외물의 유혹을 억누르고 이기심을 극복하는 자체가 '경'의 내재적 수양이다.

2. 마음을 한곳에 집중하여 어떤 유혹에도 흔들리지 않게 한다

'경'의 외재적 수양은 한곳에 집중하면서 다른 곳으로 가지 못하게 하는 '주일무적'이다. 정이천은 「유서」에서 "한 곳에만 집중하면서 다른 곳으로 가지 못하게 하여 경으로 안을 곧게 한다면, 곧바로 '호연지기'가 생길 것이다"라고 하였다. 호연지기 기상은 '주일무적'을 통해서 경으로 안을 곧게 했을 때 드러나는 결과이다. 이것은 맹자의 호연지기 수양론에서 진일보한 것임을 볼 수 있다.[1]

---

1 맹자는 호연지기 방법의 하나로 곧음으로써 기르는 '直養'과 의와 도를 배합하는 '配義與道', 의를 쌓아서 생기는 '集義'의 방법이다. 또 하나는 소극적인 방법으로 해침이 없게 하는 '無害'와 행동한 것이 마음에 만족스러움이 있어야 한다고 했다. 호연지기를 기르는 일은 효과를 미리 기대하지 말아야 하고 마음에 잠시 잊지도 말아야 하며 그렇다고 성급하게

배움에서 삶의 정도를 찾은 선비들

경이란 오직 한 곳에만 집중하는 것이다. 한 곳에만 집중하면 동쪽으로도 가지 못하고 서쪽으로도 가지 못한다. 그러면 오직 중앙일 따름이다. 또 이쪽으로도 가지 못하고 저쪽으로도 가지 못한다. 그러면 오직 안쪽일 따름이다. 이것을 보존한다면 자연히 천리가 밝아질 것이다.

－『이정집』「유서」

이른바 경이란 한 곳에만 집중하는 것을 말한다. 이른바 한 곳이란 다른 곳으로 가지 못하는 것을 말한다. 오직 한 곳에만 집중한다는 의미를 깊이 깨달아야 한다. 한 곳이라면 둘이나 셋은 없다.

－『이정집』「유서」

'한 곳에만 집중한다[주일主一]'라는 것은 정신을 한 곳에 모아 잡념을 버린다는 뜻이고, '다른 곳으로 가지 않는다[무적無適]'라는 말은 한 곳에만 마음을 집중하여 다른 곳에다가 주의를 분산시키지 않는다는 뜻이다. 마치 장인匠人이 자신의 공력을 들여 만들고자 하는 작품을 완성하기 위해 전심전력하는 모습과 같을 수 있다. 정신을 모아 자신의 작품이 완성되었을 때 느끼는 희열은 곧 작품을 감상하는 제삼자에게까지 마음을 집중하게 하여 감상한다. 정이천이 말하는 '주일'이 일정한 사물에다가 마음을 기울이는 상태를 가리키는 말이 아님은 당연하다. 여기에서 '주일'이란 돈을 벌기 위해 장사에 전념하는 활동 등을 지칭하는 것이 아니라 오로지

억지로 조장해서도 안 된다.

정신을 집중하여 잡념이 생기거나 허튼 생각을 해서는 안 된다는 말이다. 자신의 마음에 잡념이나 허튼 생각이 들면 생각은 이리저리로 뻗쳐 나가기 때문이다. 이러한 '주일무적'의 수양이 오래도록 쌓이고 쌓이면 습관이 되어 자연히 저절로 천리에 밝아질 것으로 믿었다.

정이천은 '주일무적'을 다음과 같이 설명하였다.

> 어떤 사람이 옆에서 일하고 있는데도 자기는 보지 못한 채로 오직 다른 사람의 선한 말만 듣는 것은 자기의 마음을 경건하게 했기 때문이다. 따라서 보아도 보이지 않고 들어도 들리지 않는 것은 한 곳에만 집중해서이다. 안으로만 집중하면 밖에 있는 것이 들어오지 못한다. 이는 경敬하면 마음이 텅 비기 때문이다.
>
> ─『이정집』「유서」

퇴계는 '정제엄숙'과 '주일무적'의 공부에 대해서 다음과 같이 말하였다.

> 다만 이제 그 사람이 힘써 공부할 곳을 구하는 데는 마땅히 정이천 선생의 '정제엄숙'을 먼저 해서 오래도록 해이해지지 않는다면, 이른바 마음과 힘을 오로지 한 곳에 쓰게 되면 비방함과 그릇됨의 간여함이 없게 된다고 하는 것이 나를 속이는 것이 아님을 실제로 사실을 경험할 수 있다. 밖으로는 엄숙하고 속마음과 힘을 오로지 한 곳에 쓰게 되면 곧 이른바 '주일무적'이라고 하는 것과 그 마음을 거두어들여서 한 사물도 용납하지 않는다는 것과 항상 총명하다는 등은 모두 그 안에 있게 되어서 각각 조목

배움에서 삶의 정도를 찾은 선비들

의 별다른 공부를 기다리지 않아도 된다.

-『퇴계전서』「답김이정」

퇴계는 '정제엄숙'을 먼저 해서 밖으로는 엄숙하고 속마음과 힘을 오로지 한 곳에 쓰게 하는 데에 도달하여, 단지 한 가지 공부를 해서 그 밖의 공부도 동시에 달성하는 데 있다. 그러면 자연히 '주일무적'의 성과를 기대할 수 있다고 본 것이다.

퇴계는 다시 주자가 양자직에게 답하는 글에서 경을 말한 것을 인용하여 김이정에게 다음과 같이 설명하였다.

> 주자가 양자직에게 깨우쳐주어 말하기를 '지경持敬에는 많은 말이 필요하지 않다. 다만 정제엄숙 · 엄위엄각嚴威儼恪 · 동용모動容貌 · 정사려整思慮 · 정의관正衣冠 · 존담시尊瞻視 등의 여러 말을 익숙하게 음미해서 실제로 행동에 옮긴다면 이른바 안을 바로 하여 정신을 한 곳에 모으는 것이 자연적으로 안배를 기다리지 않고서도 심신이 숙연하게 되고 안팎이 한결같게 된다.'
>
> -『퇴계전서』「답김이정」

이것을 살펴보면 주자도 역시 동용모 · 정의관 등 외적으로 나타나는 동작을 중시하여 심신이 숙연하고 안팎이 한결같게 하게 되는 데에 주력한 것을 알 수 있다. 퇴계는 정이천과 주자의 이러한 엄숙하게 몸을 검속하는 것을 계승하여 안팎이 한결같게 하는 데에 이르게 된 것으로 보인다. 그러므로 퇴계의 수양은 다만 심신을 엄숙하게 하는 것뿐만 아니라 또한 밖을 제어하여 안을 함양하는 것을 중시한다.

　퇴계가 경을 논한 것은 안팎을 합하여 동정을 일관할 뿐만 아니라 동시에 생각과 배움도 겸한다. 그는 68세이던 1568년선조1년 12월에 올린 『성학십도』의 서문에 해당하는 차자箚子: 신하가 임금에게 올리던 간단한 서식의 상소문에서 경건함을 유지하는 것은 배움과 생각이라는 두 가지 공부에 힘쓰는 것이 필요하다고 설명한다.

> 경건함을 유지하는 것은 생각과 배움에 다 필요하고 움직일 때나 조용히 머물 때나 경건함을 유지해야 합니다. 마음 안과 밖을 합치시키고 드러나는 것과 아직 드러나지 않은 것을 하나로 만드는 것이 방법입니다. 그러므로 공부하는 방법은 반드시 몸가짐을 삼가고 엄숙하고 고요하고 하나에 집중하는 때에 이 마음을 지키는 것입니다. 배우고 묻고 생각하고 분별할 때 이 진리를 궁구해야 합니다. 남들이 보지 못하고 듣지 못하는 곳에 있을 때도 더 엄히 경계하고 두려워하고 공경스럽게 행동해야 합니다. 은미하고 그윽하여 홀로만 아는 마음의 작은 기미에 대하여 더 정밀하게 성찰해야 합니다.
>
> – 『성학십도』

　퇴계는 공부하는 중에서도 항상 자신을 성찰하고 반성하는 삶을 잊지 않도록 강조하였다.

> 두 가지 일에 대하여 마음을 두 가지로 나누어 일을 처리하는 경우가 없어야 하며, 더욱이 세 가지 일에 대하여 마음을 세 가지로 나누어 일을 처리하는 경우가 없어야 한다. 마음을 오로지 하

나로 하여 사물의 무수한 변화를 주의 깊게 보아야 한다. 잠시라도 이러한 성찰의 자세를 떠나게 되면, 사사로운 욕심이 온갖 옳지 못한 일의 실마리로 나타나게 되어, 그 나타남의 정도가 불길의 영향을 빌리지 않고도 뜨거워지리만큼 격렬할 수도 있고, 얼음의 영향에 의존하지 아니하고도 차가워지리만큼 전율을 일으킬 수 있게 되는 것이다.

－『성학십도』

수양이란 과거의 선비나 수도승, 도사 같은 전문적으로 자기완성에 매진하는 사람이나 하는 공부나 수련법으로 알고 있다. 그래서 일반인과 아주 생소한 것으로 생각하고, 적어도 수양을 하기 위해서는 속세와 인연을 끊고 철저히 감각적인 욕망을 버려야 하는 것으로 생각하는 경향이 있다. 수양이란 과연 그렇게 욕망을 철저히 배제하고 속세를 벗어나 자연과 함께 진행하는 일인지에 대해 다시 한번 숙고해 볼 일이다.

『시경』에 "매우 두려운 듯이 조심하고, 깊은 연못에 임한 것같이 하고, 얇은 얼음을 밟는 것같이 하라"라는 말처럼 지극한 경계와 조심스러운 도덕적 상태를 유지할 것을 요구한다. 이러한 도덕적 성찰을 통해 비록 가난해도 바른길과 함께 즐거워할 수 있는 삶이 가능해지며, 궁극적으로는 천지자연의 만물을 생성하는 작용을 성실하게 행하는 것처럼 인간도 성실하게 살아감으로써 천지와 더불어 나란히 그 자리를 누릴 수 있게 된다는 것이다. 이러한 도덕적 생활 자세야말로 인간을 구속하는 것이 아니라 자유롭게 억압을 풀 수 있는 길로 보았다.

유교에서는 일상적인 몸가짐을 수양의 기본 내용으로 강조해 왔다. 즉 우리 조상들이 수신서로 즐겨 읽었던 『소학』이나 『명심보감』 등의 내용이 이른바 수양에 해당한다. 우리 조상들은 이렇게 걷고, 보고, 말하고, 서 있고 하는 등 일상의 몸가짐도 수양의 중요한 내용으로 삼아 왔는데, 거기에는 다음과 같은 심오한 도덕적 원리가 담겨 있기 때문이다.

> 도란 잠시도 내 몸을 떠날 수 없다. 떠날 수 있으면 도가 아니다. 그러므로 군자는 남이 보지 않는 곳에서도 잘못 행동할까 조심하고 삼가며, 남이 듣지 않는 곳에서도 말을 함부로 할까 두려워하는 것이다.
>
> - 『중용』

공자의 사상을 이어받은 조선의 교육자이자 선비정신을 대표하는 대학자가 있다. 바로 퇴계 이황과 율곡 이이는 평생 검소와 절약을 중시하고 인간 도리와 도덕적 함양에 심혈을 기울인 대학자이다. 두 선생은 한결같이 인격 완성을 위해 끊임없이 학문과 덕성을 키우며, 세속적 이익보다 대의를 위하여 노력하신 분이다. 퇴계와 율곡의 선비정신은 인격도야를 위한 학문의 전당인 서원의 보급 운동이 일어나면서 후진 양성이 급격히 증진되었다. 인격 완성을 위한 학문의 전당이며 학적 기반을 구축하게 된 서원을 살펴보고자 한다.

제5장

인성과 학문을 담당한
교육의 요람

조선 시대 공교육을 담당했던 향교가 있었음에도 사교육기관인 서원이 지방 곳곳에서 생겨났다. 전란과 사화를 겪으면서 부패하고 무능한 중앙정부의 공교육 대신 사림이 서원을 중심으로 인재를 양성하고 향촌 사회를 이끌기 시작한 것이다. 사림의 인성과 학문을 담당한 교육의 요람인 서원이 유네스코 세계유산에 등재된 것도 놀랄 일이 아니다.

서원書院이 성립하게 된 배경은 조선 초부터 계속되어 온 사림의 향촌 활동에서 찾을 수 있다. 사림들은 향촌 사회에 있어서 자기 세력기반 구축의 한 방법으로 일찍부터 사창제社倉制·향음주례鄕飮酒禮 등을 개별적으로 시행하였다. 특히 정계 진출이 가능해진 성종 이후는 이를 공식화하여 국가 정책으로까지 반영하였다.

서원은 조선 시대에 유교의 성현에 대한 제사를 지내고 학자를 키우기 위해 전국 곳곳에 설립한 사설 교육기관이다. 성현에 대한 제사를 지내는 건물인 사우祠宇와 청소년을 교육하는 서재書齋로 크게 나뉘어 있다.

서원은 성균관, 향교와 함께 조선 시대의 대표적인 전문 교육기관으로, 국립으로 전국 각 도시에 분배된 향교와 대비되는 사립 교육기관으로서 지역 문화를 대표하는 장소였다. 그래서 서원은 교육 기능과 교화 기능을 그 양 축으로 삼고 있다. 조선 중기 사대사화를 비롯한 정치적 혼란으로 말미암아 학자들은 지방에 은거하면서 후학을 양성하게 되었으며, 이를 바탕으로 선배 유학자들을 기리고 제사하는 사당의 기능까지 통합한 서원을 창설하기 시작한다.

먼저 교육 기능에 대해서 살펴보면, 서원에서 교육의 목표는 인품이 훌륭한 성현을 본받고 그러한 관리를 양성하는 데 있었다. 이를 위해 학생들은 다른 교육기관과 마찬가지로 『소학』에서부터 시작하여 사서오경을 중심으로 공부에 전념했다. 그리고 사서와 오경을 모두 익힌 다음에는 『가례』, 『근사록』과 같은 성리학에 관한 책들을 익히도록 했다.

정치적 혼란으로 중앙 정계에서 물러난 학자들에 의해서 대부분 서원이 설립되었던 까닭에 '성현을 본받는다'라는 교육 목표는 초기 서원교육에서 특히 중요시되었다. 이들에게 학문의 진정한 의미는 인생과 우주의 본질을 추구하고 자신을 도덕적으로 완성하고자 노력하는 일이었다. 그 뒤 서원에서 공부한 선비들이 정계로 진출하기 시작하면서 과거 준비를 위한 교육도 동시에 병행하였다. 서원의 또 한 가지 기능인 교화 기능은 주로 선현에 대한 제사를 통하여 이루어졌다. 그러나 그 제사의 대상 인물에 있어서는 성균관이나 향교와는 차이가 있었다. 성균관과 향교의 문묘文廟에 배향된 인물은 공자를 비롯해 안회, 증자, 자사, 맹자의 사성과 그 밖

의 십철,[1] 그리고 우리나라 18현[2] 및 송대의 6현[3]이 주류를 이루고
있었다. 그러나 서원은 사학이라는 특성상 대부분 문중에 의해 건
립되었던 까닭에 자신의 문중과 직간접적으로 관련된 인물 가운데
뛰어난 인물을 배향하는 것이 일반적이었다. 이 때문에 배향 인물
의 선택적 폭이 국가기관인 성균관과 향교에 비해 훨씬 넓었다.

이 외에도 서원은 다양한 기능을 담당했다. 지방의 인재들이 모
이는 집회 장소였으며, 학생들의 학문을 위해 다양한 도서를 보관
하는 도서관의 기능과 책의 출판 기능도 담당했다. 따라서 많은 서
원에는 장판각 또는 장판고라는 서고가 있었다. 이 외에도 서원은
지방의 풍속을 순화하기 위해 다양한 활동을 하는 곳이었다. 서원
에서는 그 지역의 여론을 이끌어 나갔음은 물론, 각 지방별 향약을
기준으로 효자나 열녀 등을 표창하고 윤리에 어긋나는 행동을 한
사람을 성토하는 등의 직접적인 교화 활동도 하였다.

우리나라에 서원이 처음 설립된 것은 1542년이다. 당시 풍기군
수였던 주세붕[1495~1554]은 안향을 추모하기 위해 그가 학문하던 곳
에 우리나라 최초의 서원을 설립하였다. 안향은 중국 주자학의 학
문을 우리나라에 최초로 도입한 학자였다. 주세붕이 세운 최초의

1　공자의 제자를 크게 사과(四科) 십철(十哲)로 칭하는데, 덕행이 뛰어나 칭찬을 받았던 제
　자로는 안연·민자건·염백우·중궁 등이고, 언변에 뛰어나 칭찬을 받았던 제자로는 재
　여·자공이며, 정사에 뛰어났던 제자로는 염유·자로 등이고, 문학에 뛰어났던 제자로는
　자유·자하가 여기에 속한다.

2　18현은 설총, 최치원, 안향, 정몽주, 김굉필, 정여창, 조광조, 이언적, 이황, 김인후, 이이, 성
　혼, 김장생, 조헌, 김집, 송시열, 송준길, 박세채 등이다.

3　송대의 6현은 북송 오자인 주돈이, 정명도, 정이천, 소강절, 장횡거를 말하고, 남송의 주희
　를 합쳐 송대 6현이라고 한다.

서원은 '백운동서원白雲洞書院'이라 칭했지만, 후에 풍기군수로 부임한 퇴계가 서원에 대한 국가적인 지원을 건의하였고 이에 명종이 서적 등의 물자와 함께 친필로 '소수서원紹修書院'이라 사액하여 오늘날까지 전해지고 있다.

주세붕은 안향의 고향인 이곳 풍기에 군수로 내려오면서 '유교의 가르침은 반드시 이곳에서 다시 시작되어야 한다'라는 생각에서 서원을 세우게 되었다. 소수서원을 시작으로 많은 서원이 세워지고 유학의 가르침은 다시 이어졌다.

주세붕은 서원의 설립 이유를 다음과 같이 역설해 사람들을 설득시켰다.

> 하늘이 뭇 백성을 낳음에 사람이 사람다운 이유는 가르침교육이 있기 때문이다. 사람에게 가르침이 없다면 아비는 아비답지 못하고 자식은 자식답지 못하여…. 삼강이 무너져 인류가 멸망한 지 오래되었을 것이다. 무릇 가르침은 어진 사람을 높이는 것에서 비롯되므로 사묘를 세워 덕이 있는 이를 숭상하고 서원을 세워 배움을 도탑게 하는 법이니 진실로 교육은 난리를 막고 굶주림을 구하는 것보다 급한 일이다. 아! 주자께서 어찌 나를 속이겠는가. 죽계는 바로 문성공의 고향이다. 가르침을 베풀려면 반드시 문성공을 높이는 것에서부터 시작해야 한다.

1542년 향교 중건을 시작해 이듬해 봄에 끝이 나고 향교 중건 때 남겨둔 재원으로 문성공묘와 서원 건물을 착공하였다.

배움에서 삶의 정도를 찾은 선비들

1. 무너진 교학을 다시 이어 닦게 하다

서원이 독자성을 가지고 정착, 보급된 것은 퇴계 이황에 의해서이다. 퇴계는 교화의 대상과 주체를 일반 백성과 사림으로 나누고, 교화의 실효를 거두기 위해서는 무엇보다도 이를 담당할 주체인 사림의 습관화된 풍속을 바로잡고 학문의 방향을 올바르게 정하는 작업이 선행되어야 한다고 생각하였다. 그리고 이를 위해서는 오로지 도학을 천명하고 밝히는 길밖에는 없으므로, 이를 위한 구체적인 실천도장으로 중국에서 시작된 서원제도가 우리나라에도 필요했기 때문에 서원의 존재 이유를 제시하였다.

1548년 명종3년 11월에 퇴계 이황1501~1570이 풍기군수로 오게 된다. 퇴계는 풍기군수로 온 뒤에는 서원에 자주 들러 주자학을 강론하고 유생들을 격려하였다. 봄가을의 향사 제도를 개정하는 한편 경렴정 맞은편에 취한대를 세우는 등 서원 정비에도 노력했다.

서원을 정비하고 체계를 갖추는 것만으로는 지속적인 성장이 어렵다고 판단한 퇴계는 서원을 공식적으로 인정하고 지원하는 것이 필요하다고 여겼다. 서원의 건립은 본래 향촌 유림들에 의하여 사적으로 이루어지는 것이므로 국가가 관여할 필요가 없었으나, 서원이 지닌 교육 및 향사적享祀的 기능이 국가의 인재양성과 교화 정책에 깊이 연관되어, 조정에서 특별히 서원의 명칭을 부여한 현판과 그에 따른 서적·노비 등을 내린 경우가 있었다.

이러한 특전을 부여받은 국가공인의 서원을 '사액서원'이라 하며 비사액서원과는 격을 달리하였다. 1550년 명종5년 4월 풍기군수 퇴계의 요청으로 명종이 '백운동서원'에 대하여 '소수서원'이라는 어필 현판과 서적을 하사하고 노비를 부여하여, 사액서원의 효시가 되었다. 사액을 받는다는 것은 조정의 공적인 인정과 지원을 받게 되었다는 의미였다. 사액이 명륜당에 걸리면서 소수서원은 지역 유생과 유학자들의 중요한 교육공간이자 회합의 장소가 되어갔다.

소수서원에서 소수紹修는 "이미 무너진 교학을 다시 이어 닦게 하다"[기폐지학소이수지旣廢之學紹而修之]라는 뜻이 있다. 주세붕은 향교 교육이 쇠퇴하던 16세기에 성리학을 가르치고 배울 곳을 새로 만들고자 하였고 그 시작이 바로 백록동서원, 즉 소수서원이었다.

퇴계를 비롯한 성리학자들에 의해 서원의 보급 운동이 일어나면서 전국에 서원이 건립되기 시작하였다. 그리하여 명종 대에 건립된 수가 17개소에 불과했던 서원이 선조 대에는 100개가 넘었으며, 18세기 중반에는 전국에 700여 개소에 이르렀다.

사림의 조정 진출과 집권에서 비롯된 붕당은 정쟁의 방식이 학문에 바탕을 둔 명분론과 의리를 중심으로 전개되었으므로, 당파 형성에 자연히 학연이 작용할 수밖에 없었다. 그러한 학연의 매개체인 서원이 그 조직과 확장에 중심적인 몫을 담당하게 된 것이다. 따라서 각 당파에서는 당세 확장의 방법으로 지방별로 서원을 세워 그 지역 사림과 연결을 맺고 이를 자기 당파의 우익으로 확보하려 하였다.

반면에 향촌 사림으로서는 서원을 통하여 중앙관료와의 연결을 맺어 의사 전달과 입신출세의 발판으로 삼고자 하였기에 서원건립을 놓고 양자의 이해관계가 서로 일치하였다. 그러나 이 시기 서원

　　　　　　　배움에서 삶의 정도를 찾은 선비들

의 수적 증가는 현저하였다. 그렇지만 아직 서원의 지나친 설립으로 인한 사회적 병폐가 우려될 정도에까지 이르지는 않았다. 그것은 이때만 하여도 붕당이 권력 구조 균형의 파탄을 초래할 지경에 이를 만큼 격화되지는 않았기 때문이다.

또한, 인조·현종 때의 복제논쟁服制論爭에서 나타나듯 그 논쟁의 초점이 학문적인 영역을 벗어나지 않아서, 그 논리적 기초의 심화와 공감대의 확산을 위한 장소로 서원의 소임이 크게 기대되었기 때문이다. 실제로 김장생·김집·송시열·송준길이나 정경세·허목·윤휴와 같은 당파의 영수이면서 학자이었던 인물들이 서원을 중심으로 왕성한 강학 활동을 전개하고, 그러면서 학적 기반을 구축하면서 서원의 건전한 운영을 도모하였다.

이 시기에 이르러 서원은 단순한 사림의 교학 기구에만 그치지 않고 강학 활동을 매개로 하여 향촌 사림 사이의 지면을 익히고 교제를 넓히는 곳으로서의 구실과, 특히 향촌에서 발생하는 여러 가지 문제에 관한 의견 교환이나 해결책을 논의하는 향촌 운영기구로서 기능을 더하였다.

특히 임진왜란이나 병자호란 때 향촌 방어를 목적으로 한 의병 활동이 활발하였고 또 그것을 일으키기 위한 사림의 발의와 조직의 편성에 서원이 그 거점으로서의 구실을 다하였다. 심지어는 향풍鄕風을 문란하게 한 자에 대한 훼가출향毁家黜鄕이라는 향촌 사림의 사적인 제재조치까지 단행될 수 있었다.

그러나 17세기 이후 서원이 넘쳐나자 부작용이 커지기 시작했다. 서원에 딸린 토지에는 세금이 부과되지 않았고, 서원의 노비는 국역國役을 지지 않았다. 따라서 서원이 증가함에 따라 국가 재정에 문제가 생겼다. 엄청난 숫자의 서원들 때문에 민생에 끼치는 폐단이 엄청났고 심지어 산 사람을 모시거나 성현도 아니지만, 자신의 조상이라는 이유로 모시느라 집안마다 서원을 만들고 한 사람을 모시는 서원이 5~6곳에 이르는 등 부작용이 심각했다. 19세기부터 세도 가문들이 정권을 잡으면서 서원의 정치적 영향력은 유명무실해졌지만 그래도 지방에선 영향력 있는 유지 행사를 하여 경제적인 폐단이 말이 아니었다. 이들은 선현의 제사를 지낸다는 명목으로 지방 농민들을 사사로이 수탈하였으며 이에 반발하는 지역민들을 향약이나 반상의 도리를 어겼다 하여 처벌하거나 지역사회에서 매장하는 전횡을 저지르고 나라에서 막대한 식량과 노비를 제공받으면서 세금을 내지 않는 면세 특권이 있어 국가 재정을 악화시켰다.

서원의 폐단에 맨 처음 손을 댄 것은 숙종이었다. 숙종은 한 사람을 중복되게 모시는 일이 없도록 하라는 명령을 내렸지만 그렇게 잘 지켜지지 않았고, 그의 아들 영조 대에 이르러서야 본격적인 서원 정리가 이뤄진다. 1727년영조 3년 12월에는 한 사람당 하나의 서원만 허가하면서 비교적 나중에 세워졌던 서원들을 정리했으며 1747년 4월영조 23년에도 허가 없이 사적으로 세운 서원들을 정리했다.

영조가 서원철폐를 단행하게 된 계기는 그의 탕평책 실시와 밀접하게 연관된다. 1741년은 노론이 결정적으로 우세를 확립한 시기로 신유대훈辛酉大訓이 반포되기도 하였다. 그러나 왕으로서는 탕

배움에서 삶의 정도를 찾은 선비들

평파를 이용, 노론의 일방적 권력 행사를 방지하기 위하여 이조낭관史曹郎官의 통청권通淸權과 사관의 천거권을 폐지하는 등 탕평에 주력하였다.

따라서 서원에 대해서도 그것이 노론·소론·남인 사이의 분쟁을 유발하고 정국을 혼란시키는 요인이 된다고 판단하였다. 그래서 그 건립에 따른 시비를 근원적으로 봉쇄할 목적으로 탕평파의 협조를 얻어 1714년 갑오 이후 건립된 서원은 물론, 사우·영당 등의 모든 제향 기구인 사원祠院을 일체 훼철하게 하였다.

고종 대에는 흥선대원군의 등장으로 서원 정리의 속도가 빨라지는데 1864년 7월고종 1년에는 사사로이 세워진 서원과 중첩되는 서원들을 일부 정리하였다.

서원의 교육내용은 성리학적이고 도학적인 것이 중심을 이루었다. 관학에서의 교육이 과거와 법령 규제에 얽매인 것과 비교할 때, 서원교육은 사학 특유의 자율성과 특수성이 존중되었다. 그러나 대체로 퇴계가 이산원규伊山院規에서 제시한 교재의 범위와 학습의 순서가 정형이 되었다. 사서오경을 본원으로 삼고,『소학』·『가례』를 문호로 삼는다는 것이 일반적인 예로 되었다. 청계서원淸溪書院의 원규에는 독서의 순서를,『소학』·『대학』·『논어』·『맹자』·『중용』·『시경』·『서경』·『주역』·『춘추』의 차례로 규정하고 있다. 이는 서원의 일반적인 교육 과정이다.

위의 사서오경 외에도, 여러 가지 경사자집經史子集 속에서 서원의 성격에 따라 선별하여 교육하였다. 그리고 성리학·도학적인 내용뿐만 아니라, 과거에 응시하는 데 필요한 사장학적詞章學的인

유학도 그 교육 과정 속에 포함하는 서원도 있었다.

그러나 불학佛學 · 서학西學 등 이른바 이단에 관계되는 서책이나, 음사淫邪 · 벽사辟邪에 관련되는 내용은 철저히 금하였다.

서원시설 중에서 교육 활동을 보조하는 가장 중요한 것의 하나가 장서제도藏書制度이다. 책의 보급과 열람이 어려웠던 시대에 있어서 장서의 기능은 커다란 문화적인 기여를 하였다. 서원에서 서책을 간행하려고 할 때는 당회堂會를 거쳐 의정議定하고 곧 간역소刊役所를 열었다. 간역소에 딸린 전답에서 여러 해 적립한 간비刊費와 향내 각 문중의 출연으로 그 경비를 충당하였다.

그 밖에 사액서원에 대해서는 국왕이 서적을 하사하는 것이 관례였다. 또한, 국가에서 서적을 간행, 반포할 경우라든가 국가의 장서에 여유가 있을 경우에는 별도로 서적의 하사가 있었다. 이와 함께 관찰사 또는 지방관의 조처로 서적이 지급되기도 하였다. 서원 장서의 관리에 대해서는 각 서원의 원규에 기입하여 세심한 주의를 하였다.

이산원규에는 서적을 원외로 반출하지 못하도록 규정하고 있고, 소수서원의 원규에는 읍재邑宰의 자제가 서책을 대출하지 못하도록 규제하였다. 서악원규에는 5일마다 서책을 점검하도록 하여 서책이 망실되지 않도록 조처하고 있다. 현재 서원에 남아 있는 판종은 고활자본 · 목판본 · 필사본 · 석판본 및 현대 활자본의 5종으로 대별되며, 다수 보관 문서들이 미정리의 상태로 남아 있어서 이에 대한 정리 작업이 절실히 요청된다.

한편 서원의 교육 활동을 위한 중요한 재원의 하나는 서원전書

院田이었다.『속대전』에 의하면 사액서원에는 각각 3결을 지급하였다. 그 밖에 서원은 유지들이 기증하는 원입전願入田, 면역을 위하여 납상하는 면역전免役田, 자체에서 사들이는 매득전, 관찰사 또는 지방관에 의한 공전의 급속 등 여러 가지의 형식을 통하여 광대한 농장을 소유, 학전學田으로 이용하였다. 현물경제로는 관찰사 또는 지방관에 의하여 어물·식염 등이 막대하게 지급되어 교육 활동을 위한 필요 잡비를 충당하였다.

제6장

서원 보급과 인재양성

1. 서원의 보급

조선 시대 대부분의 선비들은 수양과 공부를 통해서 인격을 완성할 수 있는 '참된 선비'가 되고자 노력을 기울였다. 물론 입신양명하려는 선비들도 있었지만, 퇴계는 '참된 선비'를 육성하는 이산서원을 만들었고, 원규에는 성리학과 서원교육에 대한 그의 가르침이 잘 담겨 있다. 그는 입신양명보다는 서원에서 '몸으로 행하고 마음으로 깨달으며 본체를 밝혀 올바로 실천하는' 참된 선비가 되는 진정한 학문을 가르치길 원했다.

퇴계는 나라를 바로 세우기 위해서는 어릴 때부터 몸으로 행하고 마음으로 깨달음을 추구하는 성현의 학문을 가르치는 교육의 혁신이 필요하다고 여겼고, 그 체계적인 교육 방법이 바로 서원교육이었다. 퇴계는 풍기군수 재임 당시 백운동서원의 사액을 청하는 편지를 써 올렸는데, 여기에서 서원교육의 필요성을 역설하였다.

저 국학이나 향교가 사람이 많이 모이는 성곽 안에 있음으로 인하여 먼저 학령에 구애되고 과거科擧 등으로 정신을 빼앗기게 되니, 그 공효를 어찌 같은 기준으로 말할 수 있겠습니까? 선비가 학문을 함에 있어 진정한 역량은 서원에서 얻을 뿐만 아니라 국가에서 인재를 얻는 데도 틀림없이 서원이 국학이나 향교보다 나을 것입니다. … 오직 서원교육이 오늘날 성대하게 일어난다면 무너진 학정學政을 구제할 수 있어 학자가 귀의할 바가 있고, 사풍이 따라서 크게 변혁되고 습속이 날로 아름다워져서 왕의 교화가 이루어질 것이니, 성치聖治에 큰 보탬이 될 것입니다.

- 『퇴계집』「상침방백통원」

퇴계는 당시 선비들이 입신양명을 꾀하는 과거 공부에만 치우친 관학 교육으로는 조선이 꿈꾸는 '참된 선비'의 인재를 양성하여 유교적 이상사회를 건설할 수 없다고 판단했다. 본래 학자는 성현의 말씀인 경서를 읽고 의로움을 추구하는 것인데도 불구하고, 단지 과거에 응시하고 과거시험에 합격하는 것으로 퇴색된 현실을 안타까워한 것이다. 즉 벼슬이 낮은 사람은 높은 벼슬을, 봉록이 적은 사람은 봉록이 많은 것을 생각하기 때문에 국사와 백성의 안정에 도움이 되지 못한다고 보았다.

퇴계는 이런 문제점을 해소할 방법으로 성리학을 공부하는 유생들이 관직을 얻기 위한 과거 공부도 중요하지만 먼저 자신을 수양하는 위기지학에 힘써야 한다고 생각했다. 그 대안이 서원이었고, 서원교육을 통해 도덕적 학문연구와 수련으로 자질을 갖춘 선비가 마땅한 도리를 체득하고 실천함을 본연의 삶의 모습으로 삼는 인재양성에 두었다. 참된 선비를 지향하는 퇴계의 교육 방법은 그가 작성한 이산서원 원규에 잘 드러나 있다.

이산서원伊山書院은 1558년명종 13년 마을의 유림과 수령이 자제들의 교육을 위해 세웠다가 후에 퇴계 이황을 배향하게 된 서원이다. 건립 초기부터 퇴계가 깊이 관여하여 '이산서원'이라는 이름과 건물의 명칭을 지어주고 원규와 기문을 직접 작성해 주었다. 퇴계가 직접 작성한 이산서원 원규院規는 우리나라 서원 원규의 효시로, 학문의 목적과 방법에 대해 이렇게 제시하고 있다.

> 제생諸生은 독서를 함에 사서오경을 본원으로 하고 소학과 가례를 문호로 한다. … 몸으로 행하고 마음으로 깨달으며 본체를 밝혀 올바로 실천하는 학문에 힘써야 한다. 여러 역사서와 제자諸子의 문집, 문장과 과거 공부도 한편으로 두루 통하지 않을 수 없지만, 다만 내외본말, 경중완급의 순서를 알아야 한다.
> – 『퇴계집』「이산원규」

원규에서 밝혔듯이 퇴계가 서원에서 가르치고자 한 목적은 '몸으로 행하고 마음으로 깨달으며 본체를 밝혀 올바로 실천하는' 학문이었다. 이를 위해 사서오경과 『소학』, 『가례』를 익혀 수신제가의 언행이 일치하는 위기지학을 추구한 것이다. 한편 공부의 목적이 오직 과거 급제만을 전념해서는 안 되지만, 관직에 올라 치인治人을 하는 것도 중요하기 때문에 과거 공부도 하되 위기지학과 과거 공부의 선후와 본말을 잘 지켜 자기 자신을 수련하는 위기지학을 우선해야 함을 분명히 하였다.

퇴계는 기대승의 심성 수양공부에 대한 질의에 다음과 같이 대답하였다.

마음은 만사의 근본이요, 성性은 만선萬善의 근원이다. 그러므로 선유들이 학문을 논함에 있어서 반드시 '흐트러진 마음을 구하는 것'과 '덕성을 기르는 것'으로써 첫 공부를 시작하는 곳으로 삼았는데 그것은 그렇게 함으로써 수양의 바탕을 이루어 도를 성취하고 할 일을 넓혀 가는 기초를 마련하고자 함이다. 그러면 그 시작하는 요령은 무엇인가. 그것은 '마음을 한 곳에 집중하여 잡념을 버리는 것이며, 경계하고 삼가며 조심하고 두려워하는 것'이다. 마음을 한 곳에 집중하는 공부는 마음의 동정動靜에 통하고 경계하고 삼가는 경지는 전혀 마음이 움직이지 않은 때의 공부이다. 이 두 가지는 어느 하나라도 빠뜨릴 수 없으니 밖을 제어하여 안을 기름이 가장 긴요하고 절실한 일이다. 그러므로 사람이 논어의 '세 가지 살필 바[삼성三省]'[1]와 '세 가지 귀히 여길 바[삼귀三貴]'[2]와 '네 가지 금지해야 할 바[사물四勿]'[3]와 같은

---

1 증자께서 말씀하셨다. "나는 매일 다음과 같이 세 가지 측면에서 나 자신을 반성해 본다. 다른 사람을 위하여 일을 도모하면서 충실하지 않았는지? 친구와 교제하면서 미덥지 않았는지? 제자들에게 지식을 전수하면서 스스로 익숙하지 않았는지?" (『논어』「학이」曾子曰 吾日三省吾身 爲人謀而不忠乎 與朋友交而不信乎 傳不習乎)

2 증자가 말하기를 "새가 장차 죽으려고 할 때는 그 울음이 슬프고, 사람이 죽음에 다다르면 좋은 말만 하게 된다. 군자가 귀하게 여겨야 할 도가 셋이 있으니 몸을 움직임에는 난잡하고 무례하고 태만하고 불경스러운 태도를 멀리해야 한다. 단정한 얼굴과 기색으로 신실성이 있게 하여, 겉과 속을 꼭 같이하고 허세를 부려서는 안 된다. 말을 할 때는 천하고 조잡한 말과 도리에 어긋나는 말을 피해야만 한다"라고 하였다. (『논어』「태백」曾子言曰 鳥之將死 其鳴也哀 人之將死 其言也善 君子所貴乎道者三 動容貌 斯遠暴慢矣 正顔色 斯近信矣 出辭氣 斯遠鄙倍矣)

3 공자가 안연에게 가르친, 예에 의해 경계해야 할 네 가지 조목이다. 『논어』「안연」편에서 나온 것으로 공자가 '극기복례(克己復禮)'를 말하자 안연이 그 상세한 조목을 물었을 때,

것들은 다 사물을 대하는 데에 나아가 말하는 것이지만 이 또한 마음의 근본 자리를 기르는 뜻이다. 만약 그렇지 않고 오직 마음의 공부만을 주로 한다면 불교의 견해에 빠지지 않는 것이 거의 없을 것이다.

- 『퇴계선생문집』「답기명언」

퇴계의 이러한 언급은 모두 마음을 보존하고 기르는 공부에 대한 주요한 견해이다. 이런 견해는 『심경부주』에서 강조한 내용과 거의 일치한다. 나아가 퇴계가 만년에 『성학십도』를 지어 자신의 이론을 정리하였을 때, 퇴계는 『성학십도』를 성학聖學이라 하고 그 주요 내용을 심과 관련되는 경, 또는 심학으로 정리하였다.

그는 수양공부가 삶의 최선의 길임을 알고 여러 임금의 계속된 관직 수여에도 불구하고 은둔하여 제자들을 양성하며 자신의 의지를 굽히지 않은 이유는 바로 여기에 있다.

그러면 『대학』의 '수신 · 제가 · 치국 · 평천하'라는 이상적 사회 이념을 정치 현장에서 포기한 그는 어떻게 유가의 이상을 고민하였을까? 그는 서원에서 가르침이라는 학문 활동 속에서 미래에 대한 그 희망을 기약하였던 것으로 보인다. 이는 당시 선비들이 사회 이념 성취의 정치적 좌절을 겪은 뒤에 자연에 은둔하여 달래 온 학문의 돌파구이기도 했다. 그들은 현실의 좌절에도 불구하고 포기

공자가 '예가 아니면 보지 말며, 예가 아니면 듣지 말며, 예가 아니면 말하지 말며, 예가 아니면 움직이지 말라[非禮勿視 非禮勿聽 非禮勿言 非禮勿動]' 하여 이로써 사사로움을 이길 것을 밝혔다.

할 수 없는 이념 성취의 희망을, 진리의 탐구와 전수라고 하는 학문연구와 교육에 대한 전념을 통하여 미래 사회에서 갈구했다. 퇴계의 경우 일차적으로 서원 창설보급으로 나타났다. 그는 서원 설립의 취지를 다음과 같이 말하였다.

> 공부하는 사람들이 바깥으로만 치달리는 마음 대신 진리와 도의를 배우고 실천하려는 정신을 가지고 …끊임없이 서로 절차탁마해 나간다면 …안으로는 집안을 바르게 하고 세상의 푯대가 될 것이오, 밖으로는 사회를 바로잡고 시대를 제도하리니, 이것이 곧 서원 설립의 본뜻이다.
>
> -『퇴계집』「영봉서원기」

이는 당시 입신양명의 출세에 타락한 국학과 향교의 잘못된 학문 풍토에 대한 비판의 뜻을 담고 있다. 우리나라 최초의 서원으로서 상징적인 의미를 지니고 있던 '소수서원'에서조차 온갖 잘못된 짓이 행해지고 있었기 때문이다.『퇴계전서』「의여풍기군수논서원사」에서 "사람을 거꾸로 매달아 때리고", "술과 밥을 강제로 추렴하며", "음담패설을 꺼리지 않고, 심지어는 그것을 글로 돌려 보고 외우면서, 서로 어깨를 치고 장단을 맞추며 종일토록 희학질이나 하는", 일들이 벌어지고 있었기 때문이다.

서원의 이와 같은 부패와 타락의 원인을 퇴계는 서원 내부에서 찾지 않고 '세상의 시류에 따르고 세속에 물들지 않고는 몸을 보전할 수 없는' 당시의 사회현실에서 찾았다. 결국, 그는 자신의 사회

배움에서 삶의 정도를 찾은 선비들

적 이상을 포기하고 타락한 현실로부터 한발 더 물러서서 평상시 미루었던 학문과 가르침에 전념하려 하였다. 그의 나이 55세 전후의 일이다.

도산서원은 이산서원 원규에서 밝힌 퇴계의 서원교육 이념을 바탕으로 한 그의 생각을 반영하고 있다. 유생의 선발과 양성, 교육 과정, 학사운영과 유생의 인격 수양에 필요한 도서의 수집, 유생과 도서의 관리 등 전반적인 서원운영은 관제의 간섭을 배제하고 유림의 참여와 공론을 통해 경영되었다. 도산서원이 서원으로서의 위상을 지킬 수 있었던 것도 교육에 대한 퇴계의 확고한 신념과 의지를 기반으로 하고 있었기 때문이었다.

제7장

스승의 참다운 모습을
보여준 퇴계

퇴계가 이처럼 제자들을 열심히 가르치고 양성할 수 있었던 것은, 젊은 시절 자신이 참된 스승이나 친구의 도움을 받지 못해 학문의 차서와 방법을 어떻게 해야 할지 몰랐던 것이 반영되었다. 퇴계에게 뚜렷한 스승이나 학파적 계승이 없었다는 것은 잘 알려진 사실이다. 그의 스승은 전 생애를 통하여 어린 시절에 학문을 가르쳐 준 숙부 이우와 이현보의 두 사람에 지나지 않는다. 그가 조선조 성리학을 정립한 것은 그 스스로의 평생에 걸친 학문 탐구의 능력과 노력에 따른 것이었다. 물론 시대적 배경으로 조선조 건국 이후 200여 년간의 성리학 탐구의 모색이 있었을 것이고 지역적 배경으로 초기 영남 사림파의 영향이 있었던 것은 당연하다.

　그러므로 퇴계 사상의 연원을 찾아가고자 한다면 그가 깊이 영향을 받았다고 말해지는 『심경』 『성리대전』 『주자대전』을 중심으로 퇴계의 학문 배경을 탐구하는 것이 오히려 정당한 방법이 될 것이다. 퇴계는 조선조 성리학을 정립한 대학자이다. 그가 성리학에 취미를 지니고 깊이 연구하게 되는 것은 『심경부주』와 『성리대전』과 『주자대전』을 구해 보았기 때문이라고 한다. 그가 학문의 착수처를 몰라 방황할 때의 심정을 다음과 같이 술회하였다.

> 나는 젊어서 학문에 뜻을 두었으나 학문의 뜻을 깨우쳐 줄 만한
> 스승과 친구가 없어서 수십 년 동안 학문을 착수하고도 들어갈
> 곳을 몰라서 헛되이 생각만 하고 방황하였다. 때로는 눕지도 않
> 고 고요히 앉아서 밤을 지새운 적도 있었는데, 마침내 마음의 병
> 을 얻어 여러 해 동안 학문을 중지하지 않으면 안 되게 되었다.
> 만약 참된 스승이나 벗을 만나 아득한 길을 지시받았더라면 어
> 찌 심력心力을 헛되이 써서 늙은 지금에 이르기까지 이토록 얻은
> 바가 없기에 이르렀겠는가?
>
> – 『퇴계집』「언행록」

퇴계는 젊었을 때 겪었던 학문을 착수하고도 들어갈 곳을 몰라서
헛되이 생각만 하고 방황하였던 경험이 제자를 가르치는 데 밑거름
이 되었다. 자신이 겪은 학문의 방향성에 대한 시련을 제자들이 겪지
않게 하기 위한 최선책으로 제자를 가르치는 일에 충실했다.

퇴계는 '공부는 성인이 되는 일'이라고 하며, 배움에는 '뜻을 세
우는 것[입지立志]'보다 중요한 일이 없다고 보았다. 뜻이란 인간
행위의 원동력으로서 기氣를 이끄는 것이고, 뜻이 하나로 모이면
기가 그에 따라 움직이기 때문이다. 그래서 그는 성인이 되는 길은
먼저 입지에 있다고 하면서 입지의 여하에 따라 성인과 같이 될 수
가 있는 가능성이 있다고 하였다. 「답정자중」에서 "선비의 병통은
입지가 없는 것이다. 만약 뜻이 돈독하게 참되다면 무엇 때문에 학
문이 지극하지 못하거나 진리를 듣기 어려울까 걱정하겠는가?" 하

배움에서 삶의 정도를 찾은 선비들

였다.

　퇴계는 배우는 사람이 성인이 되겠다는 뜻을 세웠으면 반드시 사사로운 욕심에 빠지지 않는 원력의 힘인 경을 실천할 수 있어야 한다고 했다.

> 사람이 일을 하려면 반드시 뜻을 세움으로써 근본으로 삼아야 한다. 뜻이 서지 않으면 일을 할 수 없을 것이요, 또 비록 뜻을 세웠다고 하더라도 진실로 경하여 이 마음을 가지지 않으면, 또한 범연泛然히 주장이 없어져 아무것도 하는 일 없이 날을 보낼 것이니 다만 실속이 없는 말에 그치고 말 것이다. 뜻을 세우려면, 모름지기 사물 밖으로 높이 뛰어 넘어서야 할 것이고 경하려면 항상 사물 가운데 있으면서 이 경과 사물이 어긋나지 않게 하여야 한다. 말할 때도 경할 것이요, 움직일 때도 경할 것이며, 앉아 있을 때도 모름지기 경해야 할 것이니 잠깐이라도 이 경을 버릴 수 없다. 이 말은 학자의 생활에 가장 절실한 것이니 마땅히 체험해야 할 것이다.
>
> 　　　　　　　　　　　　　　　－『퇴계집』「언행록」

　퇴계가 공부에 있어 입지와 함께 경을 강조하는 것은, 배우는 사람이 성인이 되겠다는 뜻을 명확히 세우고 사람의 마음이 자칫 욕심으로 빠질 수 있는 자신의 마음을 알아차려 도학의 마음으로 행위를 할 수 있게 하기 위한 것이다. 선비가 일을 하려면 반드시 뜻을 세워 근본으로 삼아야 하는데, 뜻이 서지 않으면 일을 할 수 없다. 또 비록 뜻을 세웠다고 하더라도 진실로 경하여 이 마음을 가지지 않는다면 실속이 없는 빈 강정에 불과하다. 그러므로 일상적이고 구체적인 언행도 경을 유지해야지 잠시라도 경을 버리거나 잊지 말아야 한다.

> 도라는 것은 잠시도 떠날 수 없다. 떠날 수 있으면 도가 아니다. 이러므로 군자는 그 보지 않는 바에도 경계하고 삼가며, 그 듣지 않는 바에도 두렵고 두려워하는 것이다.
>
> – 『중용』

　도는 일용 사물에 마땅히 해야 할 도리이므로, 이 때문에 잠시도 떠날 수가 없다. 그러므로 군자는 비록 보고 듣지 않을 때라도 감히 소홀히 하지 못하기 때문에 늘 경계하고 두려워한다. 이 때문에 천리의 본연함을 보존하여 잠시라도 도를 떠나지 않게 함이다.

　천리의 본연함을 구현한 사람의 생활 그 자체는 드러남 그대로가 도이지만, 사사로운 욕심이나 명예나 권력에 이끌려 일상을 추구하는 사람은 유학의 이상인 도의 세계에 점점 멀어지는 사람이다. 그러므로 공부하는 사람은 일상의 구체적인 행위를 늘 홀로 있을 때도 도리에 어긋남이 없도록 언행을 삼가, 자신의 사사로운 욕심이나 명예나 권력에 관심을 두지 않고 자신의 순수성이 드러날 수 있도록 해야 한다. 이런 이유에서 퇴계는 입지와 경을 함께 강조한 것이다. 그러므로 경은 일상생활에 있어서 잠시도 멈춰서는 안 되는 공부방법이며, 공부의 시작이자 끝이다.

　그는 제자의 성향이나 역량에 따라 가르침도 깊고 얕음의 경향을 차별화하였다. 사람의 성향과 자질에 따라 가르침을 펴는 것은 공자 이래 유교에는 아주 중요한 교육 방법이다. 사과십철의 뛰어난 학문을 대성한 제자가 나온 것도 자질에 따른 이 교육 방법 때문에 가능한 일이었다.

배움에 목마른 학생은 기본적인 욕구를 충족하기 위해서 스승의 가르침에 의지할 수밖에 없다. 이런 배움은 배우는 사람의 역량과 자질에 따라 순서와 경중을 달리해야 한다. 그래서 공자도 제자의 역량과 자질에 따라 덕행, 언변, 정사, 문학 방면으로 성사시킨 것이다. 퇴계는 자신뿐만 아니라 제자들에게 학문적인 자질과 역량에 맞게 훌륭한 선비가 되도록 돕는 일을 우선으로 생각하고 가르쳤다.

> 성인의 교육은 각각 그 자질에 따르는 것이다. 그 자질에 따라서 성취시켜 주려 하기 때문이다. 만약 공자가 임금 지위를 얻어서 그 도리를 실천하였다면 역시 각자 그들의 자질에 따라서 그 장점을 취하여 임용하였을 것이다. 임금은 임금과 스승의 책임을 겸하였으므로 인재를 기르는 데도 이것을 원칙으로 삼아야 하며 사람을 쓰는 데도 역시 이것을 기준으로 삼을 것이다.
>
> ─『퇴계집』「언행록」

퇴계는 제자를 가르칠 때는 먼저 그 뜻이 향하는 곳을 살펴 그 자질에 따라 가르치고, 먼저 입지하게 하고 위기지학 하여 홀로 있을 때도 도리에 어긋남이 없도록 언행에 삼가도록 하였다. 학문에 뜻을 두어 열심히 노력하고 독실한 것을 보면 칭찬하여 격려하였고, 간혹 노력을 게으르게 하거나 해이해지면 이를 염려하여 부추기고 한편으로는 부지런히 할 것을 권하고 참된 길로 인도하여 올바른 선비가 되도록 보살폈다.

퇴계는 배우는 것을 즐거워하여 부지런히 하였고 후배에게도 친절하게 배움을 청하여 묻기를 좋아하여 좋은 의견을 들으면 자신의 견해를 고치는 데 주저하지 않았다. 또한, 자신의 잘못된 견해가 있으면 이를 개정하는 데에도 게을리하지 않았다.

> 선생은 학자와 더불어 강론하다가 의심나는 곳에 이르면, 자기의 소견을 고집하지 않고, 반드시 널리 여러 사람의 의견을 취하였다. 그래서 비록 문장과 주절에 대한 비속한 선비의 말이라도 또한 유의하여 듣고 마음을 비워 연구해 보며, 또 거듭거듭 참고하고 고쳐서 끝내 바른 곳으로 귀결을 지은 뒤에야 그만두었다. 그가 변론할 때에는 기운이 부드럽고 말은 온화하며, 이치가 밝고 뜻이 바르며, 비록 여러 가지 의견이 다투어 일어나더라도 조금도 거기에 휩쓸리지 않았다. 이야기할 때에는, 반드시 상대방의 말이 그친 뒤에라야 천천히 한마디로 조리를 따져 해석하지만, 꼭 자신의 의견이 옳다고 하지 않고 다만 '내 소견은 이러한데 어떤지 모르겠다'라고만 하셨다.
>
> – 『퇴계집』 「언행록」

퇴계는 제자를 가르칠 때도 언제나 친절하고 살갑게 대했으며, 당신이 옳다고 먼저 주장을 하지 않고, 항상 마음의 문을 열어놓고 경청하였다. 한편으로는 제자들이 간혹 모르는 것이 있으면 차근

차근 알도록 가르쳤다. 그는 누구보다도 제자들을 가르칠 때 화기
애애했고 다정하고 친절하여 처음부터 끝까지 의심나거나 불분명
한 것이 없었다.

> 배우는 자들의 질문이 있는 때는 자세하게 설명하여, 탁 트여서
> 아무런 의문이 남지 않도록 하였으므로 아무리 우둔한 사람이
> 라도 모두 감발하여 의욕을 갖게 되었다. 여러 학생과 상대할 때
> 에, 마치 존귀한 손님이 좌석에 있는 것같이 하였으며, 모시고 앉
> 았을 때는 감히 우러러 쳐다볼 수가 없었다. 그러나 앞에 나아가
> 가르침을 받을 때는 화기가 훈훈하고 강의가 다정하고 친절하
> 여, 처음부터 끝까지 환히 통달해서 의심나거나 불분명한 것이
> 없었다.
>
> – 『퇴계집』 「언행록」

퇴계가 가르침에 얼마나 심혈을 기울였는지 심지어 중한 병이
들었을 때조차도 평소와 같이 학생들을 가르칠 정도였다.

> 병이 있어도 강론을 그치지 않았다. 돌아가시기 전 달에 이미 중
> 한 병이 들었는데도 학생들과 강론하기를 평소와 다름없이 하였
> 다. 학생들이 오랜 뒤에야 깨닫고 강론을 거둔 지 며칠 만에 병
> 이 이미 위독해졌다.
>
> – 『퇴계집』 「언행록」

이처럼 퇴계에게 제자들을 가르쳐 참된 선비가 될 수 있도록 인
도하는 것은 자신의 병을 치료하는 일보다도 더 중요한 일이었다.

이러한 그의 가르침이 결실이 되어 기라성 같은 제자들이 그의 문하에서 나올 수 있게 된 동인이 되었다.

그는 가르치는 일에 자기 일처럼 지극 정성을 다했고, 싫증을 내거나 게을리하지 않았다. 제자들을 동료처럼 대접해서 항상 좋은 친구처럼 여겨 스승으로 자처하지 않았다고 『퇴계집』, 「언행록」에 기록되어 있다.

스승으로 자처하지 않는 모습은 그가 진리 앞에 항상 스스로 부족한 존재로 여기는 겸손한 모습을 잘 보여준다. 퇴계는 제자인 이덕홍이 경에 대해 논한 글[논경서 論敬書] 한 통을 베껴서 자신의 벽에다 걸어 둔 일이 있었다. 월천 조목이 퇴계에게 그 까닭을 묻자, "내 비록 남을 가르치기는 이렇게 하였지마는, 내 몸을 돌이켜 살펴볼 때 아직 스스로 다 되지 못했기 때문에 이렇게 하는 것"이라고 대답하였다. 퇴계의 이런 진지한 모습은 진실로 배우기를 좋아하는 참된 선비의 모습으로 제자들에게 스승으로서 삶의 모범이 되었다.

퇴계의 문하에는 그의 인격과 학문에 감화된 수많은 제자가 모여들었다. 그 제자들은 각각 자신들의 장점과 능력에 따라 퇴계의 방대한 학문 영역과 정신을 나름대로 이해하고 받아들였다. 명종 · 선조 시대에 걸쳐서 많은 선비가 지역을 초월하여 퇴계의 문하에서 수학하였다. 그들 중에는 여러 방면에서 뛰어난 제자들도 많았는데 특히 김성일, 류성룡, 조목, 이덕홍, 정구, 금난수, 구봉령, 김부필 형제 등이 이름이 잘 알려진 사람들이다. 이황 학문의 면모는 그의 대표적인 제자 네 사람을 통하여 확인할 수 있다. 조목趙

배움에서 삶의 정도를 찾은 선비들

穆, 1524~1606, 김성일金誠一, 1538~1593, 류성룡柳成龍, 1542~1607, 정구鄭逑, 1543~1620가 그들이다. 이들은 퇴계 문하의 1세대들이라 할 수 있다. 그들 중 학파를 형성한 인물은 김성일, 류성룡, 정구이다.

퇴계는 벼슬에 나아가는 것을 삼가고 산림에 은일하여 위기지학에 독실히 하며 처사적 삶을 살았다. 이러한 스승의 학풍과 삶의 모습을 가장 닮은 사람이 조목이다. 퇴계가 자신의 도덕적 자아를 각성, 계발하고 또 구도의 정신 및 경건과 외경의 삶을 살아갔던 것과 마찬가지로 조목도 그러한 학문 태도와 삶의 방식을 지녔다.

김성일과 류성룡은 모두 과거를 통하여 벼슬길에 들어선 이후로 평생 관직 생활을 한 경세가들이다. 그들의 사상적 특징은 정치적 사회적 관점에서 접근하는 방법이 정의로웠을 것이다. 그들의 문집에 성리학설에 관한 구체적인 내용은 없다. 하지만 김성일의 문하에는 문인들이 흥성하였다. 그의 대표적 문하생으로는 장흥효가 꼽힌다. 김성일의 학맥은 나중에 이현일에서 이재로, 이재에서 이상정으로, 이상정에서 남한조로, 남한조에서 류치명에게로, 류치명에게서 김흥락으로 이어진다. 김성일 계열은 영남에 있으면서 퇴계의 철학을 계승하였기 때문에 일반적으로는 김성일 계열을 퇴계 학통의 정맥으로 인정한다.

류성룡의 학문은 정경세鄭經世, 1563~1633로 이어지고 정경세에게서 공부한 그의 아들 류진과 손자 류원지가 계승하였다. 정구는 퇴계와 조식 두 스승 사이를 오갔지만, 퇴계의 가르침을 더 많이 받았다. 정구는 퇴계와 마찬가지로 자아 계발의 심학을 중요시하였다. 특히 예에 관하여 퇴계에게 많은 질문을 하고, 또 그 자신이 예학 방면에 많은 저술을 남기는 등 예학의 대가로서 활약하였다. 정구에 의하여 뿌리가 내리게 된 영남의 예학은 정경세에 의하여 더욱 기반이 굳어졌다. 영남학파의 주리적 예학은 퇴계의 학문을 발판으로 정구에 의해 발원되었고 정경세에 의해 그 실천이 현실화되었다고 할 수 있다. 정구의 문인 중 장현광張顯光, 1554~1637이 가장 뛰어나 그의 학문이 허목許穆, 1595~1682으로 이어지면서 퇴계의 학문이 기호지방으로 전파되는 계기가 되었다. 또한, 그 뒤 이익이 허목을 사숙하였기 때문에 퇴계의 학통이 다시 실학으로 발전하는 계기가 되었다.

1. 어머니의 헌신적인 교육열

사람은 '어떤 사람과 함께'하느냐의 인연이 인생의 행로에서 가장 중요하다. 즉 어떤 사람을 만나느냐에 따라 삶의 색깔이 달라진다. 그래서 복 중에 '인연 복이 최고이다'라는 말도 있다. 그 인연 중 가장 큰 영향을 미칠 수 있는 사람을 꼽으라면 당연히 첫째는 부모이고, 두 번째는 스승이고, 세 번째는 친구이고, 마지막으로는 가정을 꾸미고 함께 해로할 동반자이다. 어머니의 영향을 받은 대표적인 인물로 맹자를 꼽는다. 교육과 관련한 유명한 고사가 있는데 바로 '맹모삼천지교'이다. 그리고 아버지의 뼈를 깎는 인내로 세상에 이름을 낸 김득신을 들 수 있다.

위대한 인류의 스승과 관련된 인물로는 '사과십철'의 공자를 들 수 있다. 그리고 호서사림 5현을 교육시켜 조선 예학의 장을 열어 놓은 김장생 부자의 예이다. 친구의 영향으로 이름을 떨친 고사로는 '관포지교'라는 고사가 전해지고 있다. 마지막으로 부인이 남편에게 영향을 미친 성공한 인물로는 '바보온달'과 '율곡 부친'을 들 수 있다.

이 세상 부모라면 자신의 자녀 교육에 소홀히 하지 않는 부모가 없을 것이다. 동서고금을 막론하고 자녀 교육에 대한 부모의 헌신과 열의는 크게 다르지 않다. 그럼에도 불구하고 퇴계 이황이나, 율곡 이이의 어머니와 백곡 김득신의 아버지가 보여준 자녀 교육열은 특히 삶의 귀감이 된다.

퇴계 이황의 생활수칙과 학문이 성취되기까지는 어머니의 영향이 매우 컸던 것으로 보인다. 이황이 태어나고 7개월밖에 되지 않았을 때 가정의 기둥인 아버지가 세상을 떠났다. 아이의 성장 발달 과정에서 아주 중요한 시기에 아버지의 죽음은 치명적일 수밖에 없다. 그 이유로는 아이의 교육적인 측면뿐만 아니라 정서발달, 언행의 습득, 인격 형성 등을 체계적으로 학습할 기회가 주어지지 않기 때문이다. 자기 생각과 감정을 표현하고 대화를 시도하려고 노력하는 것은 성장 과정에 필수적인 요소이고 자아 형성을 위해 꼭 필요한 과정이다. 부자 관계에서 안정을 찾고 의견을 나누는 것은 사람들과 살아가기 위해 당연히 거쳐야 하는 성장의 일부이다.

퇴계는 1501년 음력 11월 25일 도산면 온계리 노송정 종가인 퇴계 퇴실에서 아버지 이식1463~1502과 어머니 춘천 박씨1470~1537 사이에서 8남매의 막내로 태어났다. 첫 번째 부인 의성 김씨에게서 잠과 하, 두 아들과 딸 하나가 태어났고 계실인 춘천 박씨 몸에서 서린, 의, 해, 징, 황이 태어났으나 맏이 서린은 관례를 치르기 전에 죽었다. 퇴계 집안이 온계에 터를 잡은 것은 할아버지 계양 때다. 당시에 이곳에는 사람이 거의 살지 않아 논밭이 묵어 있었는데 이것을 개간하여 많은 전답을 얻은 덕분에 진성 이씨 예안파가 경제적으로 성장할 수 있었다. 퇴계 집안이 본격적으로 향리에서 사족으로 자리 잡게 된 것은 퇴계의 숙부 송재 이우가 대과에 급제하고 나서다. 형 이식이 40세에 병으로 죽은 후 조카 교육까지 도맡고 나서는 등 실질적으로 퇴계 집안을 이끌어간 인물이 송재공이었다. 송재공은 아들, 조카들에게 책 한 권을 완벽하게 외우게 한 후에 다른 책으로 옮겨갈 정도로 집안 자제들을 혹독하게 훈육했다. 사서를 비롯한 유교의 기본 경전은 모두 과거를 대비한 시험공부였는데 모두가 송재공의 뜻에 따른 것이었다.

퇴계의 아버지 식은 퇴계가 생후 7개월 만에 유명을 달리했다. 이렇게 어려운 환경 속에서 퇴계의 어머니 박씨는 매우 근면했고 현명하게 처신하였다. 박씨는 많은 어린 자식을 데리고 갖은 고생을 해가면서도 자식들만큼은 가르치는 데 최선을 다하였다.

퇴계의 아버지 이식은 좌찬성을 지낸 관리로 훌륭한 학문과 경륜을 지녔으나, 청렴하여 재물을 축적하지 않아 자연히 가정 형편은 어려웠다. 어머니 박씨는 7남 1녀 중에 장남만 결혼시킨 상태였기 때문에 홀로 어린 자식들의 교육과 양육을 담당해야 했다. 자연히 박씨는 자식들을 매우 엄하게 가르칠 수밖에 없었다. 자식의 앞날을 걱정하는 부모의 마음은 모두 똑같다. 자식이 잘되기 바라고

배움에서 삶의 정도를 찾은 선비들

아비 없는 자식이라고 남에게 욕을 먹지 않기 위해서 박씨는 무던히 애를 썼다. 암울한 현실을 극복하면서 자식들의 앞날을 위해서 자신을 희생하는 노고를 포기하지 않았다.

다음은 퇴계가 지은, 돌아가신 어머니 정경부인貞敬夫人 박씨의 묘갈 내용이다.

> 선군이 병으로 돌아가셨을 때 큰형이 겨우 장가들었고, 그 나머지 어린것들이 앞에 가득하였다. 부인은, 사내자식은 많은데 일찍 홀몸이 되어 장차 집안을 유지하지 못할까 매우 염려해서, 더욱더 농사와 양잠 일에 힘써서 옛 살림을 잃지 않으셨다. 여러 아들이 점점 장성하자, 가난한 중에도 학비를 내어 먼 데나 가까운 데나 취학을 시켜서 늘 훈계하였으니, 문장에만 힘쓸 뿐 아니라 특히 몸가짐과 행실을 삼가는 것을 중하게 여겨서, 항상 간절히 타이르기를, '세상에서는 보통 과부의 자식은 옳게 가르치지 못하였다고 욕을 한다. 너희들이 남보다 백배 더 공부에 힘쓰지 않는다면, 어떻게 이런 비난을 면할 수 있겠느냐?' 하였다.

이러한 어머니의 가르침은 퇴계가 훌륭한 인물이 되는 초석이 되었을 것이다. 퇴계는 비록 일찍이 아버지를 여의었으나, 그 학문을 성취할 수 있었던 데는 어머니의 영향이 많았는데 어머니의 헌신적인 자식 교육이 있었다는 사실이다. 가장이 없는 여자의 몸으로 가난한 살림에 아들들이 많아, 먹고사는 문제가 시급했기 때문에 생계를 책임져야 했던 박씨는 여자의 몸으로 할 수 있는 양잠을 시작했으며, 여러 아들이 장성하자 훌륭한 선생이 있는 먼 곳에 가서 공부할 수 있도록 권했다, 또 교육뿐만 아니라 특히 말과 몸가짐을 삼가는 것을 중히 여기는 인성 교육에 힘썼음을 알 수 있다. 이런 어머니의 간절함으로 퇴계 이황은 공부를 남보다 백배 더 힘쓰지 않을 수 없었고, 어머니의 피나는 인성 교육 덕분에 고귀한 인품이 고스란히 남아 학문을 대성할 수 있는 바탕이 되었을 것이다. 또 퇴계 스스로 모친을 다음과 같이 묘사하였다.

> 뒤로 두 아들이 대과에 급제하여 벼슬길에 오르게 되었어도 부인께서는 그 영진榮進을 기뻐하지 않고, 항상 세상의 시끄러움을 걱정하였으며 비록 문자는 익히지 않았어도 그 의리를 가르쳐 주고 사정을 밝히는 식견과 사려는 사군자四君子와 같았다.

이러한 점으로 미루어 퇴계의 학문과 인격 형성에 모친의 영향이 컸음을 짐작할 수 있다.

2. 학문 입문과 과거시험

퇴계는 6세 때 처음으로 글 읽을 줄 알게 되었다. 이웃에 어떤 노인 한 분이 제법 천자문을 알고 있었으므로, 선생에게 가서 배웠다. 아침이면 반드시 세수하고 머리를 빗고 가서 울타리 밖에서 가만히 전날 배운 것을 여러 차례 속으로 외워 본 후에 들어가서, 매우 예의 바르게 가르침을 받았다고 한다.

그는 타고나면서부터 온화하고 매우 성실한 성격을 지녔던 것

같다. 8세 때, 둘째 형이 칼에 손을 다치자 그는 형을 껴안고 울었다. 어머니가 "너의 형은 손을 다쳤는데도 울지 않는데, 네가 왜 우느냐?" 하니, 대답하기를, "형은 울지 않으나, 피가 저렇게 흐르는데 어떻게 손이 아프지 않겠습니까?"라고 하였다.

어린 퇴계는 온순하고 공손하며 겸손하고 우애가 있었다. 존장자를 대할 때는 감히 태만한 모습을 보인 적이 없었고 밤중에 깊이 잠들었다가도 어른이 부르면 곧 깨어나서 바로 대답하고 매우 조심하였다. 6, 7세 때부터 벌써 그러하였다.

12세 때 숙부 송재공 이우에게 『논어』를 배웠다. "제자가 집에 들어가면 효도하고, 밖에 나가면 공손하여야 한다"라는 대목에 이르자, 근심하여 스스로 경계하기를, "사람 된 도리가 당연히 이와 같아야 할 것이다"라고 하였다. 하루는 이理라는 글자로 송재공에게 묻기를, "모든 일에 있어 옳은 그것이 이입니까?" 하니, 송재공이 기뻐하면서, "네가 벌써 글의 뜻을 알았구나" 하였다. 송재공은 성격이 근엄하여 자제들에게 인정해 주는 일이 적었으나, 선생이 형 대헌공 이해와 함께 글을 배울 때, 송재공이 늘 칭찬하면서, "죽은 형이 이 두 아들을 두었으니, 죽은 것이 아니다"라고 하고, 또 어린 조카를 가리켜 말하기를, "우리 가문을 유지할 자는 반드시 이 아이일 것이다"라고 하였다.

퇴계도 후년에 "숙부 송재공은 엄격하여 학문에 당하여는 결코 타협을 허락하지 않으셨다. 『논어』와 집주를 암송하였을 때 전체의 글을 한 자도 틀리지 않았는데도 칭찬하지 않으셨다. 내가 학문에 게으르지 않은 것은 모두 숙부의 교육 감독의 덕이다"라고 술회하고 있다.

14세 때 글 읽기를 좋아하여, 비록 여러 사람이 많이 모여 앉은 자리에서도 반드시 벽을 향하여 가만히 속뜻을 음미하였다. 특히 중국의 시인 도연명의 시를 좋아하여 그 사람됨을 사모하였다고 한다. 도연명을 좋아했다는 것은 그가 자연을 사랑하고 훌륭한 시를 짓게 되는 반석이 되었을 것이다. 한편 문인의 기록에 의하면 그는 17~18세경, 처음으로 주자의 학문, 성리학이 있음을 알았다고 한다. 19세경, 주자의 『소학』을 읽고 일상생활에 있어서 효제의 도를 실천하고, 또 『논어』를 읽고 엄격하게 일과를 세워 힘써 실천하고 노력하여 깊은 이해를 하였다고 한다. 그즈음 성리학에 관한 서적인 『성리대전』 두 권을 얻어 그중의 「태극도설」을 읽고 환히 눈이 열려 성리학의 단서에 대하여 스스로 얻은 바가 있었다고 한다. 20세 때쯤, 침식을 잊고 『주역』을 강구하다가 건강을 해치어 그 이후로 병치레를 많이 하였다. 뒤에 선생이 조사경에게 준 편지에, "내가 어린 나이로 일찍이 망령되게 뜻한 바 있었으나, 그 방법을 몰라서 단지 너무나 지나치게 고심하기만 했던 탓으로 파리하고 고단해지는 병을 얻었다"라고 술회하였다.

퇴계는 스스로의 체험으로, 잘 때는 자는 것에 전념하고, 일할 때는 일하는 것에 전념하여 언제 어떠한 곳에서라도 정신을 집중하여 항상 반성 체험하지 않으면 아니 된다는 가르침을 다음과 같이 말한 일이 있다.

나는 젊었을 때 발분하여 학문을 하였다. 학문을 함에 하루 종일

쉬지 않고 밤에도 자지 않았으므로 드디어 병에 걸려 지금에 이르기까지 병약한 사람이 되고 말았다. 학문을 하는 자는 반드시 자기의 힘을 고려하여 잘 때는 자고, 일어날 때는 일어나, 어떠한 때, 어떠한 장소에서도 여러 가지 체험을 쌓아 내 몸을 반성하고, 마음이 딴 길로 새어나가지 않도록 마음을 쓰게 할 따름이다. 이와 같이 하면 병에 걸릴 일이 없다.

28세 때 진사 시험에 급제하고, 다시 어머니의 희망에 따라 과거를 보기 위해 국립대학 격인 성균관에 나아가 배웠다. 퇴계가 이 성균관에서 배운 해는 그 시절 유일한 벗이었던 김인후金麟厚, 1510~1560에게 보낸 시의 뒷글에 '계사년 가을 성균관에 들어가다 운운'이라는 구절이 있는 것으로 보아 33세 때의 일이라고 여겨진다. 또 문인 김성일은 퇴계의 일을 다음과 같이 기록하고 있다.

어렸을 적부터 병이 많아 사마시에 합격한 뒤로는 새삼스레 출세하려는 생각이 없었다. 다만 어버이를 섬기고 기리는 것만을 생각하고 있었으나 작은형 돈에게 권고되어 대학에 들어가 과거를 치르려고 하였다.

사마시에 합격한 것은 무자년 봄, 즉 28세 때이다. 이때 그는 성적의 발표를 기다리지 않고 집으로 돌아왔고, 발표를 듣고서도 조금도 기뻐하지 않았다고 한다. 퇴계가 이미 그때부터 과거에 응시하는 학문에는 마음이 내키지 않았던 것으로 보인다. 서울의 대학성균관에 와서 배운다는 것은 당시 벼슬하지 않은 선비의 최대 명예였다. 그러나 당시는 조광조를 비롯한 선비들이 죽임을 당한 기묘사화의 직후여서 사기는 진작되지 않았으며 학문에 공을 들이면 도리어 화를 당한다고 하는 자조적인 분위기가 만연해 있었다. 그 때문에 근엄한 퇴계의 행동거지를 보고 웃는 사람이 많았으며, 다만 한 사람 김인후와만 친교를 맺었다.

퇴계가 성균관에서 배워 얻은 최대의 수확은 김인후와 친교를 맺은 것과 『심경』을 읽을 기회를 얻은 것이다. 「언행록」에는 그에 관한 다음과 같은 기록이 보인다.

> 선생은 일찍이 처음으로 심경부주心經附註를 보고 매우 마음이 끌리어 한 책을 얻었다. 그 주는 모두 정자, 주자의 어록인데 잘 이해할 수 없는 것도 있었다. 선생은 문을 걸어 잠그고 수개월 간 침잠하여 반복하여 읽고서 어느 것은 문자의 의미로부터 미루어 보고, 어느 것은 다른 책에서 생각해보고 하여 여러 가지로 생각한 끝에 자연스레 마음으로 이해하였다. 만일 납득되지 않는 것이 있을 때는 무리하게 탐구하지 않고 잠시 옆에 놓아두었다가 가끔 끄집어내서 선입견을 배제하고 그윽이 음미하였다. 그 까닭에 명확히 이해하지 못하는 것이 없게 되었다.

『심경』은 송나라 진덕수의 저서이다. 『심경부주』는 이 『심경』에 원나라의 정황돈이 주를 붙인 것이다. 퇴계가 심학의 근본과 마음에 쓰는 법의 정밀한 곳을 자득하여 독자적인 학풍을 연 것도 실로 이 책에서 계발되었기 때문이다. 그러므로 스스로 다음과 같이 술회하였다.

나는 젊었을 적에 서울에 유학하여 비로소 이 책_{심경}을 보고 입수하였다. 그 후 병으로 인해서 공부에 힘쓰는 일이 늦어지고 막혀서 늦게라도 이루기 어렵다는 생각에 사로잡혔으나 심학에 처음으로 접촉하여 마음이 크게 움직이게 된 것은 이 책의 힘이다. 그러므로 평생 이 책을 존중하고 믿음이 사서 근사록의 아래가 아니다.

또한 33세 되던 해 귀향하는 도중, 김안국과 만났던 것도 그의 사상에 어느 정도의 영향을 주었던 것으로 생각된다. 퇴계가 만년에 "모재_{김안국}를 만나 비로소 정인군자의 학설을 들었다"라고 술회하고 있기 때문이다.

3. 결혼, 관직의 진출과 물러남

혼인은 21세에 이뤄졌다. 동갑인 진사 허찬의 딸 김해 허씨와 혼인하여 23세 되던 10월에 맏아들 준이 태어났다. 그 후 부인이 다시 둘째 채를 낳았으나 산후욕으로 6년 만에 죽고 말았다. 퇴계가 대과의 전초전인 진사시에 1등으로 합격한 것은 28세 때였다. 숙부 송재공이 죽은 후 자신의 공부 뒷바라지는 먼저 대과에 합격한 네 살 위의 형 온계 이해가 도맡아 했다. 퇴계가 권질의 딸 권씨 부인과의 두 번째 혼인을 올린 것은 허씨 부인이 죽고 3년 뒤인 30세 때다. 권씨 부인의 집안은 할아버지 권주가 참판 벼슬을 했고 숙부 권전이 예문과 수찬을 지낼 만큼 명문가였으나 권주가 갑자사화1504에 휘말려 사약 받은 데 이어 삼촌 권전이 기묘사화1519로 죽음을 맞음으로써 집안이 풍비박산 났는데 권씨 부인은 이러한 상황을 감당하지 못해 정신이 나가버렸다. 퇴계와 권씨 부인 간의 결혼생활은 제자 이함형이 부부관계 문제로 자문을 구했을 때 자신의 지난 두 번의 결혼이 불행했다고 고백하는 것으로 보아 우여곡절이 많았던 것으로 보인다.

퇴계가 31세 되던 해에 측실 사이에 아들 적이 태어났는데 실질적으로 집안의 대소사는 이 측실 부인이 도맡아 했다. 특히 허씨 부인이 죽은 후 집안의 실질적 안주인으로서 정실이 낳은 준과 채를 키운 까닭에 퇴계의 편지에는 너희 모, 혹은 서모에게 왜 편지를 하지 않느냐는 구절에서부터 서모의 친정어머니가 토계의 준에게 와서 머물렀다는 기록이 있는 것으로 보아 준과 채도 인정과 도리를 다해 서모의 가족을 돌본 것으로 보인다. 퇴계의 유언 가운데도 준에게 서모와 동생 적에게 살 집을 마련해 주라는 언급이 있는데 이러한 인정을 각별하게 여기는 가풍은 지금까지도 이어져 퇴계 집안 족보 어디에도 서자庶를 표기하지 않는다.

32세 때 퇴계가 사마시에 합격한 뒤로는 과거 보는 데 뜻이 없었으나, 형 대헌공이 어머니에게 여쭈어 권하므로 과거에 나가게 되었다. 이해에 문과 별시의 초시에 2위로 입격하였다. 서울에서 고향으로 돌아오는 길에 길가의 촌사村舍에서 자다가 밤중에 도둑이 들었는데, 동행들은 모두 당황하고 놀라고 두려워서 어쩔 줄을 몰랐으나 퇴계는 태연히 앉아서 전혀 동요하지 않았다고 한다.

성리학의 단초를 마련한 송대의 정이천은 오랫동안 낙양에 거

배움에서 삶의 정도를 찾은 선비들

주하였고, 신법新法을 반대하는 낙양의 정치집단과도 깊은 관계를 맺었다. 그래서 만년에 신당파들은 그를 사천 부릉 지방으로 귀양을 보냈고, 휘종이 즉위한 뒤에야 비로소 낙양에 되돌아왔다. 그가 부주에서 장강을 따라 낙양으로 돌아올 때, 협강의 어느 지점에 이르자 갑자기 물살이 빨라지고 풍랑이 심해져 배 안에 있던 모든 사람이 놀라 울부짖었는데도, 오직 정이천만은 옷깃을 바로 하고 굳은 듯 움직이지 않았다. 강기슭에 도착하자 어느 노인이 '정이천은 통달해서 그러한가? 아니면 두려움을 떨쳐 버려서 그러한가?'라고 물었다. 다시 말해서 당신의 정신 경지가 대단히 높아서 위험에 처해서도 마음이 흔들리지 않았던 것이냐, 아니면 스스로 마음이 흔들리지 않도록 억제하고 굳게 다짐해서 그랬던 것이냐는 물음이었다. 바로 퇴계의 의연함이 정이천의 대처함과 유사했던 것이다.

33세에 성균관에 유학했다. 동료들이 모두 존경하고 마음으로 선생을 좇았다. 가을, 고향으로 내려가면서 여주를 지나는 길에 모재慕齋 김 선생을 뵙게 되었다. 모재는 이름이 안국이니 이때 벼슬을 사퇴하고 여주 이호촌에 살고 있었다. 선생이 만년에 스스로 말하기를, "모재를 뵙고 비로소 정인군자正人君子의 언론을 들었다"라고 하였다. 경상도 향시에 응시해서 1위로 입격하였다.

중종 29년1534 34세로 문과에 급제하여 승문원 부정자로부터 관직 생활의 첫걸음을 내디뎠다. 그런데 이때 권신 김안로 일파가 정권을 제멋대로 하였다. 그들은 퇴계를 좋아하지 않았으므로 퇴계의 승진을 저지하였다. 39세 때 어머니가 돌아가셨기 때문에 관직을 떠나 향리에서 3년의 상을 치렀다.

선생의 장인인 권질은 정언 권전의 형이었다. 권전은 기묘사류 己卯士類로서 안처겸의 옥사에 연루되어 죄를 입고 죽었다. 권질도 연좌되어 내쳐지게 되었다. 이때 간관이 권력층의 사주를 받아 "아무개 퇴계를 가리킴는 권질의 사위이니, 사관이 될 수 없고, 그를 천거한 자도 역시 옳지 못합니다"라고 아뢰어, 예문관을 추고하고 퇴계를 사관직에서 체차시킬 것을 청하였다. 그 때문에 의논이 분분하여, 예문관 관원이 모두 파면되고, 퇴계도 드디어 관직에서 물러나게 되었다. 영천군에 김안로의 논밭이 있었는데, 그곳은 전 부인 허씨의 친정이 있는 곳이었다. 김안로가 동향이라는 이유로 퇴계를 만나자고 하였으나, 퇴계가 가서 만나지 않았기 때문에, 이때부터 앙심을 품고 대간을 사주하여 탄핵하게 된 것이다.

그 뒤 김안로도 실각하여 39세에 홍문관 수찬이 되어 왕이 학문하는 것을 도왔다. 이윽고 휴가를 얻어 독서하는 사가독서 賜暇讀書[1]를 하게 되었다. 사가독서는 선비 가운데서 특히 선발된 자가 윤번으로 독서를 명받는 제도인데 한번 여기에 선발되면 장래의 승진은 예약된 것이나 마찬가지였다. 이후 퇴계의 관리의 길은 순조로워서 43세의 10월에는 성균관의 사성으로 승진하였다.

---

1 사가독서(賜暇讀書): 조선 시대 젊고 유능한 문신에게 휴가를 주어 학문에 힘쓰도록 한 제도이다. 세종 때 집현전 학자들에게 일정 기간 휴가를 주어 독서에 전념하도록 하는 제도였다. 신하들에게 지식과 교양을 넓힐 기회를 준 이 제도는 훗날 '독서당'의 기원이 되었으며, 조선 시대 문예 진흥에 크게 이바지하였다. 사가독서제는 일체 직무에 대해서는 신경 쓰지 말고 오로지 집에서 독서에만 전념하도록 한 것이다. 규장각의 설립과 함께 폐지되었다. 휴가 기간은 1개월에서 장가(長暇)라 하여 오랜 기간이 주어지기도 하였다. 대체로 6인 내외가 뽑혔다.

그런데, 중종의 말년, 계비 문정왕후 윤씨가 인종을 폐하고 명종을 옹립하려는 조짐이 나타났으므로 사태 파악이 예민하였던 그의 벗 김인후는 당쟁의 화를 예상하여 관직을 사임하고 귀향하였다. 퇴계도 이때쯤부터 관계를 떠나 산림에 물러나 은거할 마음을 굳히고 있었다. 김인후가 떠난 그해 늦가을 43세의 10월에 성균관의 사성으로 승진하고서는 곧 성묘를 이유로 휴가를 내어 고향으로 돌아갔다. 이후 자주 관직에 임명되었지만 사직하여 나아가지 않았으며 명종 13년1558 58세까지 사직하거나 혹은 임금의 명령에 응하지 않은 것이 20여 회에 달했다.

인종1545년 즉위 · 명종1546년 즉위의 초년은 윤원형과 이기 등이 권력을 전횡하여 이른바 을사사화라는 심각한 권력투쟁이 일어났다. 그 과정에서 퇴계의 신변에도 위기가 닥쳤으나 겨우 구사일생으로 목숨을 구하였다. 퇴계는 은퇴의 시기가 늦어지는 것을 뉘우치고 병을 이유로 해서 여러 차례 모두 관직을 사임하였다. 마침내 46세 때에 고향 땅인 토계에 양진암을 축조하고 자연을 벗 삼아 오로지 독서를 하고 수양하는 생활로 들어갔다. 이때 토계를 퇴계로 고치고 스스로의 호로 삼았다.

그러나 퇴계에게는 그 뒤로도 자주 벼슬에 임명하는 임금의 명령이 내려 완전히 은퇴한 삶을 누릴 수는 없었다. 그리하여 부패하고 문란한 중앙의 관계官界로부터 벗어나기 위해 지방관을 지망하였고 48세에 산수 자연이 아름다운 충청도 단양 군수가 되었다. 얼마 되지 않아 형이 충청도 감사로 되어 오는 것을 피하여 경상북도 풍기군수로 전임하였다. 풍기군수로 재임 중 감사를 통해 상소하여 우리나라에 처음으로 주자학을 들여온 사람으로 알려진 안향安珦, 1238~1301 이 글을 읽던 곳에 전 군수 주세붕이 창설한 백운동서원에 편액, 서적, 학전學田을 내려줄 것을 청하여 실현하였다. 이것이 '소수서원'이며 조선에 있어서 사액서원의 시작이다.

1549년 봄에 퇴계의 '주세붕이 보내준 시에 답하다[답주경유견기答周景遊見寄 이수二首]'의 시를 보면 그의 도학 정신이 엿보인다.

자신에게 흠이 있으면 다른 사람 이끌 수 있으랴
성인의 도 엿보기 힘들어 천년이 지나갔네
오직 주계에서 관 벗어던지고 떠나
성현의 경전 연구하여 진리 얻기 바랄 뿐이네.

주세붕의 자가 경유景遊, 호가 신재愼齋이다. 퇴계는 도에 대한 갈증을 해결할 방법으로 관직에 머물 생각이 없었다. 군수로서, 그리고 '백운동서원'의 정신적인 지주이자 유림의 사표로서의 역할을 담당하는 선생이었지만, 자신이 도를 모르는데 어떻게 학생을 가르칠 수 있느냐고 반문하고 있다. 퇴계는 주세붕에게 이 시를 보낸 뒤 오래지 않아 도를 체득하기 위해 고향으로 돌아간다. 관찰사에게 사직서를 세 번이나 올려도 허락하지 않자 현직을 버리고 그냥 떠나 버린 것이다.

퇴계는 공립의 향교를 비롯하여 중앙의 대학도, 다만 관리가 되기 위한 과거시험의 준비교육장으로 타락한 나머지 사람다운 사람을 만들어내는 교육의 본래 뜻에서 완전히 벗어나 있음을 개탄했

배움에서 삶의 정도를 찾은 선비들

다. 그는 세상 사람들이 당시 향교에서 학생을 가르치는 사람을 낮게 보는 상황을 보고, 진실로 도를 구하여 자기를 수련하는 수도장의 설립이야말로 진정 바람직한 것으로 생각했다. 그래서 조정으로부터 공인되고 경제적으로 독립하여 운영할 수 있는 전답을 청하였다. 이는 주자가 백록동서원을 부흥한 전례에 따른 것이다. 그는 관직에 머문 지 겨우 1년 만에 병을 이유로 고향으로 돌아갔다.

4. 인격 수양의 길

사람은 태어나면서부터 사회화의 과정을 거치면서 욕망의 실현이 도덕규범에 어긋나지 않기 위해 지속적으로 교육과 훈련을 받는다. 그런 교육과 훈련과정을 잘 이행한 사람은 인간적이고 도덕적이라고 평가받는다. 그런데 가정이나 학교, 사회에서 권장하는 도덕적인 삶에 주어지는 사회적 보상은 과연 바람직한가? 문제는 대부분 사람이 도덕적인 삶을 영위한 사람은 잘 살지 못하고, 오히려 부도덕한 사람들이 잘 산다고 믿고 있는 세상이다. 그럼에도 불구하고 도덕은 사회생활에서 인간이 자연적·문화적으로 또는 물질적·정신적으로 발전하는 요구와 욕망을 충족시키기 위하여 어떻게 행동할 것인가를 나타내는 규범이고 기준이며, 삶에서 일어나는 행동을 지도하고 평가하는 원리이고 올바른 삶을 인도하는 척도이다.

예로부터 인간이 바람직한 삶을 살아가기 위해서는 자신의 이기적 욕망을 항상 절제하여 도에 부합되도록 해야 한다고 강조했다. 이와 같은 목적을 달성하기 위해서는 자신의 이기적 욕망을 늘 살피고 자제할 수 있도록 노력해야 한다. 우리의 마음은 본래 영명하고 측은한 것인데 욕망이 지나치면 마음의 영명함을 가려버리고, 측은한 감정을 질식시켜 버린다. 사람의 욕망은 무한하기 때문에 지나치면 극복하기 어려우므로 신령하고 측은한 마음이 그 작용을 다 할 수 없다. 이기적 욕망이 지나치면 그 결과는 어떻게 될까? 맹자는 '나무에 올라가 고기를 구하는_{불가능한 일을 억지로 하려고 한다}는 것: 연목구어 緣木求魚 것'과 같다고 하였다. 그래서 우리 선현들은 마치 '깊은 물에 다다른 듯이, 살얼음을 밟고 건너듯이' 지극히 언행을 신중하게 하여 도덕적 삶의 방향을 설정할 것을 스스로 요구하였다. 이러한 도덕적 삶을 통해 비록 가난해도 삶을 향상시킬 수 있고 즐거워할 수 있는 새로운 삶이 가능해지며, 궁극적으로는 천지자연에 대한 체득을 추구하고 자연과 합일되는 조화로운 삶을 지향하여 올바로 세계관을 정립하는 데 있다. 이러한 도덕적 자세야말로 인간의 자유의지를 구속하는 것이 아니라, 자신을 둘러싼 세계의 모습을 도덕적으로 성찰하고 변화시킬 수 있는 윤리적 가치이다.

유학에서는 자신의 인격 완성이나 자아실현을 추구하면서, 이를 위한 수양과 실천에 힘쓰는 윤리적 존재를 군자라고 한다. 다시 말하면 군자는 먹는 데 있어서 오로지 배불리 먹기만을 구하지 않고, 거처함에 있어서도 오로지 편안하기만을 구하지 않는다. 그러나 일을 하는 데는 민첩하고 말은 신중히 하며, 자기 마음속에 의

문이 나는 점이 있으면 학문과 도덕을 함양한 사람에게 가서 허심탄회하게 가르침을 받는다. 이렇게 해야 진정 학문을 좋아하는 사람이라고 할 수 있다.

퇴계의 학문적 열의에 대한 일화는 후학의 귀감이 된다. 자세는 언제나 곧게 하여 마음을 해이하게 하지 않았고 관대(冠帶)를 풀고 흐트러진 모습을 보이질 않았으며 하루 종일 손에서 책을 놓는 법이 없었다. 이러한 꼿꼿한 생활 태도 때문에 대학자가 될 수 있었고 많은 사람들로부터 존경을 받게 된 것이다.

퇴계는 눈병 때문에 괴로워하였지만 이를 핑계로 오히려 잠시도 손에서 책을 놓지 않았다. 이에 문인들이 "눈병이 이렇게 심하니 책을 보는 일을 그만두셔야만 합니다"라고 걱정하여 말씀드리니 선생께서는 "나도 그것을 모르는 바는 아니나 만약 책을 보지 않으면 병이 오히려 더 기승을 부리니 비록 잠시 쉬고 싶기는 하여도 그리하지 못하는 것이다"라고 답하였다.

이러한 학구열은 강론 때에도 계속되었는데 비록 병으로 아파도 심한 정도가 아니면 강론을 쉬지 않았다. 세상을 떠나기 전 이미 중환이었는데도 강론을 평소와 다름없이 하여 제자들이 뒤늦게 그것을 깨달았을 정도였다. 이러한 학문에 대한 열성 때문에 그에게 조선 최고의 학자적 명성을 가져다주었는지 모른다.

퇴계에 대한 평가는 조선 기호학의 태두로 일컫던 율곡의 표현으로 알 수 있는데 율곡은 퇴계를 가리켜, "선생은 세상의 유학에 통달한 권위 있는 학자로서, 조정암 뒤로는 서로 비견될 사람이 없다. 그 재주와 기국(器局)은 정암에 못 미칠지 모르겠으나, 의리를 탐구하여 정미한 것까지 드러내는 데는 정암이 미치지 못한다"라고 하여 퇴계의 학문적 위치를 높이 평가하고 있다.

퇴계 이황만큼 학문, 정치, 명예를 함께 부여받은 사람도 많지 않다. 그러나 그는 관직에 몸담았던 30여 년 동안 형식적인 직책이나 사직소를 이용하여 피하고 있음을 알 수 있다. 학문적 열의가 그의 인생의 전부이고 항상 도리를 생각하기 때문에 명예와 부는 관심 밖에 있었다. 퇴계의 소박한 학문적 바람은 자연 속에서 후학과 교감이 되는 학구열이 반영된 삶을 희구하였다. 다음 글은 그의 자명自銘이다.

> 나면서 어리석고, 자라면서 병이 많다. 중년엔 어찌하다 학문을 즐겼으며, 만년엔 어이하여 벼슬을 받았던고? 학문은 구할수록 멀기만 하고, 벼슬을 사양해도 더 내리시네. 나아가면 쓰러지고, 물러남이 떳떳하다. 나라 은혜 망극하고, 성현 말씀 두렵구나. 높고 높은 산이 있고, 끊임없이 흐르는 물이 있네. 평복으로 고쳐 입고, 온갖 비방 다 벗었네. 내 생각 막혔으니, 누가 내 뜻 알아주랴. 옛사람 생각하니, 내 마음 쏠리는구나. 오는 일을 어찌 알리. 지금 일도 모르는데! 근심 속에 낙이 있고, 낙 가운데 근심 있네. 자연으로 돌아가니, 또 바랄 것이 무엇이랴.

퇴계는 불혹의 나이가 지나자 '물러나 자연과 함께 살겠다'라고 스스로 다짐했다. 이를 위해 그는 호마저 퇴계退溪라 지었다. 죽는 순간까지 벼슬을 물리치기가 무려 20여 차례, 그러나 마음대로 되지 않았다. 특히 58살에는 아예 벼슬을 내리지 말아 달라는, 모든

배움에서 삶의 정도를 찾은 선비들

벼슬을 사양하겠다는 치사소致仕疏를 올렸을 정도였다. 그가 초야에서 뜻이 맞는 학자들과 좀 더 심오한 학문을 탐구하고 수양하여 조선의 자양분을 배양하려 했던 것이 아니었는지 모른다. 그의 그러한 노력이 자녀 교육에서 나타난다.

5. 퇴계의 자녀교육

조선 시대 성리학의 대가인 그도 여느 부모처럼 자녀 교육에 노심초사하며 어떻게 공부해야 하며, 재산은 어떻게 관리해야 하고, 인간관계는 어떻게 유지해야 할지에 관한 필요한 지식을 자녀들에게 꼼꼼하게 제시하기에 이른다.

퇴계는 책을 읽을 때 정밀한 독서법을 중요시했다. 어느 제자가 글을 올바르게 읽는 법을 물었을 때도 퇴계는 즉시 '정독해서 책을 읽어야 한다'라고 강조했다. 정독할 때에만 그 뜻을 깨닫게 된다는 것이다.

> 책이란 정신을 차려서 수없이 반복해 읽어야 하는 것이다. 한두 번 읽어 보고 뜻을 대충 알았다 해서 그 책을 그냥 덮어버리면 그것이 자기 몸에 충분히 배어나지 못할 뿐만 아니라 마음에 간직할 수가 없게 된다. 이미 알고 난 뒤에도 그것을 자기 몸에 배도록 공부를 더 해야만 비로소 마음속에 오래 간직할 수 있게 된다. 그래야 학문의 참된 뜻을 체험하여 마음에 흐뭇한 맛을 느끼게 되는 것이다.

퇴계는 아무리 피곤해도 책을 누워서 읽거나 혹은 흐트러진 자세로 읽은 적이 한 번도 없었다. 그처럼 근엄한 독서 자세는 어려서부터 세상을 떠난 70세에 이르기까지 조금도 변함이 없었다. 게다가 퇴계는 책을 남달리 정독하는 편이어서 어떤 책을 읽더라도 한 번 읽기 시작하면 열 번이고 스무 번이고 다시 읽어, 그 책 속에 담겨 있는 참된 뜻을 완전히 깨우치기 전에는 결코 그 책을 놓지 않았다.

퇴계는 학문을 거울에 비유하였다. 인생은 거울과 같다. 겉으로 드러난 모습을 반추하여 자신의 내면을 살펴야 한다. 자신을 객관적으로 평가하는 데 거울만 한 것이 없다. 무엇이 잘못되었는지, 어떤 점을 개선해야 할지를 거울을 통해서 수양해야 한다.

학문하는 것은 거울을 닦는 것에 비유할 수 있다. 거울은 본래 밝은 것이지만, 먼지와 때가 겹겹이 덮여 있어 약을 묻혀 씻고 닦아야 한다. 처음에는 온 힘을 들여 닦아 내야만 한 겹의 때를 겨우 벗겨낼 수 있으니, 매우 힘든 일이다. 그러나 계속해서 두 번, 세 번 닦는다면 힘이 점점 적게 들고, 거울도 점점 힘을 들이는 만큼 밝아질 것이다. 그러나 어려운 과정을 지나 쉽게 행할 수 있는 경지에 이르는 사람은 참으로 드물다.

겹겹이 묻은 거울의 때를 닦아 내듯이 자녀들에게도 계속해서 맑고 깨끗한 심정을 갖도록 권유했다. 거울의 표면에 그전에 물든 본성의 더러움을 닦아 새로워짐이 있으면, 이미 새로워진 것으로 인하여 나날이 새롭게 하고, 또 나날이 새롭게 하여 성정이 밝아져 학문하는 수양이 날로 발전할 수 있다. 퇴계의 자녀 교육의 특징으로는 먼지와 때가 묻은 거울을 닦는 마음으로 우선 세심한 관심과 이해, 그리고 배려에서 시작된다.

어제 너의 초사흗날의 편지를 보았다. 무사히 공부하고 있다니 위로가 된다. … 스스로 자신을 잃고 붓을 꺾어버려서는 안 될 것이다.

이 글은 1551년 이황이 아들 준에게 보낸 편지글이다. 과거시험을 준비하는 아들이 힘들고 어려운 학문을 중도에 포기하지 않고 열심히 공부하는 모습에 칭찬과 격려를 하는 아버지의 간절한 심정이 묻어난다.

명종실록 18권, 10년 2월 18일에 보면 그의 평상시 청렴결백한 청백리 성품을 그대로 보여준다.

이황은 평소에 의관을 단정하게 하고 앉아 있기를 비록 캄캄한 방이라 하더라도 일찍이 조금도 게을리하지 않았다. 아들 하나가 있는데 잘못하는 짓이 있으면 꾸짖지 않고 단지 시첩을 시켜 타일러 고치게 할 뿐이었다. 또 살림살이에 마음을 쓰지 않았으며, 일찍이 고을살이를 그만두고 돌아오는데 독 안에는 조 두어 말이 있을 뿐이었다. 그 뒤에 부름을 받고 상경할 적에 가난하여 의복과 머리에 쓰는 관과 허리에 매는 대帶가 없으므로 판서 조사수가 겉옷 1벌을 주었지만 사양하고 받지 않았다.

이러한 참다운 선비적인 성품이 사람들로부터 존숭을 받고 학문의 명성이 많은 사람들의 귀감이 되었을 것이다. 그는 아들뿐 아니라 절에서 공부하는 친척인 맏형의 외손자 민응기에게도 공부하기 좋은 계절에 시절 음식을 싸 보내며 시간을 아껴 학문에 힘쓸 것을 당부하는 편지도 보냈다.

시원한 밤 책 읽기 좋을 때다. 시간을 아껴라. 좋은 계절에 고요한 절에서 힘써 공부해 주기 바란다. 술 한 병, 닭 한 마리, 생선 한 마리, 고기 한 덩어리를 보낸다.

큰형의 외손자까지 세심하게 배려하고 챙기는 자상한 할아버지의 인자한 모습이다. 외할아버지 동생의 격려와 편지, 술과 맛난 음식을 받아 든 민응기의 심정은 아마 감개무량했을 것이고, 힘을 내서 공부에 매진했을 것이다.

또 『퇴계문집』 제40권, 조카 교의 문목에 대한 글에서 다음과 같이 답하였다.

『대학』은 몸을 닦는 근본이요 덕에 들어가는 문이기 때문에 배우는 사람의 일이라 한 것이고, 『중용』은 도를 밝히는 글이요 마음을 전하는 법이므로 가르치는 사람의 일이라고 한 것이다. 그러나 몸을 닦고 덕에 들어가는 학문이 아니면 도를 밝히고 마음을 전하는 가르침을 베풀 수 없고, 도를 밝히고 마음을 전하는 가르침이 아니면 몸을 닦고 덕에 들어가는 학문을 연구할 수 없다. 이것이 『중용』과 『대학』이 서로 안팎이 되는 이유이다.

배움에서 삶의 정도를 찾은 선비들

『대학』은 대인大人이 되기 위한 학문이기 때문에 몸을 닦는 근본이고 덕에 들어가는 문이므로 배우는 사람이 반드시 정독해야 할 중요한 책이고, 『중용』은 도를 밝히고 마음을 전하는 법이므로 가르치는 사람의 일이다. 따라서 도를 밝히고 마음을 전하는 가르침이 아니면 몸을 닦고 덕에 들어가는 학문을 연구할 수 없기 때문에 『대학』과 『중용』이 안팎이 되는 이유라고 퇴계는 조카에게 학문의 중요성을 밝혔다.

또 손자 안도에게는 부부의 예에 대해서 자세히 답하였다.

> 무릇 부부란 인류의 시작이고 만복의 근원이니, 아무리 지극히 친하고 지극히 가까워도 또한 지극히 바르고 지극히 삼가야 하는 자리이다. 그러므로 '군자의 도는 부부에서 시작된다'라고 하는 것이다. 세상 사람들이 예우하고 공경하는 것은 온통 잊어버리고 다짜고짜 친압하여 마침내 업신여기고 능멸하여 못 할 짓이 없는 데까지 이르게 되는 것은, 모두가 서로 손님같이 공경하지 않는 데서 나오는 것이다. 이 때문에 그 집안을 바르게 하려면 마땅히 그 시작을 삼가야 하는 것이니, 천 번 만 번 경계하거라.

퇴계는 왜 그토록 자녀와 친척에게 학문에 열성을 기울였을까? 배우는 사람은 학문과 수양을 통해서 세상의 옳고 그름을 따져 보면서 자신의 관점과 입장을 형성해야 한다. 또 어떤 권위와 힘에도 굴복하지 않고, 자신의 발로 서서 자신의 눈으로 세상을 보면서 무엇이 옳은지 그른지 따져 볼 수 있는 능력을 배양해서 불의에 맞설 수 있어야 한다. 이것이야말로 배운 사람이 추구하고 누려야 할 책

무이다. 이런 능력을 양성하기 위해서는 무엇보다도 학문과 수양
에 힘써야 한다.

> 독서에 어찌 장소를 택해서 하랴. 향리에 있거나 서울에 있거나,
> 오직 뜻을 세움이 어떠한가에 있을 따름이다. 마땅히 십분 스스
> 로 채찍질하고 힘써야 할 것이며, 날을 다투어 부지런히 공부하
> 고 한가하게 시간을 낭비해서는 안 될 것이다.

공부는 시간과 장소에 구애받아서는 소기의 목적을 달성하기
힘들다. 그리고 학문의 다양성으로 인해 그 목적은 사람마다 차이
가 있을 수 있겠지만, 인격을 수양하고 삶을 영위하는 데에 필요한
지혜를 제공하고, 세상의 가치에 대한 올바른 이해를 통하여 날로
새로워지는 데는 큰 차이가 있을 수 없다. 나날이 새로워지는 지식
을 통해 세상을 보는 눈이 높고 넓어지며, 새로운 세상을 보는 눈
이 가능해진다.

퇴계가 장성한 맏아들에게 학문이 얼마나 중요한지에 대해 보
낸 편지이다.

> 내가 곁에 있지 않다고 학업을 파해서야 되겠느냐? 책 읽기에 분
> 발하고 힘껏 노력해 주기 바란다. 나는 밤낮으로 너희들이 성공
> 하기를 바라고 있다. 너희는 뜻있는 선비를 보지 못했느냐! 부형
> 이 곁에서 감독하고 꾸짖어야 공부하더냐? 너희는 모두 가까이
> 본받을 만한 사람도 있는데 마음이 게을러 한가로이 세월만 보
> 내고 미리 자포자기해 버리느냐?

배움에서 삶의 정도를 찾은 선비들

송대의 주돈이는 "성인은 하늘을 희구하고, 현자는 성인을 희구하고, 선비는 현자를 희구한다"라고 말하면서, 선비라면 마땅히 성인이 되고 현자가 되는 일을 평생토록 도달해야 할 이상으로 삼아야 한다고 했다. 구체적으로 말하면 "이윤이 지향한 바를 지향하고, 안연이 배운 것을 배우는 것"이다. 이윤은 유가에서 '임금에게 충성하고, 백성에게 은혜를 베푼다'라는 모범을 보였고, 안연은 유가에서 자기 수양을 철저히 한 대표적인 인물이다. '이윤이 지향한 바를 지향한다'라는 말은 이윤을 본받아야 할 모범으로 삼아서 국가의 안녕과 백성의 행복을 위해 최선을 다해야 한다는 뜻이다. '안연이 배운 것을 배운다'라는 말은 안연처럼 성인의 정신 경지를 추구해야 함을 가리킨다.

그리고 검소하고 근검절약하는 생활을 실천한 퇴계는 각자의 소질과 적성에 따라 능력과 소임을 맡겼다. 맏아들은 학문의 길로 들어서게 했고, 둘째 아들은 농사일을 전업으로 삼게 했다. 다만 퇴계는 학문의 길을 택하면 농부나 향촌의 민중들과 같이 재산을 모으는 데 몰두해서는 안 된다고 말했다. 재산을 모으면서 도덕을 논하고 학문을 닦을 수 없다는 말이다. 재산의 관리로는 자손들에게 "빚보증은 절대 서지 말고 또 돈놀이를 절대 하지 말라"라고 엄명을 내렸다. 퇴계는 '이자로 재산을 불리는 것을 금한다'라는 '금식산禁殖産'을 좌우명으로 남겼다. 고리대금업자같이 이익을 위해 다른 사람에게 피해를 주는 행위를 금한 것이다. 대학자인 퇴계이지만 자손들을 위해서는 재산의 축적보다는 선비정신이 중요함을 강조하였다. 공자가 주장한 '견리사의見利思義' 즉 '눈앞의 이익을 보면 먼저 의로움을 생각해야 한다'라는 의미이다. 사사로운 이익이 보일 때 이익을 취하기 전에 그것이 의로운 일인지 아닌지를 먼저 판단하여 의롭지 않으면 추구하지 않아야 한다는 것이다.

어느 날 공자에게 그의 제자 자로가 성인成人에 관해 묻자 공자는 "눈앞에 이로움을 보면 의를 생각하고, 나라가 위태로울 때는 목숨을 바치며, 오래된 약속일지라도 평소 그 말을 잊지 않는다면 성인이라 할 수 있다"라고 하였다.

또한 안중근 의사는 여순 감옥에서 순국하기 전 여러 장의 글을 남겼는데, 그중 '견리사의 견위수명見利思義 見危授命'이라 쓰인 유묵은 '나에게 이익이 되는 것을 보았을 때는 옳은지를 먼저 생각하고, 공동체에 위기가 닥쳤을 때는 목숨을 바치라'라는 의미로 그의 유묵 중 대표적인 작품으로 꼽힌다.

퇴계는 배운 것을 그대로 실천하는 것에 예외를 두지 않았다. 이로 인해 대를 이을 증손자마저 잃는 아픔을 겪기도 했다. 퇴계의 증손자가 서울 외조부 댁에서 태어났는데, 그의 손자인 안도는 어미의 젖이 적으니 유모를 구해 달라며 할아버지에게 부탁을 드렸다. 그러자 퇴계는 유모가 갈 수 없는 처지를 자세히 손자에게 설명했다.

유모로 갈 수 있는 하인도 해산한 지 삼사 개월밖에 안 돼 유모가 올라가면 그 아이는 죽고 만다. 내 자식 키우려고 어찌 남의 자식을 죽인단 말인가?

결국 젖이 모자라 이 아이는 두 돌을 넘기지 못한 채 죽고 말았다. 퇴계는 말년에 증손을 잃은 참변을 가장 큰 슬픔으로 여겼다고 한다. 퇴계는 어떤 고통스러운 일을 당해도 성현의 가르침대로 '원칙'만은 지켜나갔다.

퇴계는 점검과 질책뿐만 아니라 행여 자손들이 세인들에게 비난을 당해 상처를 입을까 염려해 따뜻하게 조언하는 것도 잊지 않았다.

> 누가 나를 욕하거나 헐뜯더라도 마음을 편안히 가져야 한다. 혀를 깨물고 입을 봉해라. 누구와 싸우거나 경쟁하지 말고 응수하고 타협하지도 말라. 나를 지키려는 마음으로 남에게 변명하지 말고, 비방하는 사람과 마주해 싸우게 해서는 안 된다.

조선의 선비들이 공부하는 모습은 지금으로서는 참으로 이해하기 힘든 경지였다. 방 안에 얼음이 얼 정도의 추위 속에서도 오로지 성현의 책을 읽고 과거 준비를 했으니 말이다. 또 양식이 없어 며칠을 굶으면서도 책을 놓지 않았다는 사실은 참으로 '대단하다'라고 할 수밖에 없다는 표현으로 부족하다. 그런데도 이들은 그 어려운 난관과 시련을 극복하면서 열심히 공부한 것이다.

6. 「숙흥야매잠도」에 나타난 선비들의 공부법

조선의 선비들은 폭넓은 공부를 통해 인격을 형성하여 '올바른 선비'가 되고자 노력했다. 선비는 본래 학문과 인격을 갖춘 조선의 지식인을 말한다. 퇴계가 살다 간 16세기는 조선 유교사를 볼 때 사림의 성장기로 규정할 수 있다. 사士란 성리학을 탐구하고, 그 이념을 자기화하여 실천하는 선비이며, 사림이란 선비의 복수개념이다. 조선 시대의 이상적인 인간상으로 평가하는 선비는 바로 조선 시대 중기부터 형성된 올곧은 지식인을 일컫는 말이다. 이른바 '사림'이라고 불렸던 당시의 선비들은 관직에 나아가는 일 자체가 사사로운 이익을 추구하는 일이라고 보고, 관리가 되기를 거부한 채 학문과 수양에만 매진하기도 하였다.

그 대표적인 인물이 퇴계 이황이다. 그는 나이 40이 넘어서자 '물러나 살겠다'라고 굳게 마음을 먹었다. 퇴계의 연구 업적이 주로 나이 50 이후에 이루어진 것을 볼 때 더욱 그러하다. 그는 을사사화 후 낙향하여 낙동강 상류의 토계兎溪를 퇴계라 고쳐 호로 사용했는데, 이는 평생 물러나 후학과 함께 학문에 매진하면서 살겠다는 그의 의지를 엿볼 수 있다.

그의 학문적 열의는 선조가 성군이 되기를 바라면서 성리학의 요체를 열 가지로 간결하게 추린 내용을 그린 그림에서 나타난다. 그가 그린 『성학십도』 가운데 제10도가 「숙흥야매잠도」다. 「숙흥야매잠도」의 숙夙은 '일찍, 새벽'이라는 뜻이고, 흥興은 '일어나다, 시작하다', 야夜는 '밤', 매寐는 '잠잘 때'라는 의미로, 이 책은 새벽부터 늦은 밤까지 인격도야를 위해 공부하던 선비의 하루 일과를 담고 있다.

퇴계는 「숙흥야매잠도」의 내용을, 숙오夙寤, 신흥晨興, 독서讀書,

응사應事, 일건日乾, 석척夕惕, 겸숙야兼夙夜 등, 7장으로 나누어 다음과 같이 설명하고 있다.

1. 숙오: 닭이 울어 잠에서 깨어나면 여러 가지 생각이 일어나게 되니, 그 사이에 조용히 마음을 가다듬어야 한다. 혹 지난날 잘못한 일이 생각나거든 반성하고, 혹 새로 깨달은 것이 있으면 분명하고 조리 있게 정리할 것이다.

2. 신흥: 근본이 확립되었으면 새벽에 일찍 일어나, 세수하고 머리 빗고 옷을 갖추어 입고, 단정하게 앉아 몸을 가다듬는다. 마음을 끌어모으되 밝게 떠오르는 햇살처럼 해야 하고, 몸을 엄숙하고 가지런히 정돈하여 마음을 비워 고요하고 한결같게 해야 한다.

3. 독서: 책을 펴서 성현의 말씀을 대할 때는, 공자께서 자리에 계시고 안회와 증자가 앞뒤에 있는 것같이 여길 것이다. 성현께서 말씀하신 것을 친절하게 귀담아듣고, 제자들의 질문과 변론을 자세히 살펴서 잘못된 것은 바르게 고쳐야 한다.

4. 응사: 일이 생겨 대응할 경우에는 실천으로 증명해야 한다. 천명은 밝게 빛나는 것이니 항상 눈을 거기에 두어야 한다. 일에 대응하고 나면 예전과 같이 마음을 고요히 하고, 정신을 모아 잡념을 멈추게 해야 한다.

5. 일건: 움직임과 고요함이 순환하는 것은 오직 마음만이 볼 수 있으므로, 고요할 때 마음을 잘 보존하고 움직일 때 잘 살펴서, 마음이 둘 셋으로 나뉘지 않게 할 것이다. 글을 읽다가 틈이 나면 간간이 휴식을 취함으로, 정신을 맑게 하고 성정이 함께 쉬도록 해야 한다.

6. 석척: 날이 저물어 사람이 피곤해지면 나쁜 기운이 들어오기
   쉬우므로, 몸과 마음을 잘 가다듬어 정신을 맑게 이끌어야 한
   다. 밤이 깊어 잠을 잘 때는 손발을 가지런하게 모아 아무 생
   각을 하지 말고, 마음과 정신이 편히 잠들게 해야 한다.
7. 겸숙야: 낮에 피곤해진 마음과 정신이 밤에는 잘 쉬어 회복될
   수 있도록 해야 한다. '정貞'이 다하면 '원元'으로 돌아오는 것
   처럼,[2] 매사 끝이 되면 다시 처음으로 돌아오게 되는 법이다.
   이것을 항상 생각하고 마음에 두어 밤낮으로 부지런히 힘써야
   한다.

「숙흥야매잠도」는 『시경』 「소완」 편의 구절에서 따온 것으로, 새
벽에 닭이 울어 일어날 때부터 저녁 잠자리에 들 때까지 부지런히
힘써야 할 일과 마음가짐을 기술하고 있다.

조선 선비들은 이러한 학문과 수양을 하기 위해서 속세를 떠나
깊은 산림 속에서 은둔하여 수행할 필요가 없었다. 이런 수양을 하
기 위해서는 속세와 인연을 끊고 철저히 감각적이고 외물의 욕구
를 버려야 가능하다고 보는 경향이 있다. 수양이란 과연 그렇게 감
각적이고 외물의 욕구를 철저히 배제하고 속세를 벗어나 깊은 산
속에서 진행해야 가능한 것은 아니다.

---

2 『주역』의 '원형이정(元亨利貞)은 천도지상(天道之常)'이라는 말이 있다. 즉 '원형이정'은
'봄, 여름, 가을, 겨울'과 같은 천지자연의 불변하는 순환법칙을 말하는 것이다. 시절이 정
(貞)을 지나면 다시 원(元)으로 돌아감을 뜻한다.

배움에서 삶의 정도를 찾은 선비들

7. 명종의 어제와 선조에 대한 경연

사림은 재야의 선비로서 사사로운 욕심을 극복하기 위하여 철저한 자기 수양에 힘썼으며, 또한 인간과 자연 세계의 이치를 탐구하기 위해 혼신의 노력을 기울였다. 그리고 부귀와 권세, 명예를 누리기 위해 벼슬에 나아가는 것을 거부했을 뿐만 아니라 세속을 떠나 현실을 도피하지도 않았다. 사림은 현실 정치와 일정한 거리를 두고 있었던 까닭에, 오히려 현실을 객관적인 시대정신으로 볼 수 있었고 학문과 수양에 전념하여 세상을 공정한 관점에서 평가할 수 있었다.

사림들은 나라의 정책이 잘못되었을 때 죽음을 무릅쓰고 상소나 간언을 하기도 하였고, 부패한 조정과 관리에 대해 비판적 견제의 기능을 수행하였다. 이러한 까닭에 선비를 '나라의 근간이 되는 기운'이라고 하였다. 선비야말로 이기심을 버리고 개인적인 사욕을 배제한 채 객관적이고 공정한 관점에서 올바른 의견을 제시할 수 있었기 때문이다.

옛 선비들은 자신의 집 안팎의 생활공간과 자신이 사용하는 애장품까지도 이름을 붙여 기記: 마음에 새기거나 글로 써놓고 교훈으로 삼는 글귀로, 한문 문체이다. 주로 일의 실적이나 공적, 풍경 등을 적은 것이 일반적이다, 잠箴: 경계나 훈계하는 뜻을 담은 글의 형식, 명銘: 마음에 새기거나 글로 써놓고 교훈으로 삼는 글귀의 글을 지어 자기 좌우명의 뜻을 성찰하였으며, 자연의 수려한 경치를 보고 즐기며 그 정서를 시로 읊었다. 그리고 자연의 경관이 뛰어난 곳에 정자를 세우고 누구나 그 정자에 올라 시원한 자연의 바람을 맞이하고 자연의 아름다운 풍경을 감상할 수 있도록 하였다.

퇴계는 만년에 자연 풍광이 아름다운 곳에 그가 바라던 학문을 연마하고 후학들을 양성할 곳으로 도산 서당을 지었다. 이 서당은 낙동강이 굽어 보이고, 바위가 있어 장엄하고 숲이 울창하여 고요하고, 돌샘이 사시사철 멈추지 않고 흐르는 시원한 골짜기에 터를 잡았다. 그는 사색과 학문을 연마하며 제자를 교육했던 도산 서당의 서재를 '완락재玩樂齋'라 하고 제자를 가르치며 휴식을 취하던 마루를 '암서헌巖棲軒'이라 하였다. 서당 앞마당 동남쪽에 정방향의 연못을 '정우당淨友塘'이라 하였다. 천원지방天圓地方의 의미로 양진암은 천원을 조성하여 선천先天을 표상하였고, 서당에는 방당方塘을 조성하여 후진 양성과 인간관계의 의미를 부여하였다.

정우당 곁의 샘을 '몽천蒙泉'이라 불렀다. 심심산골에서 솟아나는 옹달샘을 『주역』 몽괘蒙卦의 의미를 취하여 몽천이라 한 것이다. 몽매한 제자를 바른길로 이끌어 가는 스승의 도리가 끊임없이 솟아 나와 계곡으로 강으로 바다에 이르듯이 제자들의 어리석고 몽매한 심성을 밝게 깨우쳐 세상의 빛과 소금의 역할을 다하라는 교훈을 주고 있다. 몽천 위쪽에는 단을 쌓고 매화, 대나무, 소나무, 국화를 심었고 동구 밖으로도 벼랑 위에 아름다운 산천을 감상할 수 있는 곳을 '천연대天淵臺'라 하여, 자연의 경치와 인간의 정서가 정겹게 어울리는 정갈하고 소박하고 아름다운 전망대를 만들었다.

퇴계는 도산 서당에서 후학을 위해 전력을 다해 가르침을 펼쳤다. 이에 명종은 독서당에 술을 하사하고, '어진 이를 불러도 오지 않는 데 대한 탄식'이라는 어제를 내어 율시로 짓게 하였다. 명종

자신의 친필로 퇴계를 가리키는 말이라고 주를 달았다. 그 기록은 명종실록 33권, 명종 21년 6월 15일 갑술 2번째 있다.

이황은 타고난 자품이 순수하고 학식이 뛰어났다. 소시부터 선현의 위기지학爲己之學에 뜻을 두어 마음으로 생각하고 힘써 실천하여 뜻을 맑게 가지고 행실을 독실하게 하였다. 권세를 쥔 간신들이 정권을 도맡아 국사가 날로 비하해질 때를 당하여 그는 결국 병을 핑계 삼아서 경상도 예안 지방으로 물러가 살았다. 여러 번 조정의 소명을 받았으나 모두 거절하고 나가지 않았으며, 혹 나갔다 해도 곧 돌아오곤 하였다. 식량이 자주 떨어졌으나 조금도 개의치 않았고 날마다 경서를 궁구하고 도를 즐기는 것으로 일을 삼았다. 중년 이후에는 소견이 더욱 밝고 얻은 바가 매우 높았다. 학문이 심오하고 실천이 투철하였으니 비록 박문博文 · 약례約禮[3]를 둘 다 극진히 했다 이르더라도 옳을 것이다. 지금 권세를 휘두르던 간신들이 자취를 감추자 상이 정신을 가다듬어 정치를 하니 국정이 날로 새로워졌다. 이 무렵 이황의 문장 도덕이 한때 으뜸간다고 추천한 자가 있자 봄 초엽부터 전지를 내려 불렀는데, 이황은 신병이 쌓였을 뿐만 아니라 출처 문제를 놓고 매우 염려한 나머지 본도에서 여러 번 사퇴하였다. 그러자 위에서는 어의를 급파하여 진찰케 하는 등 은권恩眷이 집중하였는데도 끝내 소명에 응하지 않았다. 그런 때문에 이처럼 시를 짓게 하였으니, 대개 은근히 측석側席의 뜻을 보인 것이다.

---

3   박문(博文) · 약례(約禮): 박문은 사물의 이치를 궁구하여 학식을 넓히는 일이고, 약례는 언행 등을 예절로 단속하여 정도에 벗어나지 않게 하는 일이다. 『논어』「옹야」.

여러 차례 명종의 부름에 끝내 벼슬을 사절한 퇴계를 위해, 명종은 몰래 화공을 도산에 보내 그 풍경을 그리게 한다. 그리고 송인에게 영을 내려 '도산기陶山記 및 도산잡영陶山雜詠'을 써넣게 하여 병풍을 만들었다. 명종은 아침저녁으로 병풍을 보며 이황을 그리워했다고 한다.

명종이 죽고 선조가 즉위하자 퇴계를 예조판서로 임명했지만, 그는 병을 이유로 하여 간곡하게 사직하고 귀향했다. 선조 역시 경연을 맡기기 위해 퇴계를 불렀다. 그러자 퇴계는 선조 즉위년 11월 4일 경연에 참석하게 된다.

옛날 사람들은 먼저 『소학』을 읽어서 본바탕을 함양했기 때문에 『대학』에서 격물과 치지를 말한 것입니다. 후세 사람들은 『소학』을 읽지 않기 때문에 학문에 근본이 없어 격물과 치지의 공효를 알지 못합니다. 『소학』은 비단 연소한 사람들뿐만 아니라 장성한 사람들도 읽어야 할 책입니다. 『소학』이 우리나라에 유포된 지 오래도록 대의를 아는 사람이 없었는데 김굉필이 학도들을 모아 놓고 해석해 밝힘으로써 그 책이 세상에 크게 유행하게 되었습니다. 그리하여 기묘년1519년 중종 14년에 이르러서는 사람들이 모두들 『소학』을 근본으로 여겼었는데 불행하게도 현인 군자들이 죄의 그물에 빠지게 되었기 때문에 지금 민간에서는 『소학』을 읽는 사람이 없으니, 이것은 교화가 밝지 못해서 그렇게 된 것입니다. 상께서는 지금 『대학』을 진강하고 계시지만 『소학』 역시 유념해서 보셔야 합니다.

서원이나 서당에선 글공부만 가르친 것이 아니다. 글공부와 함

배움에서 삶의 정도를 찾은 선비들

께 여러 분야의 공부를 병행했는데 이를테면 인간이 마땅히 행해야 할 윤리 덕목을 담은 『소학』의 내용을 일상생활에서 실천하도록 하여 마음을 다스리고 예를 갖추는 공부를 시켰다. 특히 쇄소응대진퇴灑掃應對進退의 몸가짐, 즉 물 뿌려서 마당을 쓸고, 어른들에게 공손히 대하며, 나아가 물러날 때 공경심을 유지하는 것을 기본으로 삼았다.

우리 조상들이 수신서로 즐겨 읽었던 『소학』이나 『명심보감』 등의 내용은 일상적인 수양에 관련된 서적에 해당한다. 우리 조상들은 일상적으로 남에게 말하고 다른 사람의 말을 듣는 것, 어떻게 걸어야 할지, 어떻게 서 있어야 할지, 상대방을 볼 때 시선은 어떻게 해야 할지 등 일상에서 지켜야 할 몸가짐도 수양의 중요한 덕목으로 삼아 왔다.

퇴계는 지식 자체에 목적을 삼지 않았다. 그가 가장 중요시한 것은 생활과 실천이었다. 학자가 날마다 공부하는 것은 몸을 닦고 실천하기 위한 것이지, 입으로만 이치를 논하기 위함이 아니라고 생각했다. 마음과 몸으로 그날 공부한 것을 실천하는 것이 참된 학문이라고 가르쳤던 것이다.

그리고 퇴계는 겸손한 손님맞이로 제자들까지도 놀라게 했다. 귀한 사람은 잘 대접하고 미천한 사람이라고 해서 차별 대접하지 않았다. 제자들에게도 항상 높임말을 썼다. 아들의 나이인 26세 연하의 기대승과 서신을 통해 깍듯이 예의를 갖추면서 논쟁을 벌인 것은 유명하다. 퇴계는 대학자였지만 모든 사람들에게 차별을 두지 않고 똑같이 예를 갖추고 대했던 것이다. 이렇게 겸손하면서도 정성을 다한 대응으로 항상 퇴계의 사랑방에는 제자나 손님이 그칠 날이 없었다고 한다.

8. 퇴계의 인간다운 면모

1565년 5월 하순에 김성일에게 건네준 시를 보면 퇴계가 평소에 지녔던 사람다운 면모가 드러난다. 김성일은 자가 사순士純이고, 호는 학봉鶴峰이다. '이때 내가 계상에 거처했는데 사순이 도산에서 무더위도 피하지 않고 내왕했다'라고 제목에 부가되어 있다.

> 젊을 때는 생각이 틔어 잠깐 반짝했는데, 중간에는 병만 앓느라 오랫동안 방황했다네.
> 방황할 때는 길이 너무 험하다 한탄했는데, 깨닫고 보니 벼슬이란 것이 별게 아닐세.
> 머리가 희어서야 자유의 몸이 되었으니, 문만 열면 푸른 산이라 경영할 일이 없구나.
> 그대가 왕래하며 명분과 도리를 토론하니, 더위 식히는 얼음과 서리가 구절마다 생기네.
>
> - 『퇴계집』「속집 시」

퇴계는 젊은 시절 도의 체득에 대한 지극한 관심이 있었지만 질병과 관직 생활로 인해 방황을 거듭했다고 술회한다. 그 뒤 부단히 도를 찾아 노력하다가 깨달음을 얻고 나니 벼슬에 대한 미련이 사라졌으며, 만년에 드디어 자유의 몸이 되어 이곳에 머물며 자연과 더불어 즐기니 편안하다고 고백하고 있다.

퇴계는 자신보다 무려 37살이나 어린 28세의 제자 김성일에게 '고맙게도 그대가 왕래하며 명분과 도리를 토론하니, 더위 식히는 얼음과 서리가 구절마다 생기네'라는 시를 지어주니, 이것을 받은 제자는 말과 글로 표현할 수 없는 감동을 했을 것이다.

학문과 도의 체득에 대한 퇴계의 열정은 어린 시절부터 시작되었지만, 유달리 허약한 몸이라 끊임없이 고질병에 시달렸고, 관직에 봉사하느라 여유조차 없었다. 만년에 드디어 벼슬을 버리고 자유로운 몸이 되어 향촌에 거처하게 되었을 때, 퇴계를 흠모하던 김성일이 찾아와서 선생과 명분과 도리를 토론하고 배우니, 김성일은 물론 선생도 적잖이 기뻐하셨다.

또 그의 평상시 인륜에 관련된 일화가 있어 소개한다. 퇴계에게는 일찍이 과부가 된 둘째 며느리 류씨가 있었다. 어느 날, 며느리 방에서 울음소리가 들리기에 살펴보니 짚으로 만들어놓은 인형에 술상을 두고선 대화를 나누며 흐느끼고 있는 것이었다.

퇴계는 이 모습이 안쓰러워 류씨에게 심부름을 시키고선 귀가가 늦어졌다는 억지를 부리며 내쫓게 된다. 그렇게 쫓겨난 류씨는 친정아버지에게 건네라는 퇴계의 서찰이 생각나 읽게 되었는데 그 서찰에는 이렇게 적혀 있었다.

"이것을 전하면 친정에서 너를 재가시켜 줄 것이다, 행복을 바란다."

몇 년 후, 퇴계는 임금의 부름을 받고 평양으로 가다가 날이 저물어 어느 집에서 머물게 되는데 저녁상도, 아침상도 그가 좋아하는 반찬으로 상이 차려지자 며느리가 그 집에 살고 있음을 직감했다.

다음 날, 집주인은 한양 가는 길에 신으라며 버선 두 켤레를 건네었고 며느리를 만나보고 싶은 마음은 간절했지만 잘 지내고 있는 것 같아 마음속으로 행복을 빌며 길을 떠났고 그렇게 떠나는 퇴계, 즉 시아버지의 뒷모습을 보면서 며느리 류씨는 눈물을 훔쳤다고 전해진다.

「퇴계선생연보보유退溪先生年譜補遺」에는 바로 '교육에 차별을 두지 않는다는 유교무류有敎無類'라는 내용이 실려 있다. 배순이란 사람이 대장장이였다. 선생이 풍기군수일 때 백운동서원소수서원에 여러 번 오갔는데 배순은 그때마다 뜰 아래에서 뵈었다. 존앙하는 마음이 얼굴에 가득하니 선생이 칭찬해주고 인도해주셨다. 선생이 군수를 그만두고 귀향하자 철상鐵像을 만들어 모셨다. 선생이 돌아가시자 삼년상을 상복을 입고 제사 지냈다는 얘기다.

그의 인간적 면모와 그가 행한 퇴계 사후 3년 상, 선조 임금 승하 때 3년 상 이야기 등은 소수박물관이 23번째 학술총서로 국역한 『단곡선생문집丹谷先生文集』을 통해서 좀 더 자세히 들여다볼 수 있다. 단곡은 임진왜란 때 의병을 모아 싸운 곽진1568~1633의 아호이다. 여기에 배순의 전기인 「배순전裵純傳」이 실렸다.

배순은 대장장이이다. 풍기로 이사 온 지 30년이 넘었는데 죽계 상류 평장동에 대장간을 열고 일을 하였다. 보통의 대장장이는 그릇에 금이 가면 진흙을 바르고 그릇이 새면 밀랍으로 메워 한껏 이익을 취하는데 배순은 이와 반대로 그릇에 금이 갔으면 금이 갔다고 말하고 가격을 깎아주었으며 그릇이 새면 샌다고 하고 가격을

배움에서 삶의 정도를 찾은 선비들

낮추었으니, 내가 이를 보고 배순의 정직함을 알았다.

그는 양봉을 좋아하여 벌통이 수십 통이나 되었지만 벌을 다 없애고 꿀을 통째로 취하는 일이 없었으며 때때로 수저를 가지고 덮개를 열어 꿀을 조금 취하였으니, 내가 이를 보고 배순이 탐욕이 없음을 알았다.

그는 예전에 신성에 살았는데 퇴계 선생이 돌아가시자 3년 동안 마음으로 상복을 입었으며 쇠로 선생의 모습을 주조하여 제사를 지냈으니, 그가 현인을 사모하는 정성이 지극함을 알았다. 선조 임금이 돌아가시자 또 삼 년 동안 상복을 입었으니 그가 임금을 사랑하는 정성이 지극함을 알았다.

제8장

신사임당과 율곡 이이의
학문 세계

1. 신사임당의 영향과 대학자 퇴계와의 만남

율곡 이이[1536~1584]는 퇴계 이황과 함께 16세기를 대표하는 사림이다. 퇴계가 주자의 성리학에 대한 새로운 문제 제기와 함께 그 문제에 대한 완벽한 이해에 도달하였다면, 율곡은 퇴계가 이룩한 성리학에 대한 학문적 성과를 바탕으로 조선의 실정에 맞게 우리 것으로 하여 토착화시켜 발전시켰다는 점이다. 그 대표적인 성과로 『주자가례』를 바탕으로 조선의 실정에 맞게 상례와 제례를 보편화하여 상용화하였다.

율곡의 성장기와 학문에 가장 큰 영향을 끼친 인물은 다름 아닌 어머니 신사임당이다. 율곡은 자신이 쓴 「행장」에서 어머니의 모습을 이렇게 적고 있다.

> 어렸을 적에 경서에 능통했고, 글도 잘 지었으며, 글씨도 잘 썼다. 또한, 바느질을 잘하고 수놓기까지 정교하지 않음이 없었다. 게다가 천성이 온화하고 얌전하였으며, 지조가 정결하고 행동이 조용하였으며, 일을 처리하는 데 편안하고 자상하였다. 말이 적고

행실을 삼가고 또 겸손하였으므로 신공 _{부친 신명화} 이 사랑하고 아꼈다.

신사임당은 율곡의 학문 기초를 다져 준 스승이기도 하였다. 율곡은 어려서부터 총명이 출중하여, 말을 배우자 곧 글을 알았다고 한다. 어느 날 외할머니가 석류 한 개를 보여주며 "이 물건이 무엇과 같으냐?"라고 물었다. 세 살 먹은 어린 율곡은 옛 시를 인용해 "은행은 껍질 속에 덩어리 푸른 구슬 머금었고, 석류는 껍질 안에 부서진 붉은 구슬 싸고 있네"라고 대답해 주위 사람들을 깜짝 놀라게 했다. 세 살 먹은 어린아이의 대답치고는 너무 대단한 비유였다. 평소 신사임당의 자녀 교육 영향이 어린 율곡에게 그대로 미친 결과이다.

다섯 살 때 신사임당이 병이 나서 위독하여 온 집안 식구가 어쩔 줄을 모르고 있었는데, 율곡은 어린 나이에 몰래 외할아버지 사당에 들어가 기도하고 있었다. 이모가 마침 지나가다가 보고 경탄하며 안고 돌아왔다고 한다. 한번은 어떤 사람이 시냇가를 건너가다가 넘어져 거의 죽을 뻔하였는데, 그때 보고 있던 사람들은 다 손뼉을 치면서 웃었으나, 율곡은 홀로 그 사람을 내려다보고 걱정이 되어, 여러 번 놀래 소리를 내다가, 그 사람이 물에서 나오고 나서야 그쳤다고 한다. 이처럼 어버이에 효도하고 남을 사랑하고 배려하는 마음은 바로 천성이었다. 율곡의 나이 16살에, 어머니의 상을 당하였는데, 탈상을 할 때까지 3년 동안 묘소 근처에 움집을 짓고 어머니 산소를 돌보고 공양을 드리는 일을 지키는 일을 하면서 한결같이 주자의『가례』에 따라 하면서 상복과 수질首絰: 굴건 위에 두르는 띠 · 요질腰絰: 허리에 두르는 띠을 버리지 않았고, 손수 제찬을 올리며 그릇 씻는 일까지도 종들에게 맡기지 않았다. 이때 일화로 어머니 신사임당을 여읜 율곡은 자애로운 어머니를 잃은 상심에 빠져, 건강이 몹시 악화되었다. 효자로 유명한 율곡은 오랫동안 실의에 빠져 지냈으므로 자연히 건강이 매우 나빠졌다. 이후 쉽사리 회복되지 않던 그의 건강을 회복시켜준 기적 같은 음식이 바로 '연근죽'이었다고 한다.

그가 3년 상을 치르고 상복을 벗었으나 어머니를 애모하는 마음을 이기지 못하여 항상 밤낮없이 부르짖으며 울었다고 한다. 하루는 봉은사에 가서 불서를 뒤져보다가 생사의 설에 깊이 감명하였으며, 또 그 학문이 간편하고도 고상하고 묘한 점을 좋아하여 속세를 떠나 불법을 연구해 보려고 하였다.

19살에 여러 친구에게 이별을 고하는 편지를 남겼다.

문장은 배워서 능할 수 없으나 기氣는 길러서 이룰 수 있다. 이 기란 것은 사람마다 똑같이 타고난 것으로서, 잘 기르면 마음의 사역使役이 되고, 잘 기르지 못하면 마음이 기의 사역이 되는 것이다. 기가 마음의 사역이 되면 몸에 주재가 있어서 성현도 될 수 있는 것이요, 마음이 기의 사역이 되면 칠정을 통솔할 수가 없어서 어리석고 미친 사람이 됨을 면할 수 없는 것이다. 옛날 사람으로 기를 잘 기른 사람이 있으니, 맹자가 바로 그분이다. 공자가 말하기를 '지혜로운 사람은 물을 좋아하고 어진 사람은 산을 좋아한다'라고 하였는데, 산을 좋아하는 것은 그 우뚝 솟아 있는 것만을 취하는 것이 아니라 그 고요한 도를 취하여 본받는 것이며, 물을 좋아하는 것은 그 흘러가는 것만을 취하는 것이 아니라 그 움직이는 도를 취하여 본받는 것이니, 어질고 지혜로운 자가 기를 기르는 데 있어 산과 물을 제외하고 어디에서 살겠는가.

절에 들어가 오랫동안 침식을 잊고 계정(戒定)을 열심히 하더니, 홀연히 생각하기를, "부처가 그 제자들에게, '생각을 더하거나 덜하지 말라'고 경계한 것은 무슨 뜻인가. 그 학문은 별다르게 기묘한 것이 없고, 다만 이 마음이 딴 곳으로 가는 것을 끊어 버리고, 정신을 집중시켜 고요함이 지극하여 허명한 지경에 이르게 하려고 하여 화두(話頭)를 빌려 거기 의거해 공부를 하게 하는 것인데, 또 그 사람이 미리 이런 뜻을 알게 되면 선(禪) 공부가 전일하지 못할까 염려되기 때문에, 이런 금법(禁法)을 만들어서 속인 것이다" 하였다.

그리하여 마침내 이단 학설의 잘못된 점을 깨달아 그 학문을 다 버리고 유학에 진심하였으며 스스로 경계하는 글을 지어 한결같이 성현을 표준으로 삼아 경(敬)과 의(義)를 아울러 지키고 지행(知行)을 함께 힘써서 스승의 가르침 없이도 스스로 그 미묘한 것을 얻었다. 이때의 불경 공부는 성리학에 대한 깊은 이해와 촉매제가 되었을 뿐만 아니라 중국 송나라 학자들이 미처 도달하지 못한 높은 수준으로 성리학을 한 단계 높이 끌어올리는 데 기여하기도 하였다.

한번은 배우는 사람들에게 말하기를, "내가 어릴 때 쓸데없이 선가(禪家)의 돈오법(頓悟法: 별안간 다 깨닫게 되는 법)이 도에 들어가는 매우 빠르고 묘한 법이라고 생각하여, '만상萬象이 하나로 돌아가는데 그 하나는 결국 어디로 돌아가는 것인가' 하는 화두로 수년 동안 생각해보았지만, 결국 깨달은 것이 없었다. 이에 돌이켜 찾아보니 비로소 불씨의 설이 참된 학설이 아님을 알았다"라고 하였다.

율곡은 23살이던 1558년에 성주에 있는 장인 노경린을 방문했다가 외할머니가 계신 강릉으로 돌아가는 길에 예안경북 안동의 도산서당으로 퇴계를 찾아갔다. 당시 퇴계는 벼슬에서 물러나 도산서당을 짓고 배우러 오는 수많은 제자를 가르치고 있었다. 도산서당은 휘돌아가는 낙동강 물줄기를 앞에 두고 고즈넉이 자리 잡고 있었다.

율곡은 비가 몹시 내린 탓에 도산서당에서 2박 3일을 머물다 떠났다. 이후 두 사람은 직접 만나지 못하고 편지를 주고받았다. 학문적인 내용을 담은 서신이 있는가 하면 벼슬길에 나아가고 물러남을 다룬 편지도 있다. 첫 번째 편지와 마지막 편지에는 학문적인 내용이 담겨 있다. 첫 편지는 율곡이 자기 생각을 알리고 퇴계의 가르침을 바라는 내용인 데 비해, 마지막 편지에서는 자기 생각을 바탕으로 퇴계의 학설에 이의를 제기하는 변화를 보였다. 율곡이 학문적으로 성숙했음을 보여주는 증거라고 생각된다. 제자의 성장을 바라보는 즐거움은 스승만이 안다. 비록 자기 이론을 비판하고 있지만 몰라보게 성숙한 제자를 확인하면서 퇴계는 더없이 기뻤을 것이다.

2박 3일 동안 받은 가르침을 평생 동안 간직한 율곡은 그래서 행복한 제자였다. 한 번의 만남이었지만 율곡은 이후 대학자 퇴계를 선생으로 받들었고, 퇴계 역시 율곡의 사람됨을 알아보고 자신의 한계를 뛰어넘을 후학자로 그를 촉망하였다.

율곡이 집으로 돌아오자 퇴계에게 시를 써서 보냈다.

> 시냇물은 수사洙泗에서 갈라져 나왔고
> 봉우리는 높이 솟은 무이산武夷山 입니다.
> 천 권의 경전으로 삶을 도모하고
> 사는 곳은 몇 칸의 남루한 초가집입니다.
> 가슴에는 구름 걷힌 달을 품고
> 담소를 나누니 미친 물결이 잔잔해집니다.
> 제가 구하는 것은 도를 듣는 일
> 반나절의 시간을 허비하는 것이 아닙니다.

율곡은 도산서당 주변의 풍광을 읊었다. 앞 냇물은 공자의 고향에 흐르는 수수洙水와 사수泗水에서 갈려 나왔다고 예찬하고, 뒷산은 북송 때의 대학자 주자가 살던 무이산처럼 빼어나다고 기렸다. 말하자면 퇴계의 학문이 공자에게서 비롯되었고, 주자의 학문처럼 높은 것을 칭송한 표현이다. 그리고 퇴계가 살아가는 모습을 표현했다. 한양으로 올라가 부귀영화를 누릴 법도 한데 오히려 예안의 시골에서 수많은 경전으로 정신세계를 가꾸며 살아가는 퇴계를 대하는 존경심이 배어 있다.

또 퇴계와 대화를 나누어서 한결 넓고 평온해진 자신의 내면세계를 표현하였다. 두 사람이 담소를 나누는 동안 밤이 깊었나 보다. 마침 휘영청 달이 떠올랐다. 율곡은 도산서당 주변의 아름다

배움에서 삶의 정도를 찾은 선비들

운 달빛처럼 자기의 내면세계가 열린다고 고백했다. 뿐만 아니라 잔잔해지지 않던 마음이 저절로 가라앉기까지 했다고 시로 표현했다.

마지막으로 젊은 학자 율곡의 패기랄까 의욕이 엿보인다. 퇴계에 대한 극진한 존경심을 표시하면서도 자기가 지닌 자부심을 잃지 않았다. 놀리려고 이곳까지 찾아온 게 아니라 퇴계에게 도를 묻고 자기 생각도 말씀드리고 싶다는 속내를 밝혔다.

"참으로 대단히 훌륭한 시입니다."

시를 읽고 난 조목이 이렇게 찬탄했다. 조목은 퇴계의 제자로 평생 동안 스승을 모신 학자였다.

"시가 오히려 그 사람만 못하다."

퇴계는 오히려 훌륭한 시가 율곡보다는 미치지 못한다고 평하고, 율곡에게 편지를 써서 보냈다.

돌아가는 사람을 아직 만나지 못해 답장을 제때 하지 못했습니다. 김자후가 돌아오는 편에 다시 편지와 시를 보내주시고, 이 보잘것없는 사람에게 질문까지 해주시니 감사함과 부끄러운 마음을 가누지 못하겠습니다. 저는 궁벽하고 누추한 곳에서 제자가 적어서 함께 공부할 사람이 없습니다. 병중에 책을 보다가 때때로 마음으로 이해되는 곳이 있지만, 그에 따라 몸소 행하려고 하면 서로 모순되는 점이 많습니다. 나이는 많고 힘은 약해지고 또 사방에서 친구를 얻어 스스로 돕지 못하기에 항상 벗이 오기를 기다립니다.

두 차례의 편지를 받으니 저의 문제를 고칠 수 있는 해결 방법에 대해서는 언급하지 않으시고 도리어 어리석은 저의 의견을 듣고자 하시는 까닭은 무엇입니까. 두렵고 불안하여 감히 받들 수 없으나 그렇다고 끝내 아무 말도 하지 않으면 또한 서로 함께 학문하는 도가 아니기에 마침내 평소의 느낌을 숨김없이 이야기합니다. 앞의 편지에서 과거에 그릇되게 학문한 것을 깊이 탄식했는데, 그대의 현재 나이가 겨우 약관弱冠: 남자 나이 20세일 뿐인데 이와 같이 뛰어나니 학문을 그르쳤다고 말할 수 없습니다. 그런데도 그렇게 말한 것은, '학문에 잘못이 있으면 아직 학문하지 않은 것과 같다'라고 여긴 것이 어찌 아니겠습니까. 이전의 잘못을 깨닫고 고치려고 생각하며, 또 궁리와 거경[1]과 같은 실제적인 일에 매진할 줄 알고 있으니 용감하게 잘못을 고치고 간절하게 도를 지향하면서 그 방법을 잘 알고 있다고 봅니다. … 그런데 지난날 와서 만났을 때 그 사실을 속이지 않고 그 잘못을 말해주었으며, 지금 두 편지의 요지가 또한 이와 같은 것을 보니 그대는 함께 도에 나아갈 수 있는 사람이라는 것을 알겠습니다. …저와 같은 사람은 공부를 시작할 때뿐 아니라 늙을수록 더욱 심하여 항상 제 삶이 부질없이 지나갈까 염려합니다. 그래서 같은 시대의 군자에게 거는 기대가 큽니다. 목마른 듯이 기대합니다. 이러한 면에서 한 시대의 사람들을 살펴보면 재주와 훌륭한 학식을 갖춘 자가 한두 명이 아니지만 출세하지 못하면 과거시험에 마음을 빼앗기고, 출세하고 나면 이해관계에 빠집니다. 비록 뜻이 있더라도 용감하게 행하지 못하는 자가 넘칩니다. 그대의 마음가짐은 이들과 다른 것 같습니다. 과거의 잘못을 끊어 버리는 것을

---

1 궁리(窮理)와 거경(居敬): 주자의 수양방법으로, 궁리란 외적 수양법으로 사물의 이치를 궁구하여 확실한 지식을 얻는 일이고, 거경은 내적 수양법으로 몸과 마음을 항상 바르게 가지는 것을 말한다.

　　　　　　　　배움에서 삶의 정도를 찾은 선비들

어려워하지 않았다는 것에서 알 수 있습니다. 그대가 진실로 끊어 버리는 것을 어려워하지 않는 마음을 옮겨 세상에 행한다면 비록 과거와 이해관계가 앞에 놓여 있어도 그대는 걱정하고 조급해하는 일반 사람과는 같지 않을 것이 분명합니다. 이것이 제가 그대에게 감동하는 까닭입니다. 다만 그대는 뛰어난 자질로 강론과 이해를 쉽게 하기 때문에 그대의 문장은 발분하고 안타까워하는 마음에서 나오지 않는 것이 있습니다. 그대가 미루어 행동한 것에도 간절하고 독실한 모습이 부족한 듯합니다. 계속 이렇게 한다면 그대가 마침내 세상의 안 좋은 습속에 따라 변화될지도 모릅니다. 저는 그것이 참으로 두렵습니다. 하략

- 『퇴계집』「답이숙헌이」

1558년 겨울에 퇴계보다 36세나 어린 율곡이 강릉으로 가서 보낸 두 통의 편지를 받고, 이에 답한 편지이다. 퇴계가 마음을 다해 답변한 것만으로 편지는 끝내지 않는다. 상대방의 좋은 점을 찾아내 격려하고, 격려가 끝나면 상대가 가진 좋지 않은 점과 병통이 되는 점을 반드시 지적하여 고치기를 권하였다. 율곡의 당돌한 질문에 퇴계는 겸손하면서도 친절하게 자세히 알려주었다. 조선 최고의 대학자로서 자만심이라곤 찾아볼 수 없이 나이 어린 학자도 한 사람의 훌륭한 동료로 대우해준 것이다. 퇴계의 학문뿐만 아니라 인간성까지 돋보이는 내용이다.

1568년 봄에 율곡이 퇴계에게 벼슬길에 나올 것을 권유한 서신의 끝부분은 참으로 간절한 마음이 느껴진다. 율곡은 퇴계가 더는 도산에만 머물러 있을 수 없게 되었으니 빨리 한양으로 올라오시

라면서 이런 말을 덧붙였다.

이이는 본래부터 경솔하고 순진하지 못한 버릇이 벼슬길에 나온 뒤에 더욱 심해졌습니다. 앞으로도 이러한 습관을 버리지 못하여 사람 노릇을 못 할까 두렵습니다. 깊고 고요한 밤에 조용히 일어나 반성해 보면 두려움으로 온몸에 소름이 돋습니다. 만일 훌륭하신 합하閤下 퇴계를 가까이 모시고 고질이 된 병통을 합하가 가지신 학문의 뜸과 침으로 치료한다면 거의 효험이 있을 듯합니다. 길이 멀어 찾아뵙지 못하지만 합하의 풍모를 멀리서나마 사모하며 마음속으로 깨우칠 뿐입니다.

율곡은 싸움이 그칠 날 없는 조정에서 동인과 서인을 화해시키려고 모든 노력을 기울였다. 당파보다는 조선이라는 국가를 먼저 생각하여 서로 양보하고 관용하는 자세를 보일 것을 권유했다. 그는 비록 서인으로 분류되기는 했지만, 동인과 서인 두 진영에서 신뢰를 받았다. 그러나 한편으로는 동서 양쪽에서 비난을 듣기도 했다. 이익과 권력의 실세를 잡기 위해 패를 갈라 싸우는 곳에서 어느 한쪽 진영을 지지하지 않은 사람은 그 처지가 곤궁하게 마련이다. 그런 힘겨움이 율곡으로 하여금 퇴계를 더욱 간절히 부르도록 만들었을 것이다.

1571년 퇴계가 서거했을 때, 율곡은 건강이 좋지 않아서 직접 도산을 찾아가지 못했다. 대신 아우에게 추도사를 적어 보내 스승 잃은 슬픔으로 통곡했다.

배움에서 삶의 정도를 찾은 선비들

좋은 옥 깨끗한 금처럼 타고난 기질이 순수함이여
도학의 연원은 관민에서 나왔구나
백성들은 상하 없이 덕택이 있기를 바라고
종적은 산림에서 독선獨善하는 몸이 되었네
호랑이도 가고 용도 없어져서 사람의 일은 다 변천이 되는데
광란狂瀾을 돌리고 정로正路를 열어, 책 몇 권이 새로 나왔구나
남쪽 하늘 멀고 멀리 저승과 이승이 갈렸으니
서해 물가에서 눈물이 말라붙고 창자가 끊어지는 듯하외다

그는 퇴계의 맑고 순순한 정신세계를 표현하였는데, 관민은 중국 복건성 지방으로 주자학의 발상지이다. 그리고 다음 연에서는 퇴계의 삶을 요약한 내용이다. 백성들은 신분의 높낮이와 관계없이 퇴계의 가르침과 은덕을 기다렸지만, 그는 궁궐 대신 산골 도산에서 자기를 다스리는 학문에 충실하면서 학자적인 태도로 일관했다. 다음으로 퇴계가 남긴 업적을 예찬하는 목소리를 담고 있다. 세상은 우뚝 솟을 만한 인물들이 모두 사라져 온통 어지럽기만 한데, 퇴계는 그러한 세상을 올곧게 살아가는 길을 책으로 남겨놓았다. 그런 스승이 남쪽 지방 안동에서 별세했다는 소식을 들은 제자는 이승과 저승으로 갈리는 아픔에 눈물이 말라붙다 못해서 창자가 끊어진다고 비통해하였다.

스승을 잃은 율곡의 슬픔은 퇴계가 사망한 후에도 조금도 줄어들지 않았다. 퇴계 2주기가 되는 1572년 율곡이 지어 보낸 제문에 이런 문장이 보인다.

소자가 배움을 잃어 헤맬 때, 사나운 말은 이리저리 치달리고 가시덤불 속에서 길을 잃었습니다. 그때 공께서 계발하여 삶의 방향을 바로잡을 수 있었습니다.

율곡과 퇴계는 이후 서로 만나지는 못했지만 편지를 주고받으면서 『중용』과 『대학』의 집주와 『성학십도』 등의 책에 대해 진지하게 토론했다. 퇴계는 율곡에게 다음과 같이 당부의 말을 잊지 않았다.

세상에는 영특한 인재가 한없이 많지만 옛날 학문에 마음 두기를 좋아하지 않는데, 그대처럼 뛰어난 재주를 지니고 젊은 사람이 바른길에 발을 내디뎠으니, 앞으로 성취할 바를 어찌 헤아리겠는가. 천만 번 부탁하니 스스로 더욱더 원대한 뜻을 품기 바랍니다.

퇴계는 영특한 두뇌와 재주가 뛰어난 율곡에게 학문에 전념하기를 권하면서, 그 길이 다름 아닌 참된 길로 들어가는 지름길임을 당부하였다. 그리고 현실에 안주하지 말고 원대한 뜻을 품어 장차 큰사람이 되기를 원했다.

2. 부친 이원수에 대한 신사임당의 헌신

율곡의 학문과 명성, 신사임당에 관한 기록이나 일화는 많이 전해지지만 그의 부친에 대해서는 기록이 별로 없다. 부친 이원수의 기록은 율곡 문집에 "진실하고 정성스러워 꾸밈이 없으며 너그럽고 검소하여 옛사람다운 기풍이 있었다"라는 단편적인 말이 남아 있을 뿐이다. 오히려 아버지보다는 어머니, 친가보다는 외가 쪽의 기록이 많다. 율곡이 강릉의 외가에서 태어나 그곳에서 살다가 8세가 되자 아버지 이원수의 본가가 있는 파주로 이사했다는 사실을 보면 이해가 간다.

한양 사람인 율곡의 부친 이원수는 어떤 연유로 강릉 사람인 신사임당을 만나 결혼하게 되었을까? 그 인연의 실마리는 이원수의 5촌 당숙 이행이 강릉 부사로 부임하면서 시작된다. 이행이 강릉에 도착하자 강릉의 내로라하는 유지들이 마중 나와 그를 환대했다. 그 유지들 가운데 신사임당의 아버지 신명화도 함께 있었다. 게다가 자신의 어린 딸 신사임당을 데리고 나왔는데, 그 용모가 단정하고 총명하게 보여 이행의 눈을 사로잡았다.

신사임당은 어려서부터 재능이 출중했다. 용모도 수려하고 성정이 맑아 부모님께 특별한 사랑을 받았다. 그리고 바느질과 자수, 글과 그림 등 갖가지 재주가 뛰어났고 학문과 예술의 여러 방면에서 소질이 출중했다. 이행이 이런 신사임당의 용모와 재능을 흠모하여 그녀의 부친과 조카 이원수의 혼사를 맺기로 서로 약속했다고 한다.

이원수는 일찍 아버지를 여의고 홀어머니 밑에서 외아들로 성장했기 때문에 소심하고 우유부단한 편이었다. 외아들이기 때문에 홀어머니의 애정은 극진했을 것이고, 아들이 잘못될까 노심초사했을 어머니의 보살핌은 이원수가 진취적이고 호방한 성격으로 성장하지 못했다. 이런 이원수가 관직에 나아가 벼슬도 하고 결혼도 하여 율곡을 얻을 수 있었던 것도 바보온달과 마찬가지로 부인 신사임당의 적극적인 후원을 받았기 때문에 성공할 수 있었다.

이원수는 신사임당과 결혼을 하고 나서 강릉 처가에서 처가살이를 시작하였다. 신사임당은 결혼하고 얼마 후에 이원수로 하여금 학문에 전념할 것을 권했다. 소심하고 우유부단한 남편을 출세시키겠다는 일념에서였다. 그러나 그의 소심한 성격 때문에 별다른 진척이 없자 신사임당은 큰 용단을 내린다. 바로 남편에게 '10년 별거'를 제안한 것이다. 오로지 남편의 성공을 위해서는 가정을 떠나 전문적으로 공부하는 곳에서 학문에 매진하는 길밖에 없다는 생각에서였다.

그런데 이원수는 신혼의 단꿈에서 헤어나 학문에 매진할 만큼 결단력과 의지를 소유하지 못했기 때문에 당장 실행에 옮기기는 쉬운 일이 아니었다. 신사임당의 채근에 마지못해 집을 나서기는 했지만 얼마 가지 못해 다시 집으로 돌아오기 일쑤였다. 제일 먼 곳까지 간 곳이 강릉의 집에서 겨우 40리 정도였으니, 부인의 극진한 사랑 때문인지 아니면 그의 우유부단한 성격 때문인지 부인의 권유를 실행에 옮기지 못했다.

이런 남편의 유약함에 지친 신사임당은 고민 끝에 특단의 방법을 강구한다. 공부하기 위해 서울로 떠나지 않으면 신사임당 자신이 머리를 깎고 세속을 떠나겠다고 선언한 것이다. 겁이 난 이원수는 비로소 뜻을 정하고 서울로 올라와 3년 동안 공부에 매진하게 된다.

이원수가 수운판관 水運判官: 강이나 바다를 이용하여 사람이나 물건을 실어 나르는 일을 맡아 봄이란 벼슬을 한 것도 부인의 적극적인 의지 때문이었다. 벼슬 후 이원수가 당숙인 권력자 이기와 자주 어울리려 하자 이를 극구 말린 사람도 부인이었다. 그 이유는 아무리 당숙과 조카 사이라 할지라도 부정한 사람과 자주 만나는 것은 앞날에 결코 큰 도움이 되지 않을 것이라는 판단 때문이었다. 결국, 생전에 부귀영화를 누렸던 이기가 죽고 나서 관직을 삭탈당하고 묘비까지 훼손당하는 참혹한 형벌을 받았으나, 이원수는 아무런 해도 입지 않았으니 부인 신사임당의 앞날을 헤아려 볼 수 있는 현명한 내조 때문에 목숨을 부지하고 가문에 누를 끼치지 않는 은혜까지 입은 셈이다.

율곡이 「나의 어머니 일대기」에서 "아버지께서 혹시 실수하는 일이 있으시면 옳은 도리로 간하셨다"라고 적은 것처럼 신사임당은 남편의 불의를 절대 용납하지 않았다. 신사임당의 충고는 이원수가 당시 권력의 실세였던 윤원형과 사림을 탄압한 이기와 서로 어울리는 것에 대해 직간한 것으로 보인다. 이 때문에 이원수는 이기와의 관계를 끊었지만, 그가 종5품 수운판관에 임명된 명종 5년에 이기는 세도가 등등한 영의정이었다. 권력을 지닌 세도가와 친분을 과시하는 것이 출세를 위해서 당연한 일이었음에도 불구하고 신사임당은 앞을 내다보는 판단으로 중도를 지켜 남편을 위해 쓴소리를 자주 했다. 또 학문적으로 많은 도움을 주었으며 인격적인 측면에서도 소신 있는 모습을 보여준 일면이다.

이원수가 단지 신사임당의 지혜의 그늘에 가려 그의 능력을 십분 발휘하지 못한 나약한 선비에 불과했던 것은 아니다. 그의 진실과 겸손은 율곡의 인격과 사람됨에 커다란 영향을 주었다. 율곡이 11살 때 아버지 이원수의 병세가 위독해지자 자신의 팔을 찔러 피를 낸 뒤 아버지 입속에 넣어 드렸을 정도로 아버지를 사랑한 효자 율곡이다. 그리고 아버지 대신 자기가 대신 죽게 해달라고 간절히 빌었던 율곡의 성심은 아버지의 진실하고도 꾸밈이 없는 심성에 감화되지 않았더라면 율곡의 이와 같은 뜨거운 효심은 불가능했을 것이다. 아버지 이원수의 진실과 겸손 역시 율곡에게 큰 영향을 미쳤다.

3. 사람다움의 교육

선비는 공부를 통해 자신의 편안함을 구하고 인격 완성만 이루려 한 것이 아니라 사회의 어려움을 구제하여 사회와 국가를 평안하게 하려는 데 공부 목표를 두었다. 즉 인격 도야를 하여 참된 선비가 되고자 한 이유는 궁극적으로 사회와 국가를 위한 것이었으며, 옛 선비들이 추구한 학문은 일상생활과 동떨어진 별개의 것이 아니었다. 실제로 일상생활에서 모든 사람이 마땅히 행하는 것을 학문으로 보았다. 1577년 42세 때 율곡 이이가 공부를 시작하는 아동을 가르치기 위해 편찬한 『격몽요결』을 통해 이를 확인할 수 있다.

격몽은 『주역』 「몽괘」 상구의 효사에 있는 말로, "몽매하여 따르지 않는 자를 깨우치거나 징벌한다"라는 뜻이다. 율곡은 이 책이 자신이 해주 석담에 있을 때 한두 학도가 추종하여 학문을 청해 왔을 때, 처음 글을 배우는 아동의 입문교재로 쓰기 위해 저술한 것이다. 서문을 보면 그 대략을 알 수 있다.

> 초학이 향방을 모를 뿐 아니라, 굳은 뜻이 없이 그저 아무렇게나 이것저것 배우면 피차에 도움이 없고 도리어 남의 조롱만 사게 될까 염려하여, 간략하게 한 책을 써서 대략 마음을 세우는 것, 몸가짐을 단속하는 일, 부모를 봉양하는 법, 남을 접대하는 방법을 가르쳐, 마음을 씻고 뜻을 세워 즉시 공부에 착수하게 하기 위하여 지었다.

율곡 이이는 조선 시대 어떤 학자보다도 교육에 많은 관심을 두고, 시대정신에 걸맞은 맞춤교육과 실천에 방점을 두었다. 그의 교육이론과 실천은 『성학집요』를 비롯하여 『격몽요결』, 『학교모범』, 「은병정사학규」, 「서원향약」 등 여러 저서에 구체적으로 드러나 있다. 율곡은 처음 학문을 하는 사람은 '일상에서 일어나는 삶의 질서를 알고 실천하는 일에 불과하다'라고 보았다.

> 사람이 이 세상에 태어나서 학문을 하지 않으면 사람다운 사람이 될 수 없다. 이른바 학문이란 일상에서 일어나는 삶의 질서를 알고 실천하는 일과 별반 다를 것이 없다. 단지 아버지가 되어서는 마땅히 자식을 사랑하고, 자식이 되어서는 마땅히 부모에게 효도해야 하며, 신하가 되어서는 마땅히 임금에게 충성해야 하

며, 부부 사이에서는 마땅히 내외를 구별하고, 형제간에는 마땅히 서로 우애하고, 어린 사람이 되어서는 마땅히 어른을 공경하고, 친구 사이에는 마땅히 신의를 지키는 것이므로, 모두 일상생활 속에서 어떻게 실천해야 하는지, 그 본분과 역할을 인식하고 행동하는 것이지, 쓸데없이 마음을 이상한 방향으로 움직여서 특별하거나 신기한 효과를 노리는 것이 결코 아니다. 다만 배우지 않은 사람은 본바탕이 막혀 있고 보고 들은 것이 어둡기 때문에, 세상일을 두루 알지 못하여 어리석게 된다. 그러므로 반드시 책을 읽고 세상이 돌아가는 이치를 끊임없이 궁구하여 마땅히 나아가야 할 길을 밝힌 뒤에라야 아는 것이 바르고 행동하는 것이 한쪽으로 치우치지 않게 되는 것이다. 지금 사람들은 학문이 일상생활에 있다는 것을 알지 못하고, 제멋대로 높고 멀어 행하기 어려운 것으로 생각한다. 그래서 학문은 특별한 사람에게 미루고 예사로 스스로 포기하니 어찌 슬픈 일이 아니겠는가?

– 『격몽요결』 서문

사람이 학문과 교육을 통해서 인생이 도야되고 인격이 향상되어 비로소 사람다운 사람이 될 수 있다. 사람이 배우지 않으면 보고 들은 것이 걸러지지 않기 때문에 세상일이 어둡게 된다. 그러므로 책을 읽고 세상이 돌아가는 이치를 끊임없이 궁구하여 마땅히 나아가야 할 길을 밝히고, 아는 것이 바르고 행동하는 것이 한쪽으로 치우치지 않게 해야 한다. 즉 학문이란 일상생활에서 마땅한 행위를 실천해야 한다는 사실을 알지 못하고 제멋대로 높고 멀어 실행하기 어려운 것이라고 미리 생각하는 데 있다. 따라서 배움이란 사람들이 일상의 질서를 알고 실천하는 것이지 신기하거나 특별한 것이 아니라는 것이 율곡의 입장이다.

『격몽요결』의 제1장은 '뜻을 세우고 정진함[立志]'으로 시작한
다. 처음 공부를 시작하는 사람이 어떻게 공부를 해야 하는지를 인
도한 것이다. 맨 먼저 뜻을 바르게 세워 성인이 될 수 있다는 믿음
을 가져야 한다. 그 이유로는 보통 사람이나 성인은 본래 그 본성
이 똑같은데 기질의 맑음과 흐름에 의해서 차이가 나지만 본성을
회복하면 온갖 선이 마음에 갖추어져 있기 때문이다.

> 처음 배우는 사람은 먼저 뜻을 세우되 반드시 성인이 되겠다고
> 스스로 기약하여 털끝만큼이라도 자신을 작게 여기고 핑계 대려
> 는 생각을 가져서는 안 된다. 보통 사람이나 성인이나 그 본성은
> 같다. 비록 기질은 맑고 흐리거나 순수하고 잡됨의 차이가 없을
> 수 없지만, 만일 진리를 알고 실천하여 묵은 나쁜 습관을 버리고
> 그 본성을 회복하면 털끝만큼을 보태지 않고서 온갖 선이 그 안
> 에 갖추어져 있을 것이다. 그러니 보통 사람들도 어찌 성인이 될
> 수 있다고 스스로 기약할 수 없겠는가? 사람의 성품은 본래 착해
> 서 예나 지금이나 지혜롭고 어리석은 차이가 없다. 그런데 성인
> 은 어찌하여 홀로 성인이 되고 나는 어찌하여 홀로 성인이 되지
> 못하는가? 그것은 다름이 아니라 뜻이 제대로 서지 못하고, 아는
> 것이 분명하지 못하고, 행하는 것이 독실하지 못한 때문이다. 그
> 러나 이 뜻을 세우고 아는 것을 분명하게 하고 행하는 것을 독실
> 하게 하는 일들은 모두 나 자신에게 있는 것이니 어찌 이것을 다
> 른 사람에게서 구하겠는가?

주자는 『대학』 삼강령의 주에서 사람의 신령스러운 마음에 대해

서 다음과 같이 말하였다.

> 이 세상을 살아가는 모든 사람은 본래 욕심이 없고 신령스럽고
> 어둡지 않아서 모든 이치를 갖추고 만사에 응할 수 있는 능력이
> 있다. 다만 기질과 품성에 구애되고 사람의 지나친 욕심에 가리
> 게 되면 어두울 때가 있으나 그 본체의 밝음은 일찍이 쉰 적이
> 없다. 그러므로 배우는 사람은 마땅히 그 발하는 것으로 인하여
> 마침내 밝혀서 그 처음을 회복해야 한다. 또한, 지난날에 물들었
> 던 더러운 것을 제거하고 반드시 천리의 지극함을 다하고 털끝
> 만큼이라도 인욕의 사사로움을 없게 해야 한다.

본래 사람들은 신령스러운 기질을 선천적으로 가지고 태어났
으나 기품, 지나친 욕심에 가리게 되어 그 능력을 제대로 발휘할
수 없게 된 것이다. 또 지난날에 물들었던 더러운 것을 제거하고
아주 소소한 사욕을 없게 하여 그 본래성을 회복할 수 있게 된다
면, 일상에서 일어나는 삶의 질서를 깨닫게 되어 실천하는 일을 할
수 있다.

사람은 본래 선천적으로 선한 본성을 가지고 있으며, 그 선한 본
성을 잘 미루어 나가면 반드시 성인이 될 수 있다. 문제는 자기 자
신을 스스로 작다고 여기거나 뜻이 제대로 서지 못하고 행하는 것
이 독실하지 못하기 때문이다. 또 기질이나 품성에 구애되고 지나
친 욕심으로 인해 그 본래성이 가리거나 어둡게 되기 때문에 반드
시 본래성을 회복해야 한다. 이러한 일은 본래 스스로 갖추어져 있
으므로 다른 사람에게 구할 필요가 없다. 입지는 인성을 갖춘 사람

이 되겠다고 자신에게 다짐하는 것이다. 사람들이 공부를 하는 진정한 목적은 더 많은 것을 갖기 위한 것이 아니며, 남들에게 과시하기 위한 것이 아니다. 우리 안에 존재하는 선함을 끌어내어 그것을 실천하며 사는 삶을 말한다.

보통 사람들이 스스로 뜻을 세웠다고 말하면서 즉시 공부에 힘을 쓰지 않고 주저하며 허송세월 날을 보내는 것은, 명목상 뜻을 세웠다고 하나 사실은 배움을 향하는 정성이 없기 때문이다. 진실로 자기 뜻이 참으로 공부하는 데에 있다면, '인仁을 실천하는 일'은 자기에게 있으므로, 자신이 하려고만 하면 곧바로 그것을 이룰 수 있는 경지에 이르게 되는데, 어찌 외부에서 인을 구하면서 후일을 기대하겠는가? '뜻을 세우는 것이 소중하다'라는 것은 자기 뜻을 확고히 세우면, 공부에 착수하여 오히려 미치지 못할까 염려하며 한결같은 생각으로 물러나지 않아야 하기 때문이다. 만약 혹시라도 뜻이 성실하고 독실하지 못하여 옛날의 좋지 못한 습관에 젖어서 세월만 보내게 된다면 늙어 죽도록 무엇을 성취할 수 있겠는가?

입지는 노력과 실천을 병행하여야 가능하다. 노력과 실천은 자기 안에 있기 때문에 외부에서 구할 필요가 없다. 따라서 뜻을 확고히 세워 공부에 착수해야 하는데, 뜻이 성실하고 독실하지 못하고 구태의연한 구습을 바꾸지 않으면 공부의 실효를 거둘 수가 없다.

그러므로 율곡은 입지 다음에 '낡은 옛 습관을 고쳐야 한다[혁구습革舊習]'라고 하였다.

사람이 비록 학문에 뜻을 두었어도 용감하게 곧바로 앞으로 나아가 이룩하지 못하는 것은, 옛날의 습관이 가로막고 무너뜨리기 때문이다. 옛날의 나쁜 습관을 조목조목 다음과 같이 열거하니, 만일 뜻을 더욱 굳게 세워 뼈아프게 끊어 버리지 않는다면 끝내 학문을 할 터전이 마련되지 않을 것이다. … 이런 버릇은 사람의 뜻을 견고하지 못하게 하고, 행실을 독실하지 못하게 하여, 오늘 한 것은 내일 고치기 어렵고 아침에 행한 것을 후회하고도 저녁이면 벌써 다시 그렇게 한다. 반드시 크게 용맹스러운 뜻을 펼쳐, 마치 한칼로 밑동을 시원스레 잘라버리듯, 마음을 깨끗이 씻어 털끝만 한 남은 줄기마저 없게 하고, 때때로 깊이 반성하는 공부를 더해 이 마음으로 하여금 옛날 물든 더러움을 한 점이라도 없게 한 뒤에야 학문에 나아가는 공부를 말할 수 있다.

이어지는 자신의 몸가짐[지신持身]과 독서 장에서는 공부하는 사람이 자기 수양에 있어서 실천해야 할 안팎의 태도와 독서 궁리와 지행을 말하였다. 학자는 반드시 정성스러운 마음으로 도를 향하고 세속의 잡된 일로 그 뜻을 어지럽히지 않은 뒤라야 학문하는 것에 밑거름이 있게 된다. 그러므로 성실함을 다하는 '주충신主忠信'의 자세로 열심히 공부하면 원하던 학문의 성취를 얻을 수 있다고 보았다.

항상 일찍 일어나고 늦게 자며, 의관은 똑바로 하고, 얼굴빛은 반드시 엄숙하게 하고, 두 손을 모으고 단정하게 앉으며, 걸음걸이는 편하게 하고 늘 조용히 하며, 말은 조심하고 신중하게 하여, 일거일동을 경솔하게 하거나 예의에 벗어나서는 안 된다. 심신을 수련함에는 구용 九容: 아홉 가지 몸가짐 ²으로, 구사 九思: 아홉 가지 생각 ³의 태도로 학문 탐구를 할 것과 하지 말아야 할 네 가지[사물 四勿]⁴ 와 좋아해서는 안 될 일곱 가지[칠호 七好]⁵ 등을 구체적으로 설명하고 있다.

학문이란 이상하거나 별난 것이 아니라 평소 일상적 생활 속에

---

2 구용(九容): 군자는 아홉 가지 용모가 있어야 한다. 즉 발 모양을 무겁게 하고[족용중(足容重), 가볍게 행동하지 않으며 어른 앞에서는 여기에 구애받지 않음], 손 모양을 공손히 하고[수용공(手容恭), 손을 게을리하지 않으며 일이 없을 때는 손을 모으고 함부로 움직이지 않음], 눈 모양을 단정히 하고[목용단(目容端), 시선을 바르게 하고 흘겨보거나 훔쳐보아서는 아니 됨], 입 모양을 그치고[구용지(口容止), 말을 하거나 음식을 먹을 때가 아니면 입을 움직이지 않음], 목소리를 조용히 하고[성용정(聲容靜), 구역질이나 트림 따위의 잡소리를 내서는 아니 됨], 머리 모양을 곧게 하고[두용직(頭容直), 머리를 바르게 하고 돌리거나 한쪽으로 치우쳐서는 아니 됨], 숨 쉬는 모양을 엄숙히 하고[기용숙(氣容肅), 호흡을 고르게 하고 소리를 내서는 아니 됨], 서 있는 모양을 덕스럽게 하고[입용덕(立容德), 바르게 서서 엄연히 덕 있는 기상이 있어야 함], 그리고 얼굴 모양을 장엄하게 하는 것이다[색용장(色容莊), 얼굴빛을 단정히 하여 태만함이 없어야 함]

3 구사(九思): 『논어』에 나오는 내용으로, 볼 때는 밝게 볼 것을 생각하고(시사명視思明), 말을 들을 때는 총명할 것을 생각하고(청사총聽思聰), 안색은 온순하게 할 것을 생각하고(색사온色思溫), 모양은 공손히 할 것을 생각하고(모사공貌思恭), 말할 때는 정성껏 할 것을 생각하고(언사충言思忠), 일할 때는 경건하게 할 것을 생각하고(사사경事思敬), 의심날 때는 질문할 것을 생각하고(의사문疑思問), 화를 내면 하는 일이 어려워지므로 이성으로 억제할 것을 생각하고(분사난忿思難), 재물을 얻을 때는 의리에 합당한가를 생각할 것(견득사의見得思義) 등이다. 이들 아홉 가지 생각 중에서 앞의 네 개는 일신의 측면에서 말한 것이고, 뒤의 다섯 개는 사물의 측면에서 말한 것이다.

4 사물(四勿): 공자가 제자 안연에게 가르친 것으로, 예에 의해 경계해야 될 네 가지 조목이다. 『논어』 「안연」 편에서 나온 것으로 공자가 극기복례(克己復禮)를 말하자 안연이 그 상세한 조목을 물었을 때, 공자가 '예가 아니면 보지 말며, 예가 아니면 듣지 말며, 예가 아니면 말하지 말며, 예가 아니면 움직이지 말라.[비례물시(非禮勿視) 비례물청(非禮勿聽) 비례물언(非禮勿言) 비례물동(非禮勿動)]' 하여 이로써 사사로움을 이길 것을 밝힌 것이다.

5 칠호(七好): 호색호(好色乎): 색(色)을 좋아하지 않은가, 호리호(好利乎): 이익을 좋아하지 않은가, 호명예호(好名譽乎): 명예를 좋아하지 않은가, 호사환호(好仕宦乎): 벼슬을 바라지 않은가, 호안일호(好安逸乎): 안일한 것을 바라지 않은가, 호연락호(好宴樂乎): 잔치하고 노는 것을 좋아하지 않은가, 호진완호(好珍玩乎): 진기하고 볼 만한 물건을 갖고 싶어 하지 않은가이다.

서 일에 따라 마땅하게 행사하는 사이에 이루어지므로, 늘 공손하고 신중하며, 충실하게 하는 것이 학문을 한다고 말하는 것이니, 책을 읽는 사람은 이 같은 이치를 밝힐 따름이다. 그리고 욕망을 이겨내는 극기 공부임을 깨달아야 한다.

평생토록 지켜야 할 것은 생각에 간사함이 없어야 하고, 어딜 가나 공경하지 않으면 안 된다는 것이다. 이 두 문장을 벽에 걸어 두고 잠시나마 잊지 말아야 한다. 매일 스스로 이것을 점검하여 내가 마음에 두질 않았는가, 공부가 진척되지 않았는가, 힘써 행하지 않았는가, 자문하여 잘못이 있으면 고쳐 나가고, 마음에 두지 않았으면 더욱 노력하여 부지런하게 노력해야 한다.

독서의 필요성과 중요성에 대해 율곡은 다음과 같이 말한다.

도리를 깨치는 데 들어가는 것은 이치를 궁구하는 것보다 우선하는 것이 없고, 이치를 궁구함에는 글을 읽는 것보다 먼저 할 것이 없으니, 성현의 마음 쓴 자취와 선악의 본받을 만한 점이나 경계해야 할 것이 모두 책에 들어 있기 때문이다.

글을 읽는 사람은 반드시 단정히 손을 모으고 반듯이 앉아 공경하는 마음으로 책을 대하되, 마음을 오로지하고 뜻을 가다듬어 자세히 생각하고 함영涵泳: 열심히 읽고 깊이 생각하여 뜻을 깊이 알고, 매 글귀마다 반드시 밟아 행할 방법을 찾는다. 만일 입으로만 읽고 마음으로 체득하지 못하고 몸으로 행하지 않는다면 글은 글대로 나는 나대로일 것이니 무슨 유익함이 있겠는가.

배움에서 삶의 정도를 찾은 선비들

먼저『소학』을 읽은 다음『대학』을 읽고서 궁리하며, 사물의 이치를 궁구하여 지식을 쌓은 다음 마음을 바르게 하고, 몸을 닦는 이치와 사람을 다스리는 도리를 하나하나 진실하고 성실하게 실천해 나가며, 다음으로『논어』를 읽어서 인仁을 구하는 것이 자신에게 있다는 것, 본원을 함양하고 공부를 익히고, 다음으로는『맹자』를 읽어야 하는데, 의리를 밝게 분별하여 인욕을 막고, 하늘의 이치를 하나하나 살펴 가슴에 확충하여야 하며, 그다음으로『중용』을 읽어서는, 인간의 본성은 천부적인 것이기 때문에 인간은 그 본성을 어떻게 따라야 할지를 궁리해야 한다. 그런 다음『예경』→『시경』→『서경』→『역경』→『춘추』를 순차적으로 숙독하여 그 뜻을 아는 데 그치지 않아서, 뜻과 이치로 하여금 날마다 밝아지고, 송나라의 선현들이 서술한 책 가운데『근사록』과『주자가례』와『심경』, 정명도와 정이천 형제의『이정전서』와『주자대전』과『주자어류』등을 읽고 다른 성리학설을 간간이 정독하여 의리로 하여금 항상 나의 마음에 잠겨 있도록 하여, 끊임없이 노력할 것이며 시간적 여유가 있다면 역사책을 읽어, 고금을 통하여 세상사의 변하는 과정을 통달하게 된다면 식견이 자라서 다른 부류의 올바르지 못한 이단과 잡류의 책을 잠시라도 펼쳐보지 않도록 하여야 한다. 부모 섬기는 일과 초상 치르는 일, 제사 지내는 일, 집에 거처하는 일, 사람을 만나는 일과 처세하는 일 등 많은 분량의 내용을 제자들에게 가르쳤다.

4. 학교모범

『명심보감』「입교」편에 공자의 삼계도三計圖가 있는데, "평생 계획은 어릴 때에 있고, 일 년 계획은 봄에 있고, 하루 계획은 새벽에 있다. 어려서 배우지 않으면 늙어서 아는 것이 없고, 봄에 밭을 갈지 않으면 가을에 추수할 곡식이 없으며, 새벽에 일어나지 않으면 하루에 할 일이 없다"라고 했다. 삼계도란 평생의 계획, 일 년의 계획, 하루의 계획을 세우는 것에 대한 도식을 의미한다. 평생의 계획은 어려서 세우고 어려서 배우지 않으면 늙어서 아는 것이 없고, 일 년 계획은 봄에 있으므로 봄에 밭 갈지 않으면 가을에 추수할 결실이 없게 되고, 하루 계획은 새벽에 있으므로 새벽에 일어나지 않으면 결국 하루에 해야 할 일이 두서가 없을 것이라고 하였다.

사람은 어려서부터 교육을 통하여 자기 속의 잠재적 능력들을 계발함으로써 삶의 근거지인 사회에 나아가서 평생 자신의 실력을 십분 발휘하는 것을 목적으로 삼는다. 그러므로 국가에 의한 제도교육은 자아 성장과 삶의 질적 향상을 위한 교두보를 마련하는 것으로 국가의 미래정보에 대한 담보이다. 따라서 초등교육은 그 국가의 정치와 문화, 경제생활의 성격을 이해하는 데 중요하다.

율곡 이이는 교육과 관련하여 초학자들을 위한 『격몽요결』을 통해 내적 함양과 수양서의 성격을 지닌다고 볼 수 있다. 『격몽요결』은 유학의 앎의 과정을 체계화하여 수기修己뿐만 아니라 자기 성장을 도모하는 타인교육에도 각별한 관심을 기울였다는 점이 특징이다.

『학교모범』은 당대 최고의 대학자이자 관료였던 율곡이『격몽요결』을 저술한 후 5년 뒤에 1582년_{선조 15년} 47세 때 왕명으로 학교 · 가정 · 사회생활의 규칙을 정하여 편찬한 교육 규정집이다. 내용은 16조로 되어 있는데 당시 청소년의 교육을 쇄신하기 위한 것으로서, 학령_{學令}의 미비한 점을 보충하였다. 학교생활뿐만 아니라 가정 및 사회생활의 준칙까지 제시되어 있다. 유교 정신에 뿌리를 둔 당시의 교육 목표이자 학교 교육의 준칙에 해당하는 것으로서, 조선 사회의 교육관에 대하여 살펴볼 수 있는 귀중한 자료이다.

『격몽요결』은 율곡 자신이 글을 배우는 아동의 입문교재로 저술했지만,『학교모범』은 국가 교육기관인 중앙의 성균관과 사학_{四學}, 지방의 향교에서 실시하던 교육의 문제점을 성찰하고, 그 미비점을 혁신하기 위해서였다. 따라서 그 이론적 대안으로 교육의 지침을 구체적으로 마련한 것이다. 요즘 교육제도로 보면『학교모범』은 국 · 공립학교의 교육목적과 내용, 방법, 학교 운영 등 일종의 공교육의 올바른 방향과 지침을 제공한 것이다.

『학교모범』은 모두 16 조목으로 선비 된 자의 몸가짐과 일을 진행해 나가는 준칙이다.

1. 뜻을 세움[입지 立志]
2. 몸가짐[검신 檢身]
3. 글 읽기[독서 讀書]
4. 말을 삼가는 것[신언 愼言]
5. 마음속에 간직하여 잊지 말아야 할 것[존심 存心]
6. 어버이를 섬김[사친 事親]

7. 스승을 섬김[사사事師]

8. 벗을 택함[택우擇友]

9. 가정생활[거가居家]

10. 사람을 접함[접인接人]

11. 과거에 응하는 것[응거應擧]

12. 의를 지킴[수의守義]

13. 충직함을 숭상함[상충尙忠]

14. 공경을 돈독히 함[독경篤敬]

15. 학교생활[거학居學]

16. 글 읽는 방법[독법讀法]

위의 열여섯 가지 조항은 스승·제자·학우 사이에 서로 권면하고 경계하고 명심해야 함을 강조한 것이다. 생도들 가운데 다른 생도들에게 모범이 되고 학문이 성취되어 칭찬받을 만한 자가 있을 경우 착한 자의 명부에 기입하고, 그중에 남달리 뛰어난 자가 있으면 그 실상을 사장師長에게 알려 권장의 뜻을 표시하게 한다.

그러나 만일 여러 생도 중에 학교 규칙을 준수하지 않고, 부모나 학우들에게 하지 말아야 할 것을 그만두지 않거나 고치지 않을 때는 장의에게 고해서 유사가 모임에서 꾸짖는다. 그래도 고치지 않고 억지 변명으로 복종하지 않으면 적은 허물이면 모임에서 쫓아내고 큰 허물이면 사장에게 알려서 나쁜 자의 명단에 기입한다.

학당에서 쫓겨난 뒤에 개과천선하여 다시 학당에 들어오기를 원하면 허가하고, 그 나쁜 자의 명부에서 이름을 지워 버린다. 만약 끝까지 허물을 뉘우치지 않고 나쁜 버릇을 더욱 키워 자기를 책하

배움에서 삶의 정도를 찾은 선비들

는 이를 도리어 원망하면 사장에게 고하여 그 이름을 명부에서 삭제하고 이어 중앙과 지방의 학당에 통고한다. 무릇 잘못을 기록할 때는 반드시 법규를 세운 뒤에 기록하고 법규를 세우기 전의 허물은 소급하여 논하지 않고 그가 스스로 고칠 길을 열어 준다. 그래도 여전히 고치지 않으면 그다음에 처벌을 논한다.

학교에 적을 둔 선비들이 학문에 뜻이 없고 구실을 피할 것만 꾀하거나 과거의 잘못된 행실을 고쳐 남의 이목을 새롭게 하지 않는다면, 그 생도는 배워도 성취될 수가 없다. 따라서 학문과 덕행이 있어서 남의 추증을 받아 사표師表가 될 만한 자를 해마다 서울은 한성부와 5부에서 지방은 감사와 수령들이 각각 성심껏 보고 조사하여 그 실상을 얻어 명단을 적어 올리면 임금의 결재를 얻어 명단을 이조에 내리고, 성균관 당상관 역시 관학館學의 여러 유생을 모아 공천하게 하여 합당한 자는 명단을 뽑아 이조에 보고한다.

이조는 다시 자세히 검토하여 자리가 비는 대로 차출하되 사는 곳에서 가까운 고을에 자리를 준다. 그 성과를 보아 그중에서 공적이 남달리 뛰어나고 선비의 기풍을 변화시킨 자는 품계를 올려서 실무를 담당하는 관직을 주고, 그다음으로 직책에 충실하여 성과가 있는 자는 곧 벼슬길을 열어 주며, 또 그다음으로 성과가 있는 자는 임기가 차면 다른 고을로 옮겨서 성과가 더욱 드러난 뒤에 벼슬길을 열어 준다.

서울과 지방에서 학문과 덕행으로 추천되어 벼슬하게 된 자와 생원 · 진사로서 벼슬할 만한 자는 먼저 교관으로 채용한 다음 그 능력여부를 보아서 임기가 차지 않더라도 틈틈이 등용하여 교관과 조정의 관리를 섞어서 한 길이 되게 하는 한편, 선비들도 훈도가 되는 것을 영예롭게 뽑히는 것으로 여기게 하여 지난날의 천한 이름을 씻도록 한다.

그리고 급료를 정하되 목사가 있는 고을 이상은 다달이 쌀과 콩 각 두 섬, 벼 넉 섬을 주고 도호부에는 다달이 쌀 두 섬, 콩 한 섬, 벼 석 섬, 군에는 다달이 쌀 한 섬 닷 말, 콩 한 섬, 벼 두 섬, 현은 다달이 쌀·콩·벼 각각 한 섬, 군 이상으로서 특히 쇠잔한 고을에는 감사가 참작하여 적당히 감하여 지급한다.

서울과 지방에서 이미 학교에 들어간 자에 대하여 형편상 일시에 제적시키기 어려우면 오직 『학교모범』으로 몸을 가다듬게 하여 학규를 따르지 않는 자는 제적시킨다. 사학四學에는 200명을 정원으로 하여 시험을 보여 그 수를 채운다. 5개 번으로 나누어 한 번에 20명씩 학교에 거처하게 하는데 10일을 기한으로 윤번제로 한다. 정원 내의 생도들에게는 하루에 두 끼니를 주며, 정원에 들지 못한 자 역시 5개 번으로 나누어 학교에 와서 배우게 하되, 식량은 각자가 갖추게 하고 공공 식량으로 먹이지 않는다. 지방의 모든 고을도 역시 시험을 보여 그 정원을 채우되, 목사가 있는 고을 이상은 정원을 90명, 도호부 이상은 70명, 군은 50명, 현은 30명으로 하고, 만일 글에 능한 자가 부족할 때에는 정원 수가 차지 않더라도 글에 능한 자만으로 많고 적음에 따라 정원에 맞추어 공공 식량으로 먹이는데 또한 5개 번으로 나눈다.

정원 내에 들지 못한 자는 5개 번으로 나누어 번番 들기는 같이 하되 공공 식량은 먹이지 않는다. 지방의 공공 식량은 감사와 수

배움에서 삶의 정도를 찾은 선비들

령이 반드시 경영하고 계획하여 이식으로 밑천을 마련해서 언제나 모자라지 않게 한다. 정원 내의 유생에 결원이 있을 때는 정원 외의 사람으로 시험을 보여 보충한다. 당번이 되어도 학교에 나오지 않는 자는 첫 번째는 대면하여 꾸짖고, 두 번째는 생도들 속에서 쫓아내고, 세 번째는 출재(黜齋)하고, 네 번째는 학적을 삭제한다. 만약에 질병과 사고가 있어서 학교에 나오지 못하는 자는 사유를 갖추어 스승에게 서면으로 제출하면 처벌을 면하지만 사고를 핑계 대는 자는 들어주지 않는다.

한 해 걸러 8도의 모든 고을에 사신을 위임하여 보내서 생도들의 학업을 시험하고 몸가짐을 살펴 그것으로 교관의 능력여부를 등급으로 매기어 보고하게 한다. 감사는 순회할 때마다 고시하여 그 상벌을 분명히 밝히고 수령이 위의 사목을 준행하지 않으면 경중에 따라 처벌을 논한다.

5. 은병정사[6] 학규

학문을 배우는 학생은 경험도 적을 뿐만 아니라 견문도 제한적

---

6 율곡 이이가 선조 10년(1577) 황해도 해주 산남(海州山南, 지금의 벽성군 고산면 석담리(石潭里)에 43세 때 이곳에 은거하여, 주자를 추모하는 한편 후진을 양성하기 위하여 세운 서당이다. 주자의 무이구곡(武二九曲) 가운데 「대은병(大隱屏)」의 제목에 따라 붙인 명칭이다. 서당에서 학동들을 가르치는 한편 '격몽요결(擊蒙要訣)'과 '학규(學規)'를 저술했고 향약을 만들었는데, 호를 석담(石潭)이라고도 했다. 이에 앞서 율곡은 심의겸(沈義謙)과 김효원(金孝元)에 의한 동서 당파의 대두를 우려해서, 두 사람을 조정에서 내보내려다가 뜻을 이루지 못하고 경기도 파주(坡州)로 내려가니, 왕이 여러 번 벼슬을 주었으나 받지 않았다.

이다. 경서는 경험이 많고 견문이 넓은 성현이 쓴 것으로, 경서를 읽으면 우선 경험과 견문을 넓힐 수 있어 시행착오를 겪지 않는 장점이 있다. 주자는 "책을 읽어 성현의 뜻을 이해하고, 성현의 뜻으로 자연의 이치를 본다[讀書以觀聖賢之意 因聖賢之意 以觀自然之理]"라고 말한다. 이치는 모든 사물에 존재하여 자기 자신과 다른 사람의 구별이 없고 사물과 나의 구별 역시 없기 때문에 독서를 통해서 알게 된 이치는 자기 자신에 내재한 이치에 불과하다.

율곡 자신도 '자경문自警文'을 짓고 스스로를 경계하면서 공부에 전념했다. 자경문은 11조로 되어 있는데 다음과 같다.

1. 뜻을 크게 가지고 성인을 본받되, 조금이라도 미치지 못하면 더욱 노력한다. [입지立志]
2. 말을 적게 하라. 마음을 안정시키려면 말을 줄여야 한다. [과언寡言]
3. 마음을 바르게 하려면 잡념과 집착을 끊고 쉬지 않고 공부해야 한다. [정심定心]
4. 언제나 경계하고 조심하면 자연히 일체의 나쁜 생각이 일어나지 않을 것이다. [근독謹獨]
5. 해야 할 일을 모두 마친 뒤에 글을 읽는다. 글을 읽는 이유는 의리를 살펴 일을 할 때 쓰기 위한 것이다. [독서讀書]
6. 이로움을 탐하는 마음을 버리고 욕심을 버려라. [소제욕심掃除慾心]
7. 모든 일에 게으름을 피우지 않고 성실해야 한다. [진성盡誠]
8. 천하 어디서라도 불의로 얻어서는 안 된다. [정의지심正義之心]
9. 누군가 나에게 악한 일을 하더라도 스스로 돌이켜 깊이 반성

배움에서 삶의 정도를 찾은 선비들

하여 그 사람을 감화시켜야 한다. [감화感化]

10. 마음을 항상 깨어 있게 하고 바르게 자야 한다. [수면睡眠]

11. 공부는 죽은 뒤에야 끝나는 것이니 서두르지도 않고 늦추지도 않아야 한다. [용공지효用功之效]

율곡은 이러한 자경문을 바탕으로 후진을 양성하기 위해 서당을 세우고 배움의 규칙을 정한 것이다. 은병정사는 1578년 율곡의 나이 43세 때, 황해도 해주의 석담 5곡에 세운 서당이다. 서당을 세우자, 배우러 오는 학생이 너무 많아 앉을 자리가 없을 정도로 서당이 비좁을 정도였다고 한다. 은병정사는 '은병정사 학규'에 의해서 학생이 선발되고 교육 과정의 운영이 이루어졌다. 학규의 내용을 보면, 은병정사에 입학하는 데 신분의 차별 없이 배움에 뜻이 있는 사람은 누구나 들어올 수 있게 했으며, 먼저 입학한 학생이 모두 찬성할 정도로 품행이 방정한가를 보아 최종적으로 결정하였다.

그리고 은병정사에서는 자치 기구를 결성하여 학생은 연장자, 부모를 존경하는 것은 물론이고 잘 알지 못하는 사람, 아랫사람도 존중하며, 규정된 법칙에 따라 예절을 지켜야 했다. 원칙과 규칙에 따라 행동하는 것을 어릴 적부터 몸에 익숙하도록 훈련을 받았다. 정해진 예법을 늘 적용하여 자신의 품성을 되돌아보고 기꺼이 이에 따라 행동하는 것이 일상생활의 연속이고, 그렇게 생활하도록 재齋7에서 교육을 받는다.

---

7 재(齋): 학생들의 숙소 또는 학습 장소를 마련하기 위하여 전통적 교육기관에 부속되는 건물을 말한다. 주로 성균관(成均館) · 사학(四學) · 향교(鄕校) · 서원(書院) · 정사(精舍) 등

독서할 때는 반드시 손을 가지런히 하고 단정히 꿇어앉아 진심으로 몰입하여 사물의 도리를 연구하여 지식을 밝히는 일을 추구하며 서로 돌아보며 잡담을 하지 말아야 한다.

모든 학용품은 제자리에 정돈해두고, 음식은 나이에 따라 앉아서 먹되 가려 먹지 말며 늘 배부르게 먹으려는 마음을 가져서는 안 된다.

거처는 반드시 편안한 자리를 어른에게 사양하고, 장유유서의 질서를 지키며, 걸음걸이는 반드시 예의를 갖추고, 말은 신중하게 하고, 성현의 글이나 성리설이 아니면 서재에서 읽을 수 없으며, 만약 과거 공부를 하려고 하는 자라면 반드시 다른 곳에 가서 공부하도록 했다.

의관은 단정하게 하고, 속옷 차림이나 화려하여 사치스러운 옷

의 주요 건물 중 하나로 소속되어 있다. 고려 숙종 말에서 예종 대에 걸쳐 국자감 학생들의 교육 성과에 따라 상급 재사(齋舍)로 승보(陞補)시켜 관직에 반영시킨 삼사재(三舍齋)가 운영되었다. 또한, 예종 때 국자감을 국학(國學)으로 개편하면서 칠재(七齋)를 설치, 강좌 내용에 따라 『주역』을 공부하는 곳을 여택재(麗擇齋), 『서경』을 공부하는 곳을 대빙재(待聘齋), 『모시(毛詩)』를 공부하는 곳을 경덕재(經德齋), 주례(周禮)를 공부하는 곳을 구인재(求仁齋), 대례(戴禮)를 공부하는 곳을 복응재(服膺齋), 『춘추(春秋)』를 공부하는 곳을 양정재(養正齋), 무학(武學)을 공부하는 곳을 강예재(講藝齋)라 하였다. 조선 시대에 오면서 성균관·사학·향교·서원에 딸린 기숙사의 의미로 사용되었다. 당시 이러한 학교 건물의 배치는 강당인 명륜당을 중심으로 앞쪽 좌우에 동재(東齋)와 서재(西齋)를 설치하는 것이 일반적이었다. 학생들이 이 재에 들어와 공부하는 것을 거재(居齋)라 하였으며, 이들 학생을 거재생·거재유생(居齋儒生)·재유(齋儒) 등으로 일컬었다. 특히 성균관의 경우는 상재(上齋)·하재(下齋)의 구분이 있어 상재에는 생원·진사들이 거처하고 하재에는 경향 각지에서 뽑혀 온 유학(幼學)들이 거처하였다. 이들 기숙 학생 수는 1429년(세종 11)에 200명 정원으로 책정되었다. 이 중 사학에서 진학한 자는 승보기재(陞補奇齋), 공신 자손으로서 특별 입학한 자는 문음기재(門蔭奇齋), 국가가 지급하는 급식을 받지 못하고 식량을 가지고 와서 기숙하는 자는 사량기재(私粮奇齋)라 하였다. 향교와 서원에서는 정규 학생인 내사생(內舍生)과 청강생 격인 외사생(外舍生)으로 구분하기도 하였다. 또한, 향교의 적폐를 종식시키기 위하여 서재유생들이 앞장섰다는 「서재거폐기(西齋祛弊記)」를 보면 서재 유생이 동재 유생보다 상급생이었음을 알 수 있다.

배움에서 삶의 정도를 찾은 선비들

을 입어서도 안 된다. 식사 후 산책도 학문 연장으로 생각하고, 장난이나 잡담을 해서는 안 된다.

학생 상호 간에 서로 화목하고 공경하기를 힘쓰고, 집안의 부유함이나 부형의 권세, 자신의 박식함을 가지고 교만을 부려서는 안 된다. 또, 같은 또래들을 꾸짖어 업신여기거나 서로 놀려 학대해서도 안 된다.

글씨를 쓸 때는 반듯하게 쓰고 휘갈겨 쓰지 말며 아무 곳에나 낙서를 해서도 안 된다. 몸가짐은 항상 단정히 하고, 날이 어두운 뒤에는 등불을 밝혀 글을 읽고 밤이 깊은 뒤에야 자야 한다.

새벽에 일어나서부터 밤에 잠자리에 들 때까지, 하루 동안 반드시 하는 일에 있어서 마음을 잠시도 게을리 말아야 한다. 독서를 하거나 고요히 앉아서 본래 마음을 간직하며, 의리를 강론하거나 익힌 바에 대해 질문도 하고, 좀 더 자세히 가르쳐 달라고 청하는 등 학문에 관련된 일에 집중한다.

천리를 따르고 인욕을 제거하기에 힘써야 하며, 항상 학생으로서의 품위를 지켜야 한다. 모든 학생이 비록 모여서 강회講會 할 때가 아니더라도 매월 초하루에 한 번씩 정사精舍: 학문을 가르치려고 지은 집에 모여서 의리를 강론한다.

학생회는 자치적으로 학생 가운데 임원을 선출하고, 임원은 장부에 학생들의 언행을 기록하여 잘한 사람은 상을 주고 잘못한 사람은 축출하는 조치를 하도록 했다.

6. 가족의 화목을 위해 지켜야 할 사항

서양인의 사고는 '독립성', '분류성'을 중시하는 반면 동양인의 사고는 '관계성'을 중요하게 여긴다고 한다. 이러한 사고방식의 차이는 삶의 태도에도 큰 영향을 미친다. 서양은 사회적 배경이나 자연적 관계성을 그렇게 중요하게 생각하지 않아 사회·자연의 환경과 '나'는 완전히 별개일 뿐이라고 여긴다. 개인이 가진 특정한 능력이나 기호 경향, 개성은 자신을 둘러싸고 있는 환경이나 상황과 무관하다고 본다.

반면에 동양은 자신을 거대한 사회·자연의 조직 안에 속한 유기적 존재로 여기기 때문에 서양인과 달리 다른 사람들의 관계성을 매우 중요하다고 생각한다. 동양인의 이러한 사고방식은 유교와 밀접한 관련이 있다.

유교는 사랑[仁], 자연과의 상생, 공동체 의식, 사회적 화합을 중시한다. 유학자들의 삶은 단순히 자신의 건강이나 영양 섭취를 위한 것이 아니라 가족과 사회 전체와 관계성을 맺고 있다. 나와 가장 가까운 구성원은 가족이다. 특히 부모는 내가 이 세상에 태어나 처음 맺는 인간관계이며, 부모가 없었다면 나는 이 세상에 존재할 수 없다. 자기 자신처럼 아끼고 사랑해 주는 부모의 귀중한 은혜를 깨닫고 그 부모의 사랑을 지속시키려고 노력하는 것이 효도이다. 효도를 함으로 부모와 내가 한마음이 되며, 부모를 통하여 역시 부모와 한마음인 형과도 한마음이 되고, 그리고 큰아버지·작은아버지와 아버지가 한마음이므로 큰아버지·작은아버지·사촌과 내가 한마음이 된다. 이런 식으로 오촌, 육촌, 팔촌 등으로 계속 확산하면 전 인류와 내가 한마음이 된다. 바로 공자가 말한 사람다움인 인의 마음이다.

공자는 가정 안에서 자식이 부모에게 진심으로 효를 다하고, 부모가 자식을 진심으로 사랑하면 남의 부모와 남의 자식, 더 나아가 동물, 식물 등 우주의 모든 만물을 진심으로 사랑할 수 있다고 보았다. 단순한 혈연 차원이 아니라 보다 큰 공동체의 이익, 공익에 대한 특별한 관계성은 '대동사회'[8]를 지향하려는 목적이 있다.

그 대표적인 예를 율곡 이이를 통해서 알아본다. 율곡은 일찍부터 종족이 함께 모여 살기를 희망하였으나 가세가 빈한하여 흩어져 살게 되었다. 정계에서 물러나기로 결심하고 선대의 유적이 있는 파주 율곡리로 내려온 율곡은 조정으로부터 여러 관직에 임명을 받지만 이를 거절하고 1577년 황해남도 벽성군 석담리로 내려가 직계 형제를 비롯해 가까운 친인척을 불러 모아 100여 명에 이르는 대가족을 이루며 살았다. 이는 가족, 형제들과 함께 모여 사는 일을 꿈꾸어온 율곡의 오랜 바람에서 비롯된 것이었다.

100여 명에 이르는 대가족을 이루며 살다 보니 문제가 발생할

---

8 대동사회(大同社會):『예기』「예운」편에 나오는 말이다. 큰 도가 행해지면 전체 사회가 공정해져서 현명한 사람과 능력 있는 사람이 지도자로 뽑히게 되며 신의가 존중되고 친목이 두터워진다. 그러므로 모든 사람은 자기 부모만을 부모로 생각하지 않고 남의 부모도 내 부모와 똑같이 생각하며, 자기 자식만을 자식으로 생각하지 않고 남의 자식도 내 자식과 똑같이 생각한다. 늙은이는 여생을 편안히 마치게 되고 젊은이는 각각 자기의 적성과 능력에 맞는 일자리에서 활동하게 되며, 어린이들은 곱고 바르게 자라게 되고, 홀아비와 홀어미며 의지할 곳 없고 불구가 된 사람들은 모두 편안히 보호를 받게 된다. 남자는 다 자기 분수에 맞는 일을 하게 되고, 여자들은 다 적당한 곳으로 시집가 살게 된다. 재물과 물건들이 헛되이 버려지는 것을 싫어하지만 그것을 자기 집에다 감춰 두는 일이 없으며 자기가 직접 노력을 제공하지 않는 것을 싫어하지만 그것이 자기 개인을 위한 것으로는 생각하지 않는다. 그렇기 때문에 권모술수와 같은 것이 필요치 않게 되고 도둑이나 불량배 같은 것이 있을 수 없다. 이리하여 집집마다 문을 열어 두고 닫는 일이 없다. 이러한 사회를 가리켜 대동이라 말한다. 이 이야기는 가장 이상적인 사회를 일컫는 말이다.

소지가 많았다. 율곡은 『동거계사』를 지어 공동체의 질서유지와 교육을 위한 방안을 마련하였다. 이는 교육의 기본이 가정에서 출발한다고 판단한 율곡의 결단이었다. 가정교육을 잘 받은 자녀들은 자연스럽게 부모에게 효도하고 형제간에 우애하여 가족 간 화목을 도모하며, 어른을 공경하고 아이들을 인자하게 대하기 때문에 구성원 모두가 동거계사同居戒辭를 지키도록 했다.

교육의 중요성을 율곡은 『동거계사』를 지은 이후에 『은병정사』와 『격몽요결』과 『학교모범』이라는 저술을 통해서 밝혔다. 『격몽요결』이 아동의 교육을 위해 지은 책이지만, 그 서문을 자세히 살펴보면 『동거계사』와 깊이 관련되어 있음을 알 수 있다.

내가 해산海山: 해주海州의 남쪽에 거처를 정하자, 한두 명의 학도들이 서로 따라와 배우기를 요청하니, 내가 스승이 될 만한 자질이 없는 것이 부끄러울 뿐만 아니라 초학자들이 학문의 올바른 방향을 알지 못하고 또 견고한 뜻 없이 대충대충 배우고서 더 가르쳐주기를 요구하면 피차간에 도움 됨이 없고 도리어 남의 비웃음을 살까 두려웠다. 그 때문에 간략하게 책 한 권을 써서 뜻을 세우고, 몸을 가다듬고, 어버이를 봉양하고, 사람을 대하는 방법을 거칠게나마 서술하여 이름을 『격몽요결』이라고 하여 학도들이 이를 보고 마음을 깨끗하게 씻고 새롭게 출발하여 그 날로 공부에 착수하게 하고 나 또한 오랫동안 그럭저럭 옛것을 답습하는 태도를 근심했는데 이를 계기로 스스로 경계하고 반성하고자 한다.

율곡은 동거계사를 통해 부모와 웃어른들에게 효와 공경을 다

배움에서 삶의 정도를 찾은 선비들

하고, 가족끼리 서로 사랑하고 아끼라는 말을 하고자 한 것이다. 이렇게 가족 사랑이 남달랐던 율곡은 잘 알지 못하는 먼 친척들에게도 늘 관심을 가지고 은혜를 베풀고자 했다. 한번은 율곡이 다시 관직에 나아가 이조판서를 지낼 때 얼굴도 본 적이 없는 8촌 여동생이 가난으로 힘들게 산다는 얘기를 듣고 자신의 녹봉 중 일부를 주었고, 그녀가 세상을 떠났다는 이야기를 들었을 때는 장례를 치러주고 3개월 동안 상복을 입었다.

율곡은 자신의 친척뿐만 아니라 아무 상관도 없고 신분이 미천한 사람에게도 늘 정중하게 대했으며, 경조사에 반드시 참석했다. 율곡은 이처럼 웃어른에게 공경을 다하고 인의 마음으로 내 가족뿐만 아니라 모르는 사람도 사랑하고 아꼈다.

우리는 서구 사회에 대한 효율성과 편리성 때문에 정작 그 무엇보다 소중한 가치를 소홀히 하는 것은 아닐지 되새겨볼 필요가 있다. 물론 사회의 구조와 성격이 변화했기 때문에 옛사람들이 행한 효의 방식을 그대로 따를 수는 없다. 지금 누군가에게 삼년상을 하라고 한다면 그것은 사회의 낙오자가 되라는 말과 같다. 또 율곡처럼 100여 명의 친인척이 함께 대가족을 이루며 살라고 한다면 현대 산업사회·정보사회에서는 그 불편함을 이루 다 말할 수 없을 것이다.

그렇다 해도 효와 인의 마음을 잊은 채 살아갈 필요는 없다. 그것은 2,500년 동안 우리 얼과 혼을 지탱해온 정신적 기초였고, 세상을 살아가는 따뜻한 마음을 담을 수 있는 그릇이 되는 삶의 가치이기 때문이다.

7. 이이의 십만양병설

조선 선조 16년1583년 2월 1일. 병조판서 율곡이 임금 앞에 나아가 자문에 응하여 시무 6조를 선조에게 건의한다. 그 구체적 내용은 다음과 같다.

1. 임현능任賢能: 어질고 똑똑한 인물을 임용하고
2. 양군민養軍民: 군사와 백성을 양성하고
3. 족재용足財用: 국가 재정을 충족시키고
4. 고변병固藩屛: 국경을 견고하게 지켜야 하고
5. 비전마備戰馬: 전쟁에 쓸 군마를 준비해야 하고
6. 명교화明敎化: 백성을 가르쳐 좋은 방향으로 나가게 해야 할 것입니다.

이른바 '10만 양병설'의 모태가 되는 병조판서 율곡의 '시무 6조'다. 평상시 훌륭한 인재를 등용하고, 미리 군사와 백성을 양성하여 국방을 튼튼히 하고, 이를 위해서 국가 재정에 만전을 기해야 하고, 특히 외적, 북쪽의 여진족, 남쪽 왜적의 침입을 방어하기 위해서 국경의 수비를 견고하게 해야 하고, 또 전쟁에 대비하여 군량미와 군마를 준비해야 하고, 이를 위해서 백성들을 교화시켜 애국심을 고취시켜야 한다는 내용이다.

그런데 선조가 그 글을 비변사에 내리면서 다음과 같이 대답했다.

이 글의 내용을 보니 나라를 위한 정성이 지극하다. 나도 할 말

이 있는데, 단적으로 말하면 위로 공경公卿에서부터 아래로 사대
부에 이르기까지 뇌물을 주거나 개인적인 일로 청탁하는 행위가
없다면 무위의 정치를 펼 수 있게 될 것이다. 이른바 현능한 자
를 임용하는 것도 여기에 달려 있고, 군민을 기르는 것도 여기에
달려 있고, 재용을 충족시키는 것도 여기에 달려 있고, 번병藩屛
을 굳건히 하는 것도 여기에 달려 있고, 전마戰馬를 준비하는 것
도 여기에 달려 있고, 교화를 밝히는 것도 여기에 달려 있다. 그
렇지 못하면 아무리 훌륭한 법이나 아름다운 뜻이라 하더라도
다시 시행될 수가 없을 것이고, 날마다 옛 법을 고친다 하더라도
유익함이 없고 헛수고만 하게 될 것이다.

선조는 병조판서 율곡의 말에 동의하면서도 심드렁하게 답했
다. '병조판서 율곡의 말은 지당하다. 문제는 영의정을 비롯한 고
위관료와 벼슬을 맡았든 맡지 않았든 양반 사대부들이 부정행위와
청탁이 없다면 무위의 정치를 펼칠 수 있다는 것이다. 그러면 시무
6조, 이런 것을 올리지 않아도 정치는 잘 시행할 것이니, 먼저 고위
관료가 부정행위와 청탁을 막아야 한다'라고 답했다.

선조는 율곡의 시무 6조를 '고위관료가 부정행위와 청탁'만 미리
방비하면 큰 문제가 없을 것이라고 믿었다. 그런데 이 가운데 양군
민養軍民과 비전마備戰馬 부분이 정치 쟁점화되면서 당시 가뜩이나
편을 갈라 으르렁거리던 동인과 서인의 힘겨루기가 시작되었다.

이른바 '10만 양병설'로 대표되는 '양군민과 비전마'는 동인과
서인의 이해 갈등으로 이어지며 결론을 내지 못하다가 9년 뒤인
1592년, 조선은 치욕의 임진왜란의 참화를 맞게 된다.

율곡 이이의 '시무 6조'는 처음 발간된 선조실록에는 기록이 없다. 이후 간행된 '선조수정실록' 2월 1일 자에 내용이 들어 있다. 그런데 선조실록에는 '시무 6조'의 내용이 없고, 선조수정실록에 서술된 이유는 무엇일까? 바로 집권 세력의 이해득실에 따라 조선 왕조실록 편찬이 이뤄졌기 때문이다.

조선 왕들의 실록 가운데 집권 세력이 바뀌면서 수정이나 개수 등의 꼬리표를 단 임금은 5명이다. 선조_{선조 수정}와 광해군_{광해군 중초} _{본·정초본}, 현종_{현종 개수}, 숙종_{숙종보궐정오}, 경종_{경종 수정}이다. 당파싸움이 본격화된 선조 이후에 벌어진 일이다.

율곡은 서인의 학문과 정신적 지주였다. 실록은 선왕 사후에 후대 왕이 편찬한다. 선조실록은 광해군 때 정권을 잡은 집권 세력인 동인에서 갈라진 북인이 처음 만들었다. 이후 광해군이 권좌에서 물러난 뒤 집권을 한 서인들이 선조수정실록을 편찬했다. 당연히 서인의 정신적 지주였던 율곡 이이는 북인이 저술한 선조실록에는 거의 무시됐지만, 서인이 주도한 선조수정실록에서는 실질적으로 서술된 것이다.

북인이 만든 선조실록에서는 이이의 사망에 대해 '이이가 죽었다'[이이졸_{李珥卒}]라는 단 세 글자로만 나온다. 반면 서인이 편찬한 선조수정실록에는 이이의 인품과 학문적 성취 등에 대해 자세히 언급한다.

율곡은 '시무 6조'를 건의한 지 1년 만인 선조 17년 음력 1월 16일_{1584년} 사망한다. 서인이 편찬한 선조수정실록 1월 기사에는 이조판서 율곡의 사망을 알리는 글이 상세히 설명되어 있다. 숨이 끊

　　　　　　　　　　　　배움에서 삶의 정도를 찾은 선비들

어질 때까지도 임금에 간언한 '시무 6조'에 대한 자세한 설명을 아들과 제자들에게 한 것으로 나온다.

> 이이가 억지로 일어나 입으로 육조六條의 방략方略을 불러주었는데, 이를 다 받아쓰자 호흡이 끊어졌다가 다시 소생하더니 하루를 넘기고 졸하였다. 향년 49세였다.
> 이이는 서울에 집이 없었으며 집안에는 남은 곡식이 없었다. 친우들이 수의와 부의를 거두어 염하여 장례를 치른 뒤 조그마한 집을 사서 가족에게 주었으나 그래도 가족들은 살아갈 방도가 없었다. 서자 두 사람이 있었다.

'시무 6조' 중 2조인 '10만의 군사를 길러야 한다'라는 것을 올린 같은 해 1583년선조 16년 4월 '십만양병설'을 다시 한번 건의하였다.

> 여진족이 이번에는 실패하였지만 언제 다시 쳐들어올지 모르는 일이며 일본이 혼란을 극복하여 언제 우리나라를 쳐들어올지 모르므로 10년 동안 한양에 2만, 각 도마다 1만씩 도합 10만의 군사를 길러야 하고, 군대는 하루아침에 만들어질 수 없으므로 시간이 있을 때 미리 외적의 침입에 대비해야 하고, 또한 군량미를 비축하고 재정을 튼튼히 하며 백성들의 사기를 높여야 하고, 반대의견은 태평성대를 이룬 전하의 업적에 해가 될지 모르는 일이니, 해마다 흉년이 들고 질병이 휩쓸고 지나가서 남아 있는 거라고는 쭉정이밖에 없는데 그나마 일할 수 있는 사람을 십만이나 뽑아다가 군사로 기른다는 것은 아니 된다는 내용이다.

조선 중기의 문신으로 문장이 뛰어나 1593년 세자시강원 문학이 되어 왕세자에게 글을 가르쳤고, 설화문학의 대가였고, 1623년 인조반정으로 벼슬을 내놓고 전전하다가 역모로 몰려 아들 약과 함께 사형된 유몽인의 『어우야담』에 다음과 같은 이이의 '십만양병설'이 기록되어 있다.

이율곡 선생이 병조판서로 있을 때, 북쪽 변방에서 오랑캐 이탕개泥湯介: 1583년 선조 16년 회령 지방의 여진족이 일으킨 반란. 이탕개는 선조 초에 조선에 귀화한 여진족 사람이다의 난이 있어 서울에서 전사를 선발하여 그들을 방어하였다. 난이 평정되자 선생은 경연 석상에서 의견을 아뢰었다.

"예로부터 나라에서 군사를 한번 쓰게 되면 전란이 그치지 않는 법입니다. 나라가 평안한 지 100년이 되어 백성들이 전쟁을 알지 못하는데, 이번에 비로소 군사를 썼습니다. 이후로 전쟁이 그치지 않을 것이오니, 청컨대 팔도에서 미리 정예병 10만을 선발하여 재난에 대비하시기 바랍니다."

당시에 좌우에서는 아무도 그의 말에 동조하지 않았으며, 어떤 사람은 선생이 겁을 먹어 일개 작은 악한을 보고 10만의 군사를 준비한다고 하였다. 그 후 임진년에 큰 난이 일어나 전쟁이 7, 8년 동안 멈추지 않았다. 의정議政 서애 류성룡이 말했다.

"후세에 나의 소인의 이름을 면치 못할 것이다. 평소 숙헌叔獻: 이이의 자이 10만 군사로 대비할 것을 청했을 때 나는 사리에 어둡다고 여겼는데, 지금에 이르러 몹시 후회스럽다. 숙헌은 높은 식견을 지녔으니, 우리는 부끄러워 죽을 지경이다."

애석하도다! 그 당시 나 또한 경연에 참여했으면서도 그의 말을 찬양하지 않았구나.

　　　　　　　　　　배움에서 삶의 정도를 찾은 선비들

제9장

누구나 노력하면 배움을 이룰 수 있다는 믿음을 보여준 독서광

1. 조선 시대 다독가

조선 시대 다독가로는 성군 세종대왕과 백곡 김득신, 다산 정약
용이 손꼽힌다. 역대로 가장 많은 독서량을 자랑한 군주는 만고의
성군인 세종대왕을 꼽을 수 있다. 서거정1420~1488의 수필집인 『필
원잡기』를 인용한 이긍익의 『연려실기술』은 '독서계의 전설 세종'
의 일화를 전한다.

> 세종은 책을 100번씩 반복해서 읽었다. 『좌전』과 『초사』 같은 책
> 들은 200번 읽었다. 몸이 아파도 마찬가지였다. 보다 못한 아버
> 지 태종이 환관을 시켜 책을 다 거두어갔다. 그런데 『구소수간歐
> 蘇手簡: 구양수와 소식의 편지 모음집』 한 권이 병풍 사이에 남아 있었다.
> 세종은 이 책을 1100번 읽었다.

세종의 독서량이 상상을 초월했다는 이야기는 당대의 정사인
『세종실록』에도 자세히 소개되어 있다. 1423년세종 5년 12월 23일
세종은 경연에 나서 남송 주희1130~1200의 역사서인 『통감강목』을

강독한 뒤 동지경 연사 윤회1380~1436에게 '내가 그 어렵다는『통감강목』을 20~30번을 읽었다'라고 자랑한다.

> 송나라 학자인 진덕수1178~1235는 '『통감강목』은 너무 권질卷帙
> 이 많아서 임금이 다 보기 쉽지 않다'라고 했다. 그러나 내가 3년
> 전부터 이 책을 읽기 시작해서 지금까지 20~30여 번 읽은 것 같
> 다. 그러나 이 책은 너무 어렵다.

주희의『통감강목』은 북송 사마광1019~1086의『자치통감』을 공
자가 지은『춘추』의 체제에 따라 재편찬한 역사서다. 그러나 제대
로 정리되지 않은 채 정밀함과 조악함의 구별 없이 모두 실려 있기
때문에 전체 내용을 제대로 파악하기 무척 힘들다는 정평이다. 그
러나 세종은 '엄청 어려웠지만 나는 그래도 20~30번 반복해서 읽
었다'라고 했는데, 그 이면에는 '나는 읽었는데 자네들은 읽어 봤
는가?' 하는 은근한 자랑이 섞여 있다.

이 날짜의『세종실록』은 "주상께서는 수라를 들 때도 반드시 책
을 펼쳐 좌우에 놓았고, 밤중에도 그치지 않았다"라고 기록했다.
이 대목에서도 세종의 독서 자랑은 끝이 없었다.

> 세종이 잠저潛邸: 아직 왕위에 오르기 전에 살던 집에 있을 때부터 학문을
> 좋아하고 게을리하지 않아서, 일찍이 경미한 병환이 있을 때도
> 오히려 독서를 그치지 아니하므로, 아버지 태종께서 작은 환관
> 을 시켜서 그 서책을 다 가져다가 감추게 하고 다만 구소수간歐
> 蘇手簡: 구양수와 소식의 편지 모음집만을 곁에 두었더니, 드디어 이 책을

배움에서 삶의 정도를 찾은 선비들

다 보시었다. 즉위하심에 이르러서는 손에서 책을 놓지 않아, 비록 수라水剌: 임금이 먹는 밥를 들 때도 반드시 책을 펼쳐 좌우에 놓았으며, 혹은 밤중이 되도록 힘써 보시고 싫어하지 않으셨다.

일찍이 가까운 신하에게 말하기를, "내가 궁중에 있으면서 손을 거두고 한가롭게 앉아 있을 때는 없다" 하셨으니, 이러하시기 때문에 경적經籍에 널리 통하시었고, 심지어는 본국 역대의 사대문적事大文籍에 이르기까지 보시지 않은 것이 없었고, 또 근신들에게 말하기를, "내가 서적을 본 뒤에는 잊어버리는 것은 없었다" 하시었으니, 그 총명하심과 학문을 좋아하시는 것은 천성이 그러하셨다.

또 주자소鑄字所로 하여금 한역漢譯에 대한 여러 서적을 인쇄하게 하고, 총제 원민생과 판승문원사 조숭덕으로 하여금 읽어 올리도록 하여, 한번 들으시면 문득 기억하고는 근신에게 이르기를, "내가 한역漢譯을 배우는 것은 다른 것이 아니다. 명나라의 사신과 서로 접할 때, 미리 그 말을 알면 그 대답할 말을 혹 빨리 생각하여 준비할 수 있기 때문이다"라고 하시었다.

임금이 특히 서적만을 한번 보고 문득 기억하시는 것만이 아니라, 무릇 수많은 신하의 성명·내력·세계世系 등을 비록 미세한 것일지라도 한번 들으시면 잊지 않으셨으며, 한번 그 얼굴을 보시면 비록 여러 해를 만나 보시지 못했을지라도 다시 보실 때 반드시 아무라고 성명을 부르셨으며, 사물의 정밀하고, 소략하고, 아름답고, 추악한 것에 이르러서도 한번 눈에 접하시면 반드시 그 호리毫釐: 자나 저울눈의 호와 리의 차를 정밀히 분변하셨고, 성음聲音의 청탁과 고하高下도 한번 귀에 들어가면 그 윤리를 심찰하시었으니, 그 총명과 예지가 이와 같으시었다.

그런데 여기서 한 가지 궁금한 것이 있다. '모든 책을 100번 이상씩 읽었다'라는 세종의 자기 자랑에서 보았듯이 왜 옛사람들은 책 한 권을 수십 번, 수백 번, 수천 번, 아니 심지어는 억만 번을 읽었다고 자랑했는가?

18세기 실학자이자 역사학자인 안정복1712~1791의 『상헌수필』에 그 이유가 자세히 나와 있다. 우선 글이란 무엇인가. 안정복은 "글이란 옛 성현들의 정신과 마음가짐心術의 운용"이라 정의했다.

> 옛 성현들이 영원히 살 수 없지 않느냐. 그래서 옛 성현들이 글을 지어 후손들로 하여금 그 글 속의 말을 통해 성현의 자취를 찾고 그 자취를 통해 성현의 이치를 터득하고자 한 것이다.

안정복은 성현의 이치를 터득하려면 "많이 읽어야 한다"라고 했고, "많이 읽지 않으면 그 의미를 알 수 없으며, 널리 보지 않으면 그 변화에 통달할 수 없다"라고 하였다.

그러면서 안정복은 다독을 강조한 옛사람의 이야기를 여럿 소개한다. 당나라 시인 두보는 "독서파만권讀書破萬卷 하필여유신下筆如有神"이라 하여 "책 만 권을 읽고 붓을 들면 신들린 듯이 글을 쓸 수 있다"라고 했다. 다산 정약용도 귀양살이 유배를 당하면서 책이 귀한 시절에도 5천여 권의 독서를 하면서 『목민심서』『흠흠신서』『경세유표』 등을 비롯한 5백여 권의 책을 저술하였다.

천자문에 '탐독완시耽讀翫市 우목낭상寓目囊箱'이라는 구절이 있다. '책 읽기를 즐겨 하여 저자市場에 나가서 책을 이리저리 구경하고,

글을 한 번 읽으면 주머니와 상자 속에 두는 것과 같이 잊지를 않았다'라는 뜻이다. 한나라의 왕충은 어린 시절 집이 너무 가난하여 끼니조차 제대로 잇기 어려웠다. 글 읽기를 매우 좋아하였으나 가난 때문에 책을 살 수 없었다. 그래서 한나라의 서울인 낙양에 있는 저자의 거리에 가서 책을 이리저리 펼치면서 구경을 하면서 글을 읽었다고 한다. 그는 한 번 책을 펼치면 온 정신을 집중하여 읽었기 때문에 내용을 전부 기억하였다. 물건을 주머니와 상자 속에 차곡차곡 쌓아두는 것처럼 책의 내용을 기억하였던 듯하다. 어렵게 공부하여 제자백가가 된 왕충은 논설을 좋아하였다. 그는 모든 현상은 '기氣'의 작용으로 필연적으로 일어난다고 하였다. 그래서 하늘과 사람과의 사이에 존재하는 상관관계를 믿지 않았다. 음양오행설도 부정하였다.

그가 유능한 자질을 소지하고 있으면서 불우한 하급관리의 생애로 시종함으로써 그는 봉건적인 계급사회에서 상하 계급 관계가 고정되어 자신의 논설을 충분히 발휘한다는 것은 현실적 제약이 따를 수밖에 없었다는 인식을 했다. 또 아버지와 할아버지로부터 이어받은 의리와 상반된 비타협의 성격도 그가 출세 가도에서 주저앉을 수 있는 요인으로 보인다. 그럼에도 불구하고 그는 독서를 통해서 세상을 보는 눈을 가질 수 있었다는 것은 독서가 세상을 살아가는 데 얼마나 필요한 것인지 대변한 것이다.

중국 한나라 헌제 때 학자로 동우라는 학문이 뛰어난 학자가 있었다. 그는 책 읽기를 밥 먹듯이 좋아해서 어디를 가든 항상 책을 끼고 살았다.

"그렇게 학문을 좋아하는 선비라면 쓸 만한 인재가 틀림이 없으렸다."

동우의 소문을 들은 헌제는 이렇게 말하고, 동우를 불러다 면전에서 이것저것 물어보았다. 그 결과 소문대로 학식이 풍부할 뿐 아니라 풍채 역시 고아한 학자다웠으므로, 호감을 느낀 헌제는 그를 황문시랑에 임명하고 자기한테 경서를 가르치도록 했다.

동우의 명성이 높아지자, 그에게 학문을 배우려는 서생들이 줄을 이었다. 황제의 측근에 있는 학자이기에 그의 주목을 받으면 발탁의 기회가 그만큼 커질 수 있다는 기대감도 작용했을 것이다. 그래서 동우는 누가 찾아와 무릎을 꿇는다고 해서 제자로 덥석 받아들이는 법이 없었다. 이것저것 묻고 따져 쓸 만한 인재만 제자로 받아들였다.

그렇게 해서 동우의 문하생이 된 서생들은 그나마 행운이라고 해야 할지 모르지만, 그들로서 견디기 어려운 것은 '같은 책을 천 번씩 반복해서 읽으라'라는 가르침이었다.

"선생님, 물론 여러 번 읽어서 나쁠 것은 없지만, 훤히 아는 내용까지 천 번을 채워서 읽는다면 그 많은 책을 언제 다 소화해 낼 수 있겠습니까?"

"책을 1,000번 읽으면 그 의미가 저절로 나타난다[독서천편讀書千遍 기의자현其義自見]"

"먹고살기 힘들어서 책 읽을 겨를이 없습니다."

"세 가지 여가만 있으면 충분하다. 겨울은 한 해의 여가이고, 밤은 하루의 여가이고, 비 오는 시간은 한때의 여가이다. 그러니 그

배움에서 삶의 정도를 찾은 선비들

여가를 유효 적절히 이용한다면 시간이 부족해서 책을 다 못 읽겠다는 소리가 어찌 나올 수 있겠느냐?"

또 "책 5,000권을 읽지 않은 자는 내 방에 들어오지 마라[유불독오천권자 有不讀五千卷者 불입오실 不入吾室]"라는 말이 있다. 바로 안정복의 『상헌수필』에 실린 말이다.

> 책이란 옛 성현들의 정신과 심술心術의 궤적이다. 옛 성현들이 오래 살면서 가르침을 베풀 수 없었으므로, 반드시 책을 저술하여 뒤 세상에 남겨, 후인들이 그 말을 말미암아 자취를 찾고, 자취를 통해 이치를 미루어 알게 하려 한 것이다. 이런 까닭에 후세의 선비가 책을 읽어 성현의 뜻을 구하지 않을 수가 없다. 그러나 많이 읽지 않으면 그 뜻을 알 수가 없고, 널리 보지 않고는 그 변화에 통달하지 못한다. 옛사람이 말했다. "책 읽어 1만 권을 독파했더니, 글을 씀에 신기神氣가 있는 듯하다." 또 말했다. "책을 천 번 읽으니, 그 뜻이 절로 드러난다." 또 말했다. "묵은 책을 싫증 안 내고 백 번을 읽는다." 또 말했다. "1만 권의 책을 끼고 있는 것이 1백 개의 성을 손아귀에 둔 것보다 낫다." 또 말했다. "5천 권의 책을 읽지 않은 자는 내 방에 들어오지 말라." 옛사람이 독서에 있어 많이 읽고 넓게 보았음을 알 수가 있다.

성현의 글은 후인들이 그 자취를 찾고 자취를 통해 이치를 미루어 알게 하려는 데 있다. 문제는 많이 읽지 않으면 그 뜻을 알 수가 없고, 널리 보지 않고서는 그 변화에 통달하지 못한다는 데 있다. 그래서 "책 읽어 1만 권을 독파했더니, 글을 씀에 신기神氣가 있는 듯하다"라고 했고, "책을 천 번 읽으니, 그 뜻이 절로 드러난다"라고 하였다. 또 말했다. "묵은 책을 싫증 안 내고 백 번을 읽는다[구서불염백회독舊書不厭百回讀]"라고 했고, "1만 권의 책을 끼고 있는 것이 1백 개의 성을 손아귀에 둔 것보다 낫다[옹서만권擁書萬卷, 승어남면백성勝於南面百城]"라고 하였다. 또 말했다. "5천 권의 책을 읽지 않은 자는 내 방에 들어오지 말라."

옛글을 곱씹어 여러 번 읽으면 그 안에 담긴 뜻이 자신의 마음에 양식이 된다. 하지만 다른 글도 널리 읽어 견줘보아야 그 말의 전후 맥락이 완연하게 드러난다. 1만 권쯤 읽고 나면 배 속에 백만 대군이 들어앉은 것 같아 거침이 없게 된다. 아무리 어려운 책도 읽고 또 읽으면 의미가 생생하게 살아나는 순간이 온다.

다산 정약용은 500권에 달하는 방대한 저서를 남겼다. 크게 경집과 문집으로 나누어지는데 경집에는 육경과 사서에 대한 주석서가 있다. 그는 독서법이자 교육법이었던 문심혜두文心慧竇가 있다. 문심이란 풀어쓰면 '문자 알아차리는 마음'이자 '글을 이해하는 능력'으로 혜두의 '두竇'는 구멍이라는 뜻이니까, 혜두는 '슬기의 구멍', 곧 '지혜'를 뜻한다. 즉 문심을 알고 혜두가 열려야 공부 머리가 깬다는 이야기다. 이렇게 되기까지 다산은 촉류방통觸類旁通의 방법을 제시하였는데, 계통을 갖춰 정보를 집적해 나가면 세계를 인지하고 사물을 이해하는 안목이 점차 단계적으로 열리게 된다고 보았다. 비슷한 것끼리 묶어서 연쇄적으로 가르쳐 미루어 저것까지 알게 하는 학습법이다. 대립되는 개념어를 짝지어 가르쳐, 하나를 배우는 동시에 다른 하나를 엮어서 가르치는 것을 주문한다. 즉 사물의 지식이나 법칙을 터득한 후에 다른 사물을 미루어 짐작하

배움에서 삶의 정도를 찾은 선비들

여 알 수 있다는 뜻이다. 다산은 말한다.

> 갈래를 나누고 종류별로 구분하라. 그렇게 해야 무질서 속에서 질서가 나타난다. 안 보이던 것이 보이기 시작한다. 그런 다음 묶어서 생각하고 미루어 확장하라. 그저 그러려니 해서는 안 된다. 보이지 않는 질서를 찾아내야 한다. 계통을 확립해야 한다. 산만해서는 안 되고 집중해야 한다. 흩어져서는 안 되고 집약해야 한다. 지리멸렬, 각개격파로는 적을 물리칠 수 없다. 일사불란하고 명약관화해야 한다.

> 내가 평생 독서하려는 소원이 있었다. 그 때문에 귀양을 오게 되어 비로소 크게 힘을 쏟았다. 쓸데가 있다고 여겨 그런 것은 아니었다.

> 배우는 사람은 반드시 혜慧와 근勤과 적寂 세 가지를 갖추어야만 성취함이 있다. 지혜롭지 않으면 굳센 것을 뚫지 못한다. 부지런하지 않으면 힘을 쌓을 수가 없다. 고요하지 않으면 온전히 정밀하게 하지 못한다. 이 세 가지가 학문을 하는 요체이다.
>
> – 『금당기주』

다산 정약용은 소원이 평생 독서하는 것이었다. 강진 유배지로 귀양을 오게 되자 드디어 그 소원을 이루기 위해 독서에 힘을 기울였다. 또 배우는 사람은 지혜와 근면, 고요함을 갖추고 있어야 성취함이 있다. 즉 지혜로 난관을 돌파하고, 근면으로 힘을 축적하며, 고요함으로 정밀함을 더할 것을 주문한 것이다.

다산이 독서를 강조한 이유는 독서의 위대한 힘을 알고 있었기 때문이다. 독서는 비천한 사람도 인격을 갖춘 품위 있는 사람으로 만들고, 가능성을 가진 인생으로 탈바꿈하여 가치 있는 세계관을 갖게 만드는 힘을 지니고 있다. 비록 무능한 사람이라 할지라도 배움을 통하여 삶의 정도를 찾게 해주는 힘을 실어주는 것이 바로 독서다. 다산이 말한 '가능'이라는 단어는 지금 현재는 어렵고 힘이 들더라도 내일이라는 미래 희망이 있을 것이라는 전제가 있기 때문에 참고 견딜 힘을 내재하고 있다. 따라서 인생 자체 비참하지도 비굴하지도 않다. '가능'은 곧 희망을 말한다. 비참한 인생이 되지 않기 위해서 희망을 이야기하는 책을 많이 읽어야 한다. 독서는 우리의 정신을 맑고 고귀하게 만들고 순수하고 정결한 마음을 갖게 한다. 그래서 희망이라는 큰 뜻을 품게 한다. 독서는 자신을 넘어 세상을 품을 수 있는 세계관과 가치를 가져다준다.

마지막으로 살펴볼 인물은 백곡 김득신이다. 성군 세종 임금과 다산 정약용과 달리 선천적으로 뛰어난 지혜와 총명한 기억력을 가진 것도 아니고, 오로지 자신의 피나는 독서의 노력으로 성공한 인물이기 때문에 더욱 귀감이 가는 인물이다. 또 그 이면에는 헌신적인 아버지의 끊임없이 인고한 노력으로 이룬 공부의 성과가 있다.

2. 헌신적인 아버지의 교육방법

공자의 아버지는 제나라와의 싸움에서 공을 세웠으나 공자가 세 살 때 죽어 공자는 어려운 환경에서 자랐다. 아버지의 장례식조차 제대로 치르지 못할 만큼 가세가 기운 상태였기 때문에 공자는 일찍 생활전선에 뛰어들지 않을 수 없었다. 젊은 나이에 과부가 된 어머니를 모셔야 했기에 공부는 꿈도 꾸지 못했다.

이런 궁핍한 생활환경 속에서 공자는 '아침에 도를 깨달으면 저녁에 죽어도 좋다조문도朝聞道 석사가의夕死可矣'라고 말할 정도로 공부에 대한 열정과 노력이 남달랐다. 친구들이 공부할 때 비천한 일을 하며 돈을 벌어야 했으니 배움에 대한 열망이 더욱 강했는지 모른다. 공자가 노나라에서 칭송받는 당대 최고의 학자가 된 후에도 공부를 게을리하지 않았으며 자신을 공부를 통해 다시 배우는 보통 사람이라고 말했다.

그는 공부와 관련하여 이 세상에 세 부류의 사람이 있음을 다음과 같이 밝혔다.

> 어떤 사람은 태어나면서부터 마땅히 지켜야 할 도를 아는 사람이 있고, 혹은 배워서 마땅히 지켜야 할 도를 아는 사람이 있고, 혹은 열심히 애를 써서 마땅히 지켜야 할 도를 아는 사람이 있는데, 그 앎에 미쳐서는 똑같다. 어떤 사람은 편안히 하여 행하며, 어떤 사람은 이롭게 하여 행하며, 어떤 사람은 힘써 강하게 하여 행하기도 하나 공을 이루는 데 미쳐서는 한가지이다.
>
> – 『중용』20장

여대림은 주에서 "들어가는 길은 비록 다르나 이르는 경지는 똑같으니, 이 때문에 중용이 되는 것이다. 만일 태어나면서 아는 것과

[생지 生知] 편안히 행할 수 있는 됨됨이를 바라보고 따라갈 수 없다고 여기고, 애를 써서 아는 것과[곤지 困知] 힘써서 행하는 것을 하찮게 여겨서 능히 이루는 것이 있지 아니하다고 이르면 이것이 바로 도가 밝아지지 못하고 행해지지 못하는 까닭이다"라고 하였다.

공부하는 사람 중에는 태어나면서 아는 천재도 있고, 보통 사람이 하는 방법으로 열심히 공부해서 깨닫는 평범한 사람도 있고, 그에 비해 이에 못 미치는 사람도 있다. 한 자를 가르치면 열 자를 아는 사람이 있는가 하면, 열 번을 가르쳐도 한 자를 깨우치지 못하는 사람도 있다. 공자 자신도 『논어』「술이」에서, "나는 태어나면서부터 도를 깨우친 천재가 아니다. 오직 옛 성현의 학문을 좋아하여 힘을 다하여 탐구한 것에 불과하다"라고 하였다.

이처럼 공부하는 재질과 기능이 떨어진다고 해서 공부를 포기할 필요는 없다. 즉 들어가는 길은 비록 다르나 성공함에 미쳐서는 그 경지는 똑같기 때문이다. 즉 어떤 사람은 남이 한 번을 하면 이룰 수 있는 공부도 열 번이나 백 번을 반복해서 노력해야만 그 결과물을 체득하는 경우도 있다. 바로 그런 사람이 조선 최고의 독서광 백곡 김득신이다.

김득신은 본관이 안동이고, 할아버지가 유명한 진주 대첩의 명장 진주목사 김시민이며, 아버지는 경상도 관찰사를 지낸 김치다. 다만 김치는 본래 김시민의 형인 김시회의 아들인데 생후 김시민의 양자로 입양되어 가문의 명맥을 이었다. 김득신은 1604년(선조 37년) 충청북도 증평군 증평읍 내성리 삼성당에서 태어나 1684년(숙종 10년)에 생을 마감했다.

어릴 때 천연두를 심하게 앓아 생명이 위태하였으나 다행히 목숨을 건졌는데, 그때의 심한 후유증으로 그만 뇌 손상을 입어 지각이 발달하지 못해 남들보다 노둔한 편이었다. 10살이 되어서야 비로소 글을 읽는 것을 깨우쳤지만 그 기억력이 뒤돌아서면 모두 잊는 수준이었다. 김득신이 이런 어려운 처지에서도 자신만의 공부 방법을 개발하고 노력하여 학문적 성취와 명성을 얻을 수 있기까지, 그에게 끊임없는 자신감을 불어넣어 준 숨은 공로자가 있다. 그 사람은 다름 아닌 김득신의 아버지 김치이었다. 어린 시절 대다수의 아이들은 어머니와 함께하는 시간이 많다. 그만큼 어머니의 보살핌을 많이 받을 나이이기 때문이다. 김득신이 어머니의 손길이 미치지 않았다는 얘기가 아니다. 다만 김치는 자식의 노둔함을 나무라기에 앞서 오히려 포기하지 않고 성실하게 공부하는 김득신의 자세를 격려하고 남들에게 자랑하였다.

10살이 되어서야 겨우 글을 읽기 시작하였는데, 중국의 역사서 『십구사략』의 첫 단락이 26자에 지나지 않은 짧은 문구였지만 사흘을 배우고도 9자를 떼지 못할 정도로 기억력은 서너 살 아이 수준이었다. 주위에선 그런 그를 둔재라고 조롱했다. 심지어 김치는 어떤 이에게 "차라리 양자를 들여서라도 조상님들께 부끄럽지 않게 하십시오"라는 핀잔을 듣기까지 했다. 하지만 김치는 아들 가르치는 일을 멈추지 않았으며, 끝까지 그의 아들을 신뢰했다.

그의 아들이 피나는 노력 끝에, 나이가 20살이 되어서 비로소 글 한 편을 지어 그의 부친인 김치에게 보여주게 되었다. 자식이 지은 글을 받아 든 김치는 '글 같지 않은 글'이라는 핀잔을 주기보다는 오히려 과거를 보기 위해 공부하는 것이 아니니 더 열심히 노력하라는 칭찬의 말을 아끼지 않았다.

"학문의 성취가 늦는다고 성공하지 말란 법이 없다. 그저 읽고 또 읽으면 반드시 대문장가가 될 것이다. 그러니 공부를 게을리하지 마라."

여기서 그치지 않고 더욱 꾸준히 노력하라는 격려의 말도 잊지 않았다.

"그래, 그렇게 열심히 읽다 보면 반드시 외울 수 있을 것이다."

이렇듯 아버지의 변함없는 믿음과 지원 때문에 김득신은 공부를 포기하지 않고, 자신감을 잃지 않으며 끈질기게 더욱 학문에 열중할 수 있었다. 이런 아버지 덕분에 그는 주변의 손가락질에 굴하지 않고 더욱 열심히 공부했으며 자신만의 특별한 공부법을 찾아 노력에 노력을 거듭했다. 그것은 끊임없이 읽는 것이었다. 남들이 1번 읽을 때 10번을 읽었고, 남들이 10번을 읽으면 김득신은 100번, 1,000번을 읽었다.

경상도 관찰사로 승진한 김치는 여러 고을을 순시하던 중 갑자기 세상을 떠나고 말았다. 아버지 김치가 들려준 말씀이 김득신의 유훈이 되었다. 김득신은 3년 동안 시묘살이를 한 뒤 책상을 등에 지고 깊은 산속으로 들어갔다. 절에 틀어박혀서 만 번 이상 36편의 고문을 외우고 또 외웠다. 그의 우직한 공부 방법은 철저한 반복 학습이었다. 눈으로 글을 읽고, 입으로 소리 내어 큰 소리로 읽었다. 붓으로 다시 외운 문장을 한지에 썼고, 붓이 닳아지고 한지가 떨어질 때까지 반복했다.

　　　　　　　　　배움에서 삶의 정도를 찾은 선비들

그가 37세에는 예조판서를 지낸 택당 이식이 "김득신은 조선 최고의 시인이다"라고 칭찬했다. 39세 때 피나는 노력을 기울인 끝에 식년시 진사시에 3등 51위로 합격하였다. 이 무렵 선비들은 김득신의 시를 서로 베껴가며 감상할 정도였다. 오언 절구를 특히 잘 썼던 그는 47세 때 '용호龍湖'라는 시를 지었다. 그의 대표작으로 꼽히는 '용호'는 용산에 있는 정자에서 바라본 한강의 모습을 그림처럼 잘 묘사한 시다.

> 고목은 찬 구름 속에 잠기고
> 가을 산엔 소낙비가 들이친다
> 저무는 강에 풍랑 이니
> 어부가 급히 뱃머리 돌리네

이 시를 받아 든 조선 17대 임금 효종은 "'용호'는 당시唐詩 속에 넣어도 부끄럽지 않다"라며 칭찬했다. 김득신은 59세에 문과 급제를 하여 아버지 유훈을 지켰다. 그가 뒤늦은 나이 59세에 아들 뻘 되는 동료들과 성균관에 들어간 뒤에도 길을 걸을 때나 앉아 있을 때나 남들과 이야기할 때도 언제나 옛글을 외우지 않은 적이 없었다. 밤에 잘 때도 늘 머리맡에 책을 두고 잤다. 그 까닭을 물으면, '잠에서 깨어 가만히 손으로 책을 문지르고 있으면 마음이 편안해진다'라고 대답하였다. 이와 같이 남들보다 훨씬 뒤늦게 과거에 급제한 김득신의 출세에는 묵묵히 아들의 뒷바라지를 마다하지 않은 아버지 김치의 보이지 않은 노고가 있었기에 가능한 일이었다.

순암 안정복1712~1791은 "팔십 년을 행한 마음 하루같이 한결같아 억만 번 독서함이 기이하고 기이하구나"라고 김득신의 치열한 독서열을 기렸다. 그러면서 김득신은 성품이 어리석고 멍청하였으나 글 읽기만은 좋아하여 밤낮으로 책을 부지런히 읽었다. 무릇 고문은 만 번이 되지 않으면 중지하지 않았는데,「백이전」을 특히 좋아하여 무려 1억보통 10만을 1억이라고 하였음 1만 8천 번을 읽었기 때문에 그의 소재小齋를 '억만재億萬齋'라 이름하였으며, 문장으로 이름을 드높였다. 효종이 일찍이 그의 시 '용호음龍湖吟' 한 절구를 보고 "당나라 시인에게 부끄럽지 않다"라고 칭찬하였다.

1662년현종 3년 59세의 늦은 나이에 증광시 문과에 병과 19위로 급제했다. 이후 숙종실록10년. 1684년 9월 6일 자에는 '김득신은 젊어서부터 늙어서까지 부지런히 글을 읽었지만, 사람됨이 오활迂闊: 사리에 어둡고 세상 물정을 잘 모름해서 쓰임을 받지 못했다'라는 인물평이 나온다. 김득신은 그래도 굴하지 않고 오직 한 길, 책을 읽고 또 읽었다. 그러다가 1662년 꿈에 그리던 과거에 급제했으니, 그의 나이 59세였다. 사람이 열심히 노력한다면 얼마든지 자신의 꿈을 이룰 수 있다는 의지를 보여준 인간승리라 하지 않을 수 없다. 그가 감격해서 남긴 시 한 수를 보자.

'한유 문장과 사마천 『사기』를 천 번 읽고서야[한문마사천번독韓文馬史千番讀] 금년에 겨우 진사과에 합격했네[근첩금년진시과葦捷今年進士科]'

　　　　　　　　　　배움에서 삶의 정도를 찾은 선비들

이렇게 각고의 노력 끝에 김득신은 경치를 묘사할 때 '시중유화
詩中有畵: 시 속의 그림의 경지에 이르렀다는 호평을 받았다.

74세가 되던 해에는 증관 시험관이 되었고, 78세에는 통정대부
가 되었으며, 80세에는 가선대부 벼슬에 올랐고 안풍군安豐君을 습
봉襲封: 물려받음하였다. 그리고 이듬해인 81세에 생을 마쳤다.

3. 공부와 관련된 일화

김득신은 우리나라 한시사漢詩史에서 '맑고 아름다운 시'를 쓴
시인으로 명성이 높다. 당시 한문 사대가四大家의 한 사람인 이식李
植으로부터 '그대의 시문은 당금의 제일'이라는 평을 들음으로써
이름이 세상에 알려지게 되었다. 그는 여러 차례 과거의 낙방 고배
를 마시다가 59세의 늦은 나이에 증광시 병과에 급제하는 것으로
일생의 숙원을 이루었다. 그야말로 대기만성인 셈이다.

그러나 나이가 많다는 이유로 벼슬길은 순탄하지 않았다. 홍천
현감과 정선 군수에 제수되었으나 대신들의 '김득신은 시인일 뿐,
일에는 소활해서 적임자가 아니다'라는 의견으로 부임하지 못하였
고, 현종 10년1669 4월 2일에 장령 김득신은 본직에 적합하지 않음
을 논하며 체직을 청하였으나, 윤허하지 않다가 여러 번 아뢰자 따
랐다.

김득신과 관련된 일화는 그가 얼마나 책과 가까이하고, 노둔했
는지를 엿보게 한다.

특히 김득신의 결혼 첫날밤 이야기는, 그가 평상시에 얼마나 책 읽기에 열중했었는지를 보여준다.

김득신이 책에 미쳐 있다는 소문을 들은 장모는 혼례식이 있던 날, 초야를 치를 신방에 있는 책을 모두 치워버렸다. 책 때문에 신혼 첫날밤을 제대로 치르지 못할까 걱정했던 것이다. 그날 밤, 신방에 든 김득신은 장모의 우려대로 신부에게는 관심도 두지 않고 온 방을 뒤지며 책을 찾았다고 한다. 천신만고 끝에 경대 밑에서 발견한 것은 책력 冊曆: 음력 그리고 절기를 적어놓은 책. 일종의 달력 이었다. 밤새도록 읽고 또 읽기를 되풀이한 김득신은 날이 새자 "무슨 책이 이렇게 재미가 없을 수 있는가?"라고 했다고 한다.

조선 후기의 학자 홍한주가 남긴 문집 『지수염필』에 김득신 관련 일화가 전한다. 하루는 말을 타고 어느 집 앞을 지나다가 글 읽는 소리를 듣고는 혼잣말로 중얼거렸다.

"어디서 많이 듣던 글귀인데… 생각이 나지 않는구나."
그러자 말고삐를 끌던 하인이 웃으며 대꾸했다.
"아니 저 글귀는 '부학자 재적극박 夫學者 載籍極博: 무릇 학문을 하는 데는 참고할 서적이 매우 많지만… 어쩌구 하는 말이잖아요. 나리가 평생 읽으신 글귀 아닙니까? 저도 지겹도록 들어서 외웠는데, 나리만 모르겠다는 겁니까."

김득신은 그때야 그것이 자신이 수없이 읽었다는 『사기』「백이열전」의 글귀라는 것을 알았다.

배움에서 삶의 정도를 찾은 선비들

책은 틈만 나면 읽었지만, 머리가 지독히 나빴던 김득신은 한식날 말을 타고 들 밖으로 나갔다가 도중에 5언 시 한 구절을 얻었다. 그 구절은 '마상봉한식馬上逢寒食'이었다. 그러나 마땅한 대구對句를 찾지 못해 전전긍긍하자, 이때 말고삐 잡고 가던 하인이 그 연유를 물었다. 마땅한 대구를 찾지 못해 그런다고 하니, 하인이 '도중속모춘途中屬暮春'을 외치는 것이 아닌가? '말 위에서 한식을 만나니, 길 가는 중에 늦은 봄을 맞이하네'라는 뜻이다. 깜짝 놀란 김득신은 얼른 말에서 내려서 '네가 나보다 낫다. 이제부터는 내가 네 말고삐를 잡겠다'라고 하고는 하인더러 말을 타게 하였다. 그러자 하인은 팔을 내저으며 어이없다는 듯 말했다.
"아니 이 구절은 나리가 날마다 외우시던 당시唐詩 가 아닙니까?"
김득신은 '아 참, 그렇지' 하며 자신의 머리를 쥐어박았다.

이 시는 당나라 시인의 시모음집인 『당음唐音』에 실린 송지문의 「도중한식途中寒食」이다.

말 위에서 한식날을 맞이했으니, 길 가는 중에 늦봄 되었네. 가련하다. 강 포구를 바라보니 낙교 위에 사람들은 보이지 않네.馬上逢寒食 途中屬暮春 可憐江浦望 不見洛橋人

하겸진1870~1946 의 『동시화』는 김득신과 관련된 일화를 다음과 같이 전한다.

그는 시를 지을 때는 턱수염을 배배 꼬고, 괴롭게 읊조리는 버릇이 있어, 그가 지금 무엇을 하고 있는지 주위 사람들이 금방 알아차렸다. 어느 날 한번은 아내가 점심상을 차리면서 상추쌈을 얹어놓고는 그만 깜박 잊고 양념장은 올리지 않았는데, 김득신은 그것도 모르고 그냥 싱거운 상추쌈을 밥과 함께 맛있게 먹었다고 한다. 아내가 뒤늦게 알고 나서 "오늘 상추쌈이 싱겁지 않았어요"라고 묻자 "응 밥을 먹다 보니 그만 잊어버렸어!"라고 대답했다고 한다.

후손인 김유헌은 김득신의 『백곡집』을 읽은 다음 "백곡 선조께서는 만년까지 손수 여러 책을 베껴 써서 늙어서도 읽기를 게을리하지 않았다"라면서 김득신의 독특한 독서법을 소개했다.

옛날 나의 선조 백곡께서는 말년까지 부지런히 수많은 책을 손수 베껴 쓰고, 늙어서도 독서를 게을리하지 않아 백 번, 천 번 혹은 만 번, 억 번에 이르도록 읽으셨다. 글의 맥락을 알 수 있는 복선이 담겨 있는 곳은 줄을 긋고 둥근 점을 이어 놓았다. 이치와 뜻이 담겨 있는 곳에는 행서와 초서의 글씨로 옆에 주석을 달아 놓았다. 조심스럽게 필적을 살펴보면, 쇠바늘과 은 철사가 살아 움직이는 것 같았다.

－『백곡집』「서독수기후」

4. 독서실 취묵당

그는 뒤늦게 벼슬길에 올랐으나 현종이 임금의 자리에 오르자마자 일어난 1차 예송 논쟁에서 서인의 뜻을 받아들이고 남인에게

배움에서 삶의 정도를 찾은 선비들

철퇴를 내렸다. 하지만 15년이 지난 1674년에는 자신의 어머니 인선왕후가 죽자 왕대비가 상복을 9개월간 입어야 한다는 서인의 대공설大功說을 물리치고 남인의 기년설을 채택함으로써 서인들을 실각시켰다. 이것이 2차 예송 논쟁이라고도 하는 '갑인예송'이다.

김득신은 장차 일어날 사화를 예견하고 2년 뒤 벼슬을 버리고 충청도 괴산으로 낙향해 능촌리 선산이 있는 개함산 자락에 독서재 '취묵당醉默堂'이라는 정자를 지었으며, 이듬해에는 초당을 짓고 자연과 더불어 유유자적하는 생활을 하였다. 취묵당은 '깨어 있어도 입을 다물고 취해도 입을 다물어야 재앙을 모면할 수 있으니 침묵을 금으로 여기며 살겠다'라는 뜻이다. 만약 취하여도 침묵하고 깨어서도 침묵한다면 망령된 말을 하지 않아 큰 실수를 면할 수 있으리라는 의미였다.

그 안에 작은 서재 '억만재億萬齋'를 두었는데 그는 그곳에서 또다시 책을 읽으며 여생을 살다가 80세에 숨졌다. 시를 잘 지었을 뿐만 아니라 시를 보는 안목도 높아, 『종남총지終南叢志』 같은 시화도 남겼다. 이 책에는 정사룡 · 정철 · 권필 · 김석주 · 홍만종 같은 당대 문사들의 시를 뽑아 거기에 나름의 비평을 덧붙인 내용이 담겨 있다. 그는 술과 부채를 의인화한 가전소설 『환백장군전』과 『청풍선생전』을 남기기도 했다.

화합이나 상생보다는 말이 앞서 목소리를 높여야 자신의 권리를 찾을 수 있다고 각종 이익 단체의 투쟁 수위를 높이는 이 시대에 '취묵'의 의미가 더욱 새롭게 다가온다. 김득신은 취묵당을 소재로 다음과 같은 시를 지었다.

물빛은 갠 뒤에 예쁘고
산빛은 빗속에 기이하구나
딱히 뭐라 말하기 어려워
내 차라리 시를 짓기를 그만 둘거나

산야는 비 갠 뒤 너무 선명하여 말로 형언할 수 없을 정도로 아름답다. 그 모습을 딱히 시로 표현하기 어려워서 차라리 시 짓는 일을 그만두겠다고 한 표현이다. 아마 비가 온 뒤의 취묵당의 풍경이 시로 형언할 수 없을 정도로 아름다웠던 모양이다.

5. 책을 읽은 횟수를 적어놓은 글

김득신은 책을 천문학적인 숫자만큼 되풀이해서 읽는 독서법으로도 이름을 얻었지만, '안철지면眼徹紙面', 즉 눈빛이 종이를 꿰뚫을 정도로 정확하고 자세하게 책을 읽은 정독가로도 유명했다. 후손인 김유헌이 그의 '독수기讀數記: 책을 읽은 횟수를 적어놓은 글'를 읽고 난 후남긴 '서독수기후書讀數記後'를 보면, 김득신이 반복과 정독의 독서방법으로 자신의 '노둔함'을 극복했다는 사실을 알 수 있다.

만년에 머물렀던 충북 괴산군 괴산읍 능촌리 괴강 근처에 자리 잡은 '취묵당'에 걸려 있는 '독수기'를 보면 그는 1634년부터 1679년 사이에 1만 번 이상 옛글 36편을 밝혔는데, 그 횟수가 상상을 초월한다. 그가 평생 1만 번 이상 읽은 글 36편의 목록이 가득 적혀 있어 공부할 때에 옛 선현과 문인들이 남겨놓은 글들을 많이 읽

배움에서 삶의 정도를 찾은 선비들

는 데 주력하였는데, 그중 『사기』의 「백이전」은 1억 1만 8천 번 ₁억
번은 현재의 10만 번에 해당이나 읽었다고 하여 자기의 서재를 '억만재億萬
齋'라 이름하였다. 80세가 넘도록 장수한 김득신은 먼저 딸을 여의
었는데, 분주한 장례 행렬을 따라가면서도 그가 손에서 놓지 않고
보았던 글이 바로 「백이전」이었다. 또 부인이 상중에 일가친척들이
'아이고, 아이고' 곡을 하는데, 그는 곡소리에 맞춰 「백이전」의 구절
을 외웠다고 전해지고 있다. 그의 기억력은 모든 사람이 알 수 있을
정도로 노둔하였다. 그런 그의 자질을 알아본 사람들은 글공부를
포기하라고 권유하기도 했다. 그러나 책벌레 김득신은 40여 년간
꾸준히 시작 詩作 을 한 끝에 '당대 최고의 시인'으로 평가되었다.

그는 스스로 지은 묘지명에서 다음과 같이 말하였다.

> 재주가 남만 못하다고 스스로 한계를 짓지 말라. 나보다 미련하
> 고 둔한 사람은 없겠지만 결국에는 이룸이 있었다. 모든 것은 힘
> 쓰는 데 달려 있을 따름이다. 無以才不猶 人自畫也 莫魯於我 終亦有成 在勉
> 強而已

백곡 김득신이 얼마나 지독한 독서광이었는가 하는 기록은, 그
의 개인 문집인 『백곡집』에 실린 여러 편의 「독수기」를 통해 어렵
지 않게 확인할 수 있다.

> 『사기』의 「백이전」은 1억 1만 3천 번을 읽었고, 『노자전』· 『분왕』·
> 『벽력금』· 『주책』· 『능허대기』· 『의금장』· 『보망장』은 2만 번을
> 읽었다. 『제책』· 『귀신장』· 『목가산기』· 『제구양문』· 『중용서』는

1만 8천 번을 읽었고, 『송설존의서』·『송원수재서』·『백리해장』
은 1만 5천 번을 읽었다. 『획린해』·『사설』·『송고한상인서』·『남
전현승청벽기』·『송궁문』·『연희정기』·『지등주북기상양양우
상공서』·『응과목시여인서』·『송구책서』·『마설』·『후자왕승
복전』·『송정상서서』·『송동소남서』·『후십구일부상서』·『상
병부이시랑서』·『송료도사서』·『휘변』·『장군묘갈명』은 1만 3
천 번을 읽었다. 『용설』은 2만 번 읽고, 『제악어문』은 1만 4천 번
을 읽었다. 이상의 글을 모두 합하면 36편이다.

백곡 김득신은 정말 『사기』「백이열전」을 11만 3000번 읽고, 다
른 서적도 수만 번씩 읽었을까? 다산 정약용은 이런 사실관계에
문제를 제기한다. 다산이 분석한 김득신의 독서량은 다음과 같다.
「다산시문집」 변)

다산은 "김득신이 『독수기』에서 『사기』「백이전」을 무려 1억 1
만 3000번, 『사서』와 『삼경』『사기』『한서』『장자』『한문韓文』 등은
6~7만 번씩 읽었다고 했다"라면서 이는 사실이 아닐 것이라 단정
했다.

다산은 "독서를 잘하는 선비라면 하루에 「백이전」을 100번은
읽을 수 있다"라고 봤다. 그도 그럴 것이 『사기』 전체를 읽는 것
이 아니라 『사기』 중 「백이열전」만을 읽는다면 100번은 가능하다
는 것이다. 그렇다면 주야장천 「백이열전」만 읽는다면 1년에 3만
6000번이다. 그렇게 꼬박 3년이 지나야 1억 8,000번 10만 8,000번 읽
을 수 있다는 얘기다. 그러나 다산은 3년 내내 「백이열전」만 읽을
수는 없는 일이 아니냐고 의문을 제기한다.

그사이 백곡_{김득신}에게 병환이 없었겠느냐. 문밖출입을 안 했겠느냐. 게다가 백곡은 타고난 효자이니 부모를 돌보는 데 시간을 썼을 것이다. 「백이열전」만 읽었다 해도 4년은 족히 걸렸을 것이다. 「백이열전」만 읽는 데 4년이 걸리는데 어느 겨를에 여러 책을 저토록 읽을 수 있었다는 말인가.

그러면서 다산은 "『독수기』는 아마도 백곡의 작고 후에 누군가 전해 들은 말을 기록한 것 같다"라고 단정했다. 다산은 백곡이 지은 시를 증거로 들이대며 백곡 김득신의 독서량을 추정한다.

백곡의 시 중에 '한유의 문장과 사마천의 『사기』를 천 번을 읽고서야韓文馬史千番讀 금년에 겨우 진사과에 합격했네革捷今年進士科'라는 글귀가 있다. 이 시가 백곡이 읽은 독서량의 실제를 말한 것이리라.

그러나 다산은 김득신의 독서량을 이렇게 사실관계를 규명했지만, 그의 독서량만큼은 칭찬을 아끼지 않았다.

백곡이 읽었다는 한유768~824의 저작과 사마천의 『사기』도 발췌본을 말한 것이지, 전부는 아닐 것이다. 그러나 이 또한백곡의 독서량 또한 장하다고 할 수 있다.

그는 『여유당전서』에서 김득신의 독서를 인정하고 '김백곡의 독서를 변증한다'라는 글을 남겼다. 이 글에서 다산은 "문자가 만들어진 이래 상하 수천 년의 시간과 종횡 3만 리 드넓은 지구상을 통틀어 독서에 열심이고 뛰어난 분 가운데 백곡을 제일로 삼아야 할 것이다"라고 극찬을 아끼지 않았다.

6. 당대 문단의 최고봉

당대 한문 사대가로 명성이 높았던 택당 이식1584~1647은 "백곡 김득신은 당대 소단제일騷壇第一: 문필가 사회의 1인자이라 칭찬했다. 김득신을 '멍청한 둔재'라 평한 안정복도 뒤에 가서는 "밤낮으로 책을 읽은 김득신은 문장으로 이름을 드날렸다"라고 칭찬했다. 안정복은 최고 1억 번10만 번 이상 다독하는 김득신의 독서법을 '대추를 맛도 보지 않고 통째로 삼켜 버리는 것'이라 했지만 "이 노인김득신은 이런 다독을 통해 문장을 이루었다"라고 치켜세웠다.

황덕길1750~1827이 김득신의 『독수기』에 쓴 후기 또한 의미심장하다. 황덕길은 우선 다독으로 유명한 조선의 명사 문인들을 줄줄이 소개한다.

김득신의 선배들을 살펴보면 김일손은 한유의 문장을 1,000번, 윤결은 『맹자』를 1,000번 읽었다. 노수신은 『논어』와 『두시』를 2,000번, 최립은 『한서』를 5,000번 읽었는데, 그중 「항적전」은 두 배 읽었다. 차운로는 『주역』을 5,000번, 유몽인은 『장자』와 유종원의 문장을 1,000번 읽었다. 정두경은 『사기』를 수천 번, 권유는 『강목』 전체를 1,000번 읽었다.

배움에서 삶의 정도를 찾은 선비들

황덕길은 "조선 대가의 문장을 논할 때는 반드시 이분들을 거론하는데, 이분들의 힘은 결국 다독에서 비롯된 것"이라 했다.

이서우 1633~1709 역시 "김득신은 마음을 지킨 사람"이라 칭찬했다.

> 공 김득신은 젊어서 노둔하다 하여 스스로 포기하지 않았고 독서에 힘 쏟았으니 그 뜻을 세운 자라 할 수 있다. 마음을 지킨 사람이다. 작은 것을 포개고 쌓아 부족함을 안 뒤에 이를 얻었으니 이룬 사람이다.

이서우는 그러면서 '세상에 어릴 때의 천재는 많지만, 그 천재성을 평생 유지하기는 어렵다'라고 했다.

> 어려서 깨달아 날마다 천 마디 말을 외워 사람을 놀라게 하고 훌륭한 말을 민첩하게 쏟아내는 자가 적지 않다. 그러나 게으름을 부리다가 늙어서도 세상에 들림이 없다. 공 김득신과 견주면 어떠하겠는가.
>
> — 『백곡집』「서」

박세당 1629~1703 역시 김득신의 치열한 삶을 상찬했다.

> 공은 심신을 스스로 고달프게 하면서 시 한 자를 짓는 데 1,000번이나 단련했다. 시를 짓는 일에 골몰하면 팔뚝을 들어 쓰는 시늉을 하면서 타고 가던 조랑말이 길거리에서 머뭇거리며 나아가

지 못했다. 마부가 길을 비켜라, 소리를 질러도 알지 못했다. 이
렇게 쓴 시어이니 상황이나 물상의 자태를 묘사한 것이 참모습
을 방불하게 했다.

- 『백곡집』 「서」

이렇게 노력한 끝에 백곡 김득신은 당대의 유명한 문인인 정두
경 · 임유후 · 홍석기 · 권항 · 김진표 · 이일상 · 홍만종 등과 서로
시를 나누면서 17세기 조선의 시단을 이끌었다.

배움에서 삶의 정도를 찾은 선비들

제10장

조선 예학파의 주류

유교 공동체는 크게 세 차원으로 구성되어 있다. 우선 혈연적 공동체인 부모와 자식의 결합을 근간으로 하는 '가정 공동체'가 있고, 유교적 가치관과 도덕의식을 계승하고 연마하는 교육 공동체로서의, 스승과 제자의 결합을 기준으로 하는 '학문 공동체'가 있다. 마지막으로 작게는 향촌으로부터 크게는 국가 차원으로 확대되는 사회적 공동체로서, 상하 관계의 질서를 기반으로 하는 '지역 공동체'가 있다. 오늘날 한국인의 공동체 의식 속에 깊이 뿌리내리고 있는 이른바 '혈연, 학연, 지연'이란 것도 바로 이러한 유교 공동체의 차원과 밀접한 관련이 있다.

금장태는 『유교의 사상과 의례』에서 유교 전통에서는 이러한 공동체의 유형에 따라 각각의 유교 의례가 정립되어 있다고 보았다. '가정 공동체'에는 가례가, '학문 공동체'에는 학례가, '지역 공동체'는 향례鄕禮나 국조례國朝禮가 정밀한 체계로 제시되어 시행된다. 각 공동체는 그 구성 체계에 규범을 부여하여 질서를 확립할 뿐만 아니라 의례를 정기적으로 반복하여 거행함으로써 공동체 결속의 강화를 도모한다.

유교 문화를 일컬어 '의례문화'라고 하여, 의례儀禮는 유교를 구성하는 핵심적인 요소이다. 조선 후기 실학자인 이익은 『성호사설』에서 "유교의 방법[유술儒術]에는 '리학'과 '예학'의 두 갈래가 있다. 독서하고 도를 담론하는 것을 리학이라고 하며, 관혼상제의 의례를 고증하는 것을 예학이라고 한다"라고 하였다. 이익의 말은 예학이 유교 문화에서 얼마나 큰 비중을 차지하고 있는지를 보여주는 근거이다.

이병도는 『한국유학사』에서 17세기의 예학이 활발하게 연구되고 많은 업적이 나타나면서 예학파가 커다란 비중을 차지하게 된다고 보았다. 이 시기에 들어 예학이 사상사의 주류로서 새롭게 등장한 것은 물론 아니지만, 이미 심화될 대로 심화된 성리학에서 중요한 쟁점들을 드러내지 못하게 되자 상대적으로 예학의 발전이 두드러지게 나타나게 된 것이다. 이에 따라 한국 사상사에서 예학 내지 예학파의 대두는 이 시대의 중요한 특징으로 이해되고 있다.

따라서 17세기의 예학과 예학파의 문제를 이해하기 위해서는 이런 예학과 예학파의 중심적인 인물과 사상에 접근할 필요가 있으며, 특히 호서 사림에게 영향을 준 기호 예학의 사상적 학맥 구조를 체계적으로 이해하는 것이 무엇보다도 중요하다.

기호 지역의 예학파의 학맥은 학통의 연원 및 노·소론의 당파, 도학, 실학, 양명학 등의 학풍에 따라 다양하게 전개되어 나가며 예설에 있어서도 복합적인 양상을 드러낸다.

배움에서 삶의 정도를 찾은 선비들

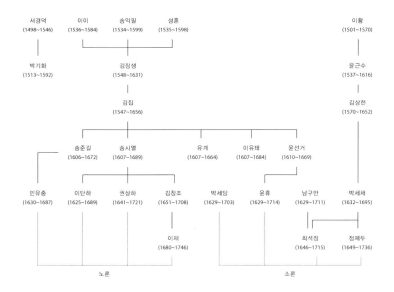

<table>
</table>

현상윤은 『조선 유학사』에서 조선의 성리학이 도학을 실현하기 위한 인성론과 천도론의 근원을 구명하려는 이론 체계라고 한다면, 예학은 도학을 실현하기 위한 실천적 규범 윤리학이라고 보았다. 그러므로 성리학이 사람이 어떻게 살아야 할 것인가 하는 심성의 문제에 중점을 두었다면, 예학은 이를 구체적으로 어떻게 실천해야 할 외적인 규범 형식에 주안점을 두었다고 하겠다. 따라서 성리학과 예학은 이원화된 것이 아니고 겉과 속, 체와 용의 관계로 볼 수 있다. 도학을 실천하려면 성리학과 예학이 모두 필요한 것이므로, 성리학이 발달한 후에 예학이 흥성하게 된 것은 이치에 당연한 것이라고 하겠다.

조선의 유학사는 중국과는 달리 예학 시대16C 말~17C라는 하나의 단위가 설정될 만큼 예학이 중요한 위치를 점하였다. 즉 예를 궁행할 뿐 아니라 예를 위해 몸을 바치는 이도순신以道殉身 하기까지 이르렀고, 정치적으로는 예송을 둘러싼 대립과 정권에 변동을 가져올 정도로 막강한 위치에 있었다. 예학은 조선 예학사에서 하나의 특징이기도 하다. 그러므로 예학의 이해 없이는 조선 중기사회의 올바른 이해가 불가능하다. 이런 예송기에 대표적 예론을 전개한 예송의 주역들이 바로 호서 사림의 유현들이고, 그 기본서가 바로 주자의 『가례』이다.

이런 주자의 『가례』 연구는 충청도호서의 기호학파에 의하여 주도적으로 이루어졌다고 해도 과언이 아니다. 특히 이이와 송익필은 주자의 『가례』에 많은 학문적 영향을 받아 김장생에게 학문적으로 많은 영향을 끼친 인물이다. 이이는 방대한 예설은 남기지 않았지만, 『제의초祭儀抄』와 『격몽요결』에서 상제와 제례에 관련된 것을 논하고, 또 『입후의立後議』 등을 통해서 예를 집중적으로 다루었다. 그리고 『어록』과 서간문 등에서는 예설과 예에 관련된 내용이 적지 않게 발견되고 있다. 그는 『격몽요결』에서 "상제와 제사는 마땅히 주문공의 『가례』에 의해야 한다"라고 하여 상례와 제례에 주자의 『가례』에 준해야 할 것을 강조하였다.

그리고 송익필도 이이와 더불어 기호 예학의 성립에 핵심적인 역할을 한 인물이다. 그의 예학은 성리학자들이 수양의 중심과제로 삼았던 『소학』과 『주자가례』를 바탕으로 이루어졌다. 그는 『가례주설』에서 상례와 제례를 중시하였고, 이를 화和로 귀결시켰다. 그는 상례를 통하여 가부장적인 사회 체제를 뒷받침하는 통統 개념을 수립함으로써 사회 질서를 확립하고자 하였다. 그는 통을 수

립함에 있어 당시 사회 문제로 떠올랐던 적서 차별에 대해 부계를 중심으로 하는 통의 관념에서 서얼을 노예시하는 나쁜 풍조에 반대하고, 서열 중심의 통을 시도함으로써 직直의 사상과 예의 화和 사상을 조화시키고자 하였다. 또 제례는 신과 인간의 접속으로서 조상에 대한 추모와 효심을 충족시켜주는 예의 집합체이며 복을 받게 하는 종교 행위로 보았다. 제례는 신과 사람의 화和에서 시작하여 인화人和로서 종결되고 있다.

이이는『격몽요결』「독서」장에서 오서五書: 소학과 사서→오경→『근사록』,『가례』,『심경』,『이정전서』,『주자대전』,『주자어류』, 기타 성리서→사서史書의 독서순서를 제시하였다. 그러나 김장생이 제시한 독서순서는『소학』→『가례』→『심경』→『근사록 』→사서→오경의 순으로 독서의 차례를 제시하여 주자『가례』의 위치에서 뚜렷한 차이가 있으며, 이러한 김장생의 독서순서는 송익필을 계승한 것으로 뒤에 송시열에게 계승된다. 이처럼 그의 예학은 당시 성리학자들이 수양서로 삼았던『소학』과『주자가례』를 바탕으로 이루어졌다. 이이와 송익필에게서 비롯한 기호 예학은 제자 김장생에게 이어져 조선 예학의 반석이 되었고 선비들의 실천 강령이 되었다.

1. 사계 김장생 부자와 호서 사림 오현

김장생이 조선조 예학의 대표적 학자라고 하는 것에 이의를 제기하는 예학자는 없을 것이다. 그는 학문함에 있어서『소학』과『가례』로부터 시작하여, 『심경』과 『근사록』을 다음으로 배워 근본을 바로 세우고, 그다음으로는 사서와 오경을 배워 학문의 깊이를 체험하도록 하였다. 『소학』과 『가례』를 먼저 배우도록 한 것은 자신의 몸을 닦아 집안을 다스리는 데 가장 중요하다고 생각하였기 때문이다. 이것은 예를 실천하는 주체로서 개인의 수신이 중요함을 천명한 것으로 볼 수 있다. 그리고 『심경』과 『근사록』을 배우도록 한 것은 마음을 다스려 학문에 나아가게 하는 데 이것보다 중요한 것이 없다고 생각했기 때문이다.

그는 경연에서 말하기를 "학문하는 근본은 먼저 경을 주로 하여야 한다. 옥루屋漏에 부끄럽지 않은 공부가 가장 중요하다"라고 하여 공부를 함에 있어 마음을 다스리는 경敬 공부를 중요시하였다. 경 공부는 행동 하나하나에 잘못됨이 없이 조심하여 남에게 부끄러움이 없도록 하는 것이다. 그는 「경서변의서」에서 다음과 같이 공부하는 방법을 제시하였다.

경전을 읽다가 이해되지 않는 것이 많고 여러 선생의 설에도 때때로 의심나는 것이 있어 감히 억지로 따르지 않고 그때마다 적어놓고 공부하는 자료로 삼았더니, 어떤 이가 묻기를 선대의 현인들의 가르침을 따라야 후학들이 마땅히 존경하여 믿는데 의론을 하는 것이 불가하지 않느냐고 하는 사람이 있었다. 그래서 답하기를 의리를 논하는 것은 천하의 공공한 일이고 선현도 허락한 것이다. … 많은 사람과 더불어 토론을 하여 시비를 바르게 하고자 할 뿐이니 무엇이 해롭겠는가.

공부하다가 여러 선생의 설에도 의심이 나면 억지로 따르지 않고 왜 그런지 적어놓고 오래 생각하여 온전하게 이해를 구하고자 한 것이다. 그리고 혼자서 궁리한 것보다 많은 사람과 토론하여 옳고 그름을 바르게 판별하는 것도 학문하는 중요한 방법으로 보았다.

조선 중기 문인 계곡 장유溪谷 張維는 「경서변의발」에서 김장생의 학문하는 태도를 다음과 같이 말했다.

> 세상에 글 읽는 사람이 많지만, 능히 의문점을 아는 사람은 드물다. 이것은 배우고 생각을 하지 않기 때문이다. 생각한 후에 의심이 있고 의심이 있은 후에 문답과 쟁변이 있는 것이다. 문답과 쟁변이 있은 후에 행동으로 옮길 수 있다. 이것이 『논어』의 절문근사切問近思: 깨닫지 못한 것을 간절하게 묻고 몸에 가까운 일부터 생각함의 뜻인데 사계는 이 같은 태도를 지녔다.

「경의변의」는 김장생이 71세에 완성을 한 것으로 『소학』, 『대학』, 『논어』, 『맹자』, 『중용』, 『서경』, 『주역』, 『예기』 등 유가 경전 전반에 걸쳐 여러 대가의 설을 취사하여 주석한 책이다. 예에 관한 책으로는 『가례집람』, 『의례문해』, 『상례비요』, 『전례문답』 등이 있는데 이 책들에서는 김장생의 예에 대한 이해를 볼 수 있다.

그는 『가례』를 "백성을 교화하고 풍속을 이루는 책이요, 『소학』과 함께 수신·제가에 가장 절실한 책이다"라고 하여, 예학의 중요성을 인식하기 위함이었다. 또 주자가 국가의 전례典禮에는 손을 대지 못하고 민간의 가정의례인 관혼상제의 사례만 서술하였는데,

주자가 국가의 전례에 직접 편찬을 하지 못한 이유로는 천자가 아니면 감히 예를 만들 수 없다는 시대적 상황과, 군자는 현재의 위치에 따라 행하고, 그 밖의 것은 원하지 않는다는 군자적인 입장, 또 그 지위에 있지 않고서는 그 정치를 도모할 수 없다고 하는 가르침에 따라서 국가의 전례에 관심을 경주하지 못했던 것으로 이해된다.

그러나 김장생은 민간의 가정의례인 관혼상제의 사례뿐만이 아니라 국가의 전례에도 깊은 관심을 두고 이에 대한 저술이 있으니, 이것이 주자와 다른 조선 예학의 특징이기도 하다. 또 그가 예서를 편찬함에 주자의 『가례』를 좇아 따르면서도 조선의 현실에 맞게 주체적으로 예설을 정립시켰다는 데 의의가 있다. 그는 『상례비요』 서문에서 말하기를 "『상례비요』는 주자의 『가례』를 따르고 고금의 예와 여러 대가의 설을 참고하여 일에 따라 보탤 것은 보태고, 또한 시속의 제도를 부가하여 실용에 편하도록 가감 손익하였으니, 그 조례와 규모는 주자의 뜻에 따랐다"라고 하였다. 이와 같이 그는 주자의 『가례』에 대하여 경서를 통한 고증으로 분별하여 바로잡고, 매사에 합리성을 추구하여 조선의 실정에 맞게 『국조오례의』 등 국고전례國故典禮를 인용하였으며, 퇴계, 하서, 율곡, 구봉 등 선배는 물론, 동료나 후배의 예설까지 모두 수용하여 바로잡음으로써 조선 예학의 기초를 수립하였다.

그는 『의례』나 『예기』를 근거하여 시대 상황에 따를 수 있는 합리적인 범위 안에서 예의 기준을 설정하였다. 실질적으로 예의 조화란 시대와 상황과 대상에 따라 변하면서도 이치와 시의를 잃지

배움에서 삶의 정도를 찾은 선비들

않는 데에 생명이 있다. 따라서 그가 국가의 전례에 대해서도 올바른 큰 가닥의 수립에 관심을 기울인 것은 당연했을 것이다.

그는 예를 실천하는 주체로서 개인의 수양을 강조하여 일상적 생활이 예에 합당한 실천학문의 근본임을 말하고 있다. 수신과 제가에는 『소학』과 『가례』보다 절실한 것이 없고, 마음을 다스림과 진학에는 『심경』과 『근사록』이 가장 요긴한 것으로 보았다. 그가 생존했던 시기는 당쟁으로 인하여 동서와 남북으로 분당이 대립하고, 이괄의 난과 임진왜란과 병자호란으로 국가의 기강이 흔들리고 기존의 사회 체제가 변형되어 예제가 문란해져 그 근거를 이루는 유학 사상에도 새로운 변화가 절실히 요구되던 때였다. 또 인조반정 이후 산림으로 추대되어 세상을 올바르게 다스리는 도리를 바로잡아야 할 예 질서의 재건이 요구되었던 시기였다.

특히 그의 『가례집람』은 『주자가례』를 미완성의 작품으로 인식하여 많은 예경과 예설을 근거로 하여 전반적으로 고증하고 보완함으로써 가례의 기준을 확보하고자 시도한 저술이다. 김장생은 우선 책머리의 『가례도』에서 『주자가례』의 본문과 『가례도』가 어긋나고 있다는 사실을 정밀하게 검토함으로써 그의 예학이 지닌 치밀한 분석 태도를 선명하게 드러내었다. 이처럼 그는 『주자가례』의 모든 조목을 고전과 예설을 통해 엄밀하게 고증하여 가례의 근본 원리를 확고하게 뒷받침하였을 뿐만 아니라 가례의 원리에 대한 인식을 심화시켜 조선 사회의 관습과 현실에 따른 시대적 적합성을 확보하였다. 또 선현의 예설에 대한 비판적 검토와 수용을 통해 일관된 합리성을 추구하고 분석하여 보완함으로써 가례를 체계적으로 재구성하고자 심혈을 기울였다.

이처럼 한 나라의 풍속을 순화하여 후세에 미친 영향이 예학보다 더 큰 것이 없는 데다 조선의 예학이 김장생에 의하여 비로소 체계화되었고, 그의 학맥은 다시 아들 김집호는 신독재愼獨齋 에게로 계승되는데, 이이와 송익필 연원의 예학은 이들 부자에 의해 심화 발전되어 17세기 호서 사림의 기호 예학파의 확립으로 이어진다.

신독재 김집은 초년에 송익필·송상현에게서 학문의 기초를 닦았고 성년이 되어서는 근 반백 년에 걸쳐 사계를 모시면서 부친의 뜻을 이어 저술에 전념하였으니 사계의 예학을 문헌적으로 정리하여 학문적 궤도에 올려놓아 부자이면서 스승과 벗이요, 지기가 되었다.

김집은 30여 세의 젊은 나이로 아버지의 명을 받들어 옛 법에 따라 '종묘도宗廟圖'를 손수 그려 바친 적이 있다. 이는 이미 사계를 대신할 만큼 학문적으로 성숙하였음을 보여주는 일이다. 부친 김장생은 84세의 고령에 이르도록 학문에 힘써 『상례비요』, 『가례집람』, 『의례문해』 등 3부의 저술을 남겼으나 처음부터 학문으로 체계화되어 완성된 것은 아니었다. 이처럼 부친의 예학 저술들을 자신의 손으로 정리하고 간행함으로써 그 공이 면제 황간이 주자의 뜻을 받들어 『의례경전속해』를 지은 공적과 비교된다.

사계의 예학은 신독재를 통하여 빛을 보게 되었고 조선 예학의 법도가 정립되어 방향을 설정하게 된 것이다. 이학을 바탕으로 한 예는 질서요, 법도니 천시天時에 부합되고 지재地財에 베풀며 귀신에 순하고 인심에 부합되어 만물을 다스리게 된 것이다. 그의 문인

권극중은 스승 신독재가 예학을 교육의 기초과목으로 중시하고 있다는 사실을 말하였다.

> 선생께서는 사람을 가르칠 때 예를 앞세우면서, 항상 '예라는 것은 인욕을 제어하고 천리를 보존하는 법칙'이라고 하여 실천이 전제되는 예임을 알 수 있다. 신독재는 함양과 실천 궁행으로서 말씀하셨다. 따라서 관혼상제의 예에 밝게 통하지 않은 제자들이 없었다.

신독재에게 예학은 성리학의 도덕 이론을 내포하는 동시에 인격 연마를 위한 수양론의 구체적 실천 방법으로 수용되고 있었다. 이처럼 신독재의 이론은 성리학과 수양론 및 예학이 서로 분리될 수 없는 불가분의 일관성을 지니고 있음을 보여준다. 물론 성리학과 예학을 서로 대응시켜 고찰하는 작업에는 많은 문제점이 따르는 것이 사실이나 수양이라는 측면에서 보면 동전의 양면과 같은 성격을 지니고 있다. 이것은 시대가 발전하면 그에 따른 객관적인 상황의 변화를 알아 새 시대에 적응해야 하는데, 바로 예의 가변성과 시의성을 동시에 구현하는 데 그 목적이 있는 것이다.

그는 존양 성찰의 공부를 통한 수양이 없는 '입과 귀에 익숙한 공부[구이지학口耳之學]'는 인격의 깊은 내면으로부터 발현되는 아름다움이 없는 것으로 간주하였고, 위의威儀를 갖춘 의례에 익숙하고 읍양揖讓하는 절차에 민첩하다 할지라도 자신의 인격에는 아무런 이익이 없을 것이라고 강조한다. 그리하여 어느 고을에서 향음주례를 거행한다는 말을 듣고서는 "교화가 해이하고 풍속이 구차

하여 근본이 없어졌으니, 헛되이 겉만 꾸미고 실속이 없는 글을 행하는 것은 소용없다"라고 말하기도 하였다. 이처럼 신독재는 수양과 교화 및 풍속의 실질적인 기반이 없는 의례의 공허한 형식을 거부하고 실질이 없는 화려함을 경계하면서 의례의 실질적인 근거를 요구하고 있다.

예를 생활화한 신독재는 항상 성경誠敬을 다하였으며 신의를 저버리지 않아 항상 주위의 모범이 되어 솔선수범하였다. 가족이나 사우는 물론 노비에게까지 차별을 두지 않고 예를 베풀어 인간 평등의 보편애와 존엄성을 실천하였다.

신독재의 예학은 『의례』등 여러 경전을 연찬하고 그를 바탕으로 조선 예학자들의 학설을 변정하였으며 조선 예학을 학문적으로 진척시키고 일상생활 예를 보편화하여 예학 시대를 계도하였다. 그의 예학은 송익필과 부친 김장생에게서 비롯한 기호 예학, 즉 『소학』을 이념적 바탕으로 삼고 『주자가례』를 생활 의례로 정착시킨 것을 학문화하였고, 후학인 송시열 · 송준길 · 이유태 · 유계 · 윤선거 등의 예학자를 개도한 인물로서 17세기 예학 시대의 전개에서 주도적인 역할을 하였다.

김장생은 조선 예학의 태두로 예학파의 주류를 형성하였고, 신독재 김집은 부친의 예학을 이어받아 완성하였으니 이들 부자로부터 직접 수학하여 기호 학통의 정맥을 계승한 우암 송시열은 예송에서 기호 예설을 주도하였던 예학의 대가이다. 송시열은 동춘당 송준길, 미촌 윤선거, 시남 유계, 초려 이유태와 더불어 김장생 · 김집의 문인으로서 서인을 중심으로 한 기호 예학파를 형성하여 조선 유학계에 영남학파와 쌍벽을 이루는 호서 사림 오현으로 일컬어졌는데, 이들은 모두 17세기 기호 예학의 거장들로서 예송에서도 핵심 인물로 활약하였다.

2. 우암 송시열

우암 송시열 尤庵 宋時烈, 1607~1689 은 성리학의 대가이자, 송자宋子라고 존칭 받은 대학자로 당색은 서인이고, 분당 후에는 노론의 영수였다. 이언적, 이이, 이황, 김집, 박세채와 함께 학자로서 최고 영예인 문묘에 배향되었고 사후에는 신하로서의 최고 영예인 종묘에도 함께 종사 되었다.

송시열이 살다 간 시기는 다사다난한 시대였다. 특히 병자호란은 조선 사회에 큰 충격을 주었다. 평소 오랑캐로 무시했던 여진족이 이 전쟁의 계기로 조선과 군신 관계를 맺고 중원의 패권을 장악하는 등 기존 세계관이 흔들리고 무너진 시대가 도래한 것이다.

우암의 첫 스승은 아버지 송갑조이다. 당시 광해군 시절로 북인이 집권할 때였다. 이런 시기에 송갑조는 새로 진사가 되어 서궁西宮에 유폐되다시피 했던 인목대비를 알현하였다가 벼슬길이 막혀 고향에 내려와 두문불출하였다. 이때 송갑조는 11세인 송시열을 집에서 직접 가르쳤다.

송시열이 출생하기 며칠 전, 마을 앞의 강물이 이유 없이 바짝 말랐다가, 태어나자 다시 물이 불었다고 한다. 어머니가 밝은 달과 같은 구슬을 삼키는 태몽을 얻고 태어났다고 한다. 아버지는 송시열이 나기 전날 밤에, 마침 종가에 제사를 모시러 청산 땅에 머물고 있었는데, 한밤중에 홀연히 공자가 여러 제자를 거느리고 나타나서, 그중의 한 제자를 가리키며 "이 아이를 그대에게 보내니 잘 가르치시오"라고 말한 뒤 사라지는 꿈을 꾸었다고 한다. 송갑조는 송시열이 태어난 이후, 꿈에 공자와 그의 제자들을 보았다 하여 "이 아이는 성인이 주신 아들이다"라고 하여, 성인이 왔다는 뜻의 '성뢰聖賚', '성래聖來'라는 이름의 아명을 지어줬고, 후에 '시열時烈'로 고쳤다. 송갑조는 송시열의 자질과 도량, 재주가 탁월하여 남보다 뛰어나므로, 언제나 성현이 되라고 격려하였다.

1613년광해군 5년 곽지인에게 글을 배우기 시작하였다. 이듬해부터 3년간 대전 인근 회덕 송촌 송이창의 집에 머물며 그 아들 송준길과 함께 『소학』과 『가례』 등 성리학의 기초를 닦았다.

1617년광해군 9년 인목대비에게 삼가 사양한 일로 금고禁錮: 죄과 혹은 신분에 허물이 있어 벼슬에 쓰지 않음되어 집으로 돌아온 아버지에게 『격몽요결』 등을 배우며 주희와 이이의 학문을 모범으로 삼아야 한다면서, "주자는 후세의 공자이고 율곡은 후세의 주자이니, 공자를 배우려면 마땅히 율곡부터 시작해야 한다"라고 하였다.

1630년인조 8년 충남 연산의 김장생 · 김집 부자에게 종유從遊: 학덕이 있는 사람을 좇아 함께 지냄하며 본격적인 학문의 길에 들어선 뒤, 1632년인조 10년 회덕으로 이사하여 송준길과 함께 강학에 전념하였다. 1633년인조 11년 생원시에서 이이의 이통기국설理通氣局說에 근거하여 성리학적 우주론을 해명한 '일음일양지위도—陰—陽之謂道'로 장원

　　　　　　　　　　　　　　배움에서 삶의 정도를 찾은 선비들

을 차지하였다.

1636년인조 14년 인조의 둘째 아들 봉림대군의 스승이 되어 『주역』과 『서경』을 가르쳤다. 병자호란이 일어나자 남한산성에서 인조를 호종하였다. 삼전도의 항복으로 전쟁이 끝나자 고향으로 물러나 은거하며 산림으로 자처하였다.

1649년 효종이 왕위에 올라 북벌 의지를 표명하자 스승 김집 및 송준길·이유태·권시 등 동료들과 함께 출사하였다. 그리고 주자학의 성리학 이론 토대 위에서 청에 대한 복수의 당위성을 제기한 「기축봉사」를 올렸다. 그는 「기축봉사」에서 학문하는 것이 천리를 밝히는 데 있다고 보았고, 천리를 밝히는 것이 학문의 목적이고 그 목적은 예를 실천하기 위한 방법임을 제시하였다.

이른바 학문이라는 것은 다른 것이 아니라 경을 주로 해서 보존하고, 강학해서 밝히는 것이다. 한가로이 매우 상세하고 한결같이 한가운데 함양하기를 조용히 하고 배워서 축적하고 물어서 분변하는 사이에 그 기미를 분석해 간다면 보거나 듣기도 전에 경계하고 삼가고 두려워하는 것이 더욱더 엄숙해져서 털끝만 한 기울어짐도 없기에 이르게 될 것이니, 이것이 주경主敬의 효력이고 천리를 보존하는 근본이다. 온갖 변화를 응대하는 데서 선과 악을 삼가는 것이 더욱더 정밀해져서 털끝만 한 어그러짐도 없기에 이르게 될 것이니, 이것이 강학의 효력이고 인욕을 막는 일이다.

학문의 방법론으로 주경과 강학을 제시하고, 마음을 비우고 뜻을 한결같이 해서 깊은 사색에 잠긴다면 더욱 엄정해져 예를 실천할 수 있는 근거가 된다고 보았다. 이것이 주경에서 얻는 결과인 동시에 천리를 보존할 수 있는 바탕이 된다. 그리고 마음이란 어떻게 생각하느냐에 따라 많은 변화를 거듭하기 마련인데, 그런 와중에도 선과 악에 대한 대처를 더욱 정확하고 자세하게 해서 조금도 예에 어긋남이 없도록 하는 심법을 강학의 결과로 얻을 수 있고, 그것이 바로 인욕을 막아 예를 실천할 수 있는 바탕으로 보았다.

그러나 1650년효종 1년 조정 관료들과의 갈등 및 김자점을 비롯한 친청 세력의 견제로 우암은 고향으로 물러났다. 이후 김장생의 행장을 찬술하고, 이이의 연보를 교정하는 등 스승들의 학문적 업적을 정리하며 서인 도통을 수립하는 일에 앞장섰다.

서인이 주도한 인조반정1623 이후의 정국은 서인이 우세를 점한 가운데 남인이 참여하는 양상으로 전개되었다. 서인은 재야의 학자인 산림을 우대한다는 '숭용산림崇用山林'과 왕비는 우리 집안서인에서 낸다는 '국혼물실國婚勿失'의 두 가지 기치를 걸고 서인의 전제를 스스로 경계하고 남인의 진출을 허용하여 비판 세력의 공존에 의한 붕당 정치를 실현하는 한편, 그러한 가운데서도 국혼만은 서인이 독점하여 정치적 우위를 확고히 하려 하였다.

서인과 남인은 학문의 뿌리도 다르지만, 정치사상에서도 다른 점이 있었다. 서인은 신권의 강화와 상업과 기술발전에도 호의적이며, 국가의 재정을 절약하여 재정을 충실히 하고, 궁중의 토목공사를 억제하며, 군포를 양반에게도 부과하는 호포법을 실시하여 양민의 부담을 줄일 것을 건의하였다. 노비 속량을 실시하여 사노비의 확대를 억제, 양민을 확보하고 서얼을 허통하자고 하여 사회적 문제에 비교적 적극적이었고 부국강병에 관심이 깊었다.

반면 남인은 왕권의 강화와 삼사의 정책비판기능에 큰 비중을 두었고 수취체제의 완화와 자영 농민의 육성에 치중하고 상업과 기술발전에 소극적이며, 노비 속량과 서얼의 허통에도 비교적 덜 관용적이었다. 인조의 뒤를 이은 효종 때에는 서인과 남인의 공존체제는 큰 균열 없이 지속되었다.

1657년_{효종 8년} 왕도정치의 이념 아래 북벌의 선결 과제를 제시한 「정유봉사」를 올리고 다시 출사하였다. 1658년_{효종 9년} 이조판서의 직임을 맡아 공안貢案 개정 및 호포제 시행 등 내수內修의 방도를 건의하였고, 독대獨對와 밀찰密札을 통해 효종과 더불어 북벌의 계책을 은밀히 논의하였다.

병자호란으로 선양에 볼모로 잡혀가 10여 년의 인질 생활 끝에 귀국한 봉림대군이 왕위에 오르니 그가 곧 효종이다. 효종은 국가 비상시국을 당해 재야에서 학문에만 전념하던 산림들을 대거 정계에 등용하였다. 그 대표적 인물이 효종의 스승이었던 우암 송시열이다. 효종은 그에게 자기 숙원의 뜻을 피력하자, 송시열은 1649년 13 조목에 이르는 장문의 「기축봉사」를 올려 자신의 정치적 소신을 개진하였다. 이 중 9개조는 주자의 「정유봉사」의 조목을 인용한 것인데 그중에 복수설치復讐雪恥의 대의를 담은 조목이 있다.

효종이 병자호란 이후 상처받은 국민적 자존심을 치유하고 결집력을 제고하기 위하여 존주대의尊周大義 춘추대의에 의거하여 중화를 명나라로, 이적夷賊를 청나라로 구별하여 밝히고 복수설치復讐雪恥: 청나라에 당한 수치를 복수하고 설욕함를 외치면서 내세운 북벌 대의는 성리학적 명분론인 화이론에 기초하고 있었다. 바로 "정사를 닦아 이적을 물리치라[수정사이양이적修政事以攘夷狄]"라는 조목은 '중화를 존중하고 이적을 물리쳐야 한다[존중화양이적尊中華攘夷狄]'라는 춘추대의에 근거하고 있었다.

그러나 송준길의 상소로 김자점이 유배되자 위협을 느낀 당시 집권당인 서인 공서파功西派[1]의 김자점 일파가, 효종이 신진 사림을 등용하여 북벌을 꾀하려 한다고 청나라에 밀고하였다. 그에 따라 청나라에서 한성부에 사신을 보내 엄중 문책한 뒤, 조선의 실정을 파악하고 조선 조정에 압력을 가하게 된다. 당시 서인이었으나 청서파清西派에 속한 송시열은 이후 공서파의 김자점이 영의정이 되자 사직하고 다시 고향으로 내려갔다.

한편 그는 대내적으로 예치를 표방하여 무너진 사회 질서를 회복하고 사회정의를 구현하려고 했다. 예는 법과 도덕을 아우르는

---

1 공서파(功西派): 1623년 인조반정을 주도한 서인 공신세력 김류, 이귀, 신경진 등은 공신 지위를 발판으로 정국을 주도했다. 그들은 남인과 소론이 정국 운영에 참여하는 것을 허용할지 여부, 후금에 대한 현실적 외교 정책으로의 전환, 광해군과 인조의 숙부인 인성군에 대한 처벌 강행을 둘러싸고 비공신인 서인과 대립하는 과정에서 공서파로 지목받았다. 인조반정 직후에 반정 참여자에 대한 포상을 둘러싸고 공신과 비공신은 견해차를 드러냈다. 우선 서인은 공신에게 반정에서의 공훈에 대한 포상은 줄 수 있지만, 관작을 주는 것은 부당하다며 반대하였다. 또한, 반정 참여자를 위한 특별 과거를 시행하는 계획에도 반대했다. 공신의 특권을 보장해야 한다는 공서파와 반정의 명분을 지켜야 한다는 청서파로 나뉘어 정치적 이해관계에 따른 갈등 양상이 표출되었다. 집권 세력 내부의 분열은 집권 체제의 불안정성을 불러온다. 인조 집권 전반기에 서인의 반정공신 세력은 공서와 청서로 분열되었고 공서는 다시 노서와 소서로 분열을 거듭했다. 이러한 집권 세력 간의 갈등으로 인조 집권 전반기인 1623년부터 1629년까지 10회의 역모 사건이 일어날 정도로 정국이 불안정했다.

배움에서 삶의 정도를 찾은 선비들

것으로, 법이 강제성을 갖고 있고 도덕이 인간의 자율성에 기초하고 있음에 비하여 양면을 모두 지니고 있다. 예는 교화의 수단일 뿐만 아니라 정치적 명분을 밝히는 도구이므로, 예가 정치 문제화한 예송이 발생하게 되었다. 이는 예치라는 기본노선에는 찬성하지만, 그 예의 실천기준에 대한 차이 때문이었다.

1) 예송 논쟁

1659년 효종이 승하하자 일어난 기해예송과 1674년 효종비인 인선왕후 승하 이후 일어난 갑인예송에서 왕실의 복제服制[2]문제가

---

2 복제는 오복(五服)이 있고, 고대의 상복 제도이다. 죽은 자와의 친소관계에 따라서 상복과 거상(居喪) 기간 등에 차이를 두는 것으로 참최(斬衰) 3년, 자최(齊衰) 1년, 대공(大功) 9월, 소공(小功) 5월, 시마(緦麻) 3월 등 다섯 가지 등급이 있다. 또한, 오복 사이에도 신분 관계에 의해 강복(降服)·정복(正服)·의복(義服) 등이 고려되어 있다.

참최는 상기(喪期), 즉 상복을 입는 기간이 3년인 복제로서, 해당되는 경우는 아버지 상을 당했을 때, 아버지 없는 손자, 즉 승중(承重)의 상주가 할아버지 상을 당했을 때, 양자가 양부의 상을 당했을 때, 아내가 남편의 상을 당했을 때, 첩이 정실부인의 상을 당했을 때이다. 이때 상복은 굵고 거친 삼베로 만드는데 아래의 옷단을 꿰매지 않는다. 또 상복과 더불어 요질(腰絰 : 허리에 두르는 띠)과 수질(首絰 : 머리에 쓰는 띠)을 착용하고 행전을 치고 짚신을 신으며 대나무 지팡이를 짚는다. 또한, 짚자리[고석藁席]와 짚베개[고침藁枕]를 쓴다.

자최는 상기가 대상에 따라 3년, 1년, 5개월, 3개월의 구분이 있다. 3년의 경우는 아들이 어머니 상을 당했을 때, 아버지 없는 손자가 할머니의 상을 당했을 때, 어머니가 맏아들의 상을 당했을 때, 며느리가 시어머니의 상을 당했을 때이다. 이때 상복의 베는 참최와 같으나 밑의 단을 꿰매며 지팡이는 대나무 대신 오동나무나 버드나무 막대기를 짚는다. 1년의 경우는 지팡이를 짚는 장기(杖朞)와 짚지 않는 부장기(不杖朞)가 있는데, 부장기에 해당하는 것은 할아버지는 살아 있고 할머니의 상을 당했을 때, 시집간 딸이 친정어머니의 상을 당했을 때, 자식이 쫓겨난 어머니의 상을 당했을 때, 남편이 아내의 상을 당했을 때이다. 장기에 해당하는 것은 손자가 할아버지의 상을 당했을 때, 조카가 백부모나 숙부모의 상을 당했을 때, 조카가 시집 안 간 고모의 상을 당했을 때, 개가한 어머니가 자기가 낳은 아들의 상을 당했을 때, 이혼당한 어머니가 자기가 낳은 아들의 상을 당했을 때, 시부모가 맏며느리의 상을 당했을 때이다. 자최에 해당하는 것으로 상기가 5개월과 3개월인 경우는 물론 지팡이를 짚지 않는데, 5개월은 증손이 증조부모의 상을 당했을 때이고, 3개월은 현손(고

정치화하자 송시열은 서인의 영수로서 남인과 논쟁을 벌이게 된다. 허목을 위시한 남인 정파는 왕실은 특별한 예의 적용을 받아야 한다고 주장하며 고례에 이론적 근거를 두고 왕권을 강화하려는 입장이었다. 한편 송시열을 비롯한 서인 정파의 주장은 세상의 모든 사람은 똑같은 예의 적용을 받아야 하며 그 기준은 『주자가례』에 두어야 한다는 신권臣權 강화의 입장이었다. 이는 예의 기준이 계층에 따라 다르면 사회통합이 어려워진다는 인식에 근거한 것이

손)이 고조부모의 상을 당했을 때, 개가한 어머니를 따라가지 않은 아들이 의붓아버지의 상을 당했을 때이다.

대공은 상기가 9개월인 복제로 종형제, 즉 사촌의 상을 당했을 때, 조부모가 손자 · 손녀의 상을 당했을 때, 시부모가 맏이가 아닌 며느리의 상을 당했을 때, 시삼촌이 조카며느리의 상을 당했을 때, 손자며느리가 시조부모의 상을 당했을 때 해당되며, 상복 형태는 자최와 같다.

소공은 상기가 5개월로, 종손자가 종조부모의 상을 당했을 때, 종손자가 대고모의 상을 당했을 때, 종조부가 종손자의 상을 당했을 때, 대고모가 친정 종손자의 상을 당했을 때, 종숙이 종질의 상을 당했을 때, 재종형제와 자매의 상을 당했을 때, 외손자가 외할아버지와 외할머니의 상을 당했을 때, 조카가 외삼촌의 상을 당했을 때, 외삼촌이 조카의 상을 당했을 때, 이모의 상을 당했을 때, 이모가 조카의 상을 입었을 때, 올케가 시누이의 상을 당했을 때, 시누이가 올케의 상을 입었을 때, 동서의 상을 당했을 때, 시동생이 형수의 상을 당했을 때, 시숙이 계수의 상을 당했을 때, 계수가 시숙의 상을 입었을 때, 형수가 시동생의 상을 입었을 때 해당된다. 상복은 대공과 같다.

끝으로 시마는 상기가 3개월이고 상복은 소공과 같은데 해당 대상은 다음의 경우이다. 즉, 종증손자가 종증조부 · 종증조모의 상을 당했을 때, 재종손자가 재종조부의 상을 당했을 때, 재종질이 재종숙이나 재종고모의 상을 당했을 때, 사위가 장인 · 장모의 상을 당했을 때와 이 반대의 경우가 해당된다. 또 삼종형제 상호 간, 이종형제 상호 간, 외종형제 상호 간, 내종형제 상호 간, 그리고 시외조부모, 시외삼촌과 시이모, 외손부, 생질부, 이질부, 서모, 유모의 상이 여기에 해당한다.

이상의 오복 이외에 20세 전의 자식이 죽었을 때는 삼상(三殤)이라 하여 이에 각기 해당하는 상복을 입는다. 삼상은 장상(長殤) · 중상(中殤) · 하상(下殤) 세 가지를 말한다. 장상은 19세에서 16세까지의 자식이 죽었을 때인데 대공에 해당하는 9개월의 상기를 지키고, 중상은 15세에서 12세까지의 자식이 죽었을 때로 7개월의 상기를 지키고, 하상은 11세에 8세까지의 자식이 죽었을 때로 소공에 해당하는 상기를 지킨다. 삼상의 경우 실제로 상복을 입지는 않고 두건만 쓰는 일이 많다.

배움에서 삶의 정도를 찾은 선비들

었다.

조선사에 있어 당쟁이 가장 첨예했던 시기는 17세기였고, 당쟁의 중심엔 우암 송시열이 있었다. 그중에서도 가장 대표적인 것이 바로 예송 논쟁이다.

기해예송은 1659년 효종이 죽자 계모 자의대비의 복상 기간을 중자衆子: 장남이 아닌 아들의 예에 따라 기년복1년으로 할 것인가, 장남의 예로서 참최복3년으로 할 것인가에 대한 논란으로 시작되었다. 당시엔 장자長子: 맏아들가 죽으면 어머니는 3년 동안 상복을 입어야 했고, 장자가 아닌 경우엔 1년 동안 상복을 입어야 하는 것이 법도였다.

그런데 효종이 맏아들이 아니라는 데서 문제는 시작되었다. 인조의 맏아들은 이미 세상을 뜬 소현세자였고 효종은 둘째였다. 남인 계열은 3년을, 송시열의 서인 계열은 1년을 주장했다. 즉 효종을 적장자嫡長子: 본부인의 맏아들로 인정할 것인지, 아니면 그대로 둘째로 인정할 것인지의 문제였다. 남인은 소현세자가 죽어 효종이 왕통을 이어받았으니 장자로 보아야 한다고 주장했다. 이들이 내세운 근거는 『의례』「상복」편의 "제일자第一子가 죽으면 본부인 소생의 차장자次長子를 세워 장자로 삼는다"라는 내용이다.

1660년현종 1년 음력 3월 남인 허목 등이 상소하여 조대비의 복상에 대해 3년설을 주장하자, 서인 송시열과 송준길 등은, 효종은 인조의 제2 왕자이므로 계모후繼母后인 자의대비의 복상에 대해서는 기년설朞年說 만 1년이 옳다고 대항하였고, 남인 허목과 윤휴 등은 또다시 이를 반박하여 효종은 왕위를 계승하였기 때문에 적장자나 다름없으니 3년설이 옳은 것이라고 반박하였다.

우암은 소현세자가 돌아가셨을 때 이미 3년 상을 치른 것은 소현세자를 장자로 인정한 것이니 효종은 장자가 될 수 없다는 입장이었다. 그리고 『의례』의 "서자가 대통을 계승하면 3년 복을 입지 않는다"라는 예외 규정을 들어 1년 상을 주장했다. 서자는 첩의 아들뿐만 아니라 적장자 이외의 아들 모두를 지칭하는 용어였기 때문이다.

복제를 몇 년을 입느냐를 놓고 논란이 진행되면서 남인인 허목은 효종이 일단 왕위를 계승하였으니 왕통과 국통을 이은 장자라고 해석했고, 소북계의 윤휴는 장자가 죽으면 적처 소생 제2자를 장자로 세운다고 한 『의례』의 경구를 인용하여 효종은 비록 둘째 아들이나 적자로서 왕위를 계승했기 때문에 차장자이고 3년 상을 치러야 한다고 주장했다. 그러자 송시열은 『의례』의 3년조 소疏의 "가통을 이어도 3년 복을 입지 않은 경우가 네 가지가 있는데, 그 중에도 체이부정體而不正, 즉 몸은 아버지를 계승하였으나 적장자가 아닌 경우에는 3년 복을 입지 않는다"라는 것을 인용하여 기년복을 강조하였다. 따라서 효종은 인조의 차자이므로 1년 상이 옳다고 반박했다. 송시열, 송준길은 효종이 자의대비를 지존王后으로 받들었을 뿐만 아니라 아들이 되어 어머니를 신하로 삼을 수 없다고 하자, 윤휴는 왕자의 예는 일반 사서士庶와는 다르며 반론을 제기했다.

허목은 윤휴의 차장자설에 입각한 3년 상을 찬성하면서 첩의 자식으로 왕위에 오른 경우만 체이부정에 해당한다며, 효종은 정실이 낳은 차자이니 서자가 아니라고 했고, 송시열과 송준길은『주자가례』에 적장자 외의 중자는 모두 서자로 본다고 주장했다. 허목은 송시열, 송준길이 효종을 첩의 자식으로 둔갑시켰다며 문제 삼았고, 결국 자기주장을 관철시키기 위해 상복도喪服圖까지 첨부시켜 현종의 앞에서 송시열과 송준길을 공격했다.

당시 조정 대신들도 서인과 남인의 입장을 놓고 고민에 빠졌다. 그러나 이 논쟁이 단순한 상복 논쟁의 차원을 벗어나 심각한 당쟁으로 비화할 것이란 우려를 하지 않을 수 없었다. 그래서 서인과 남인의 두 입장을 모두 거부하고『대명률』과『경국대전』의 "장자, 차자 구분 없이 기년을 취한다"라는 규정에 따라 1년 복으로 결정했다.

하지만 문제는 쉽게 해결할 기미가 보이지 않았다. 송시열은 윤선도와 함께 효종과 현종을 가르쳤으나 결국 송시열은 승승장구했지만, 오히려 윤선도는 한직에 머물렀으므로 이는 갈등의 불씨가 되기도 했다. 다음 해 3년 복으로 바꿀 것을 주장하는 상소가 잇따라 올라왔다. 윤선도의 경우, "효종은 차자로 인정한다면 이것은 왕위에 올랐던 효종의 정통성을 위태롭게 할 수 있다"라고 주장하기도 했다. 조정에선 이에 대한 논의가 수차례 전개됐으나 송시열의 반론 등으로 인해 받아들여지지 않았고, 윤선도 등 남인들은 유배되거나 조정에서 축출되었다. 결국, 기해예송에선 송시열이 승리한 것이다. 그의 견해는 왕위에 올라 종묘를 주관하던 효종의 제왕적 특수성과 관계없이 차자라는 출생적 의미를 중시했다.

그러나 다시 15년 뒤 복제 문제가 또 불거졌다. 이번에 효종비

장씨가 세상을 떠난 것이다. 서인들은 1차 예송 논쟁의 전례와 송시열의 설에 의거해 9개월 복을 주장하여 시행에 들어갔다. 그러나 남인들은 이에 반대하는 상소를 올려 1년 복으로 뒤바뀌었고, 논쟁에 패배한 우암은 유배의 길을 떠나야 했다. '효종을 차자로 고집하여 왕실의 권위를 떨어뜨리고 예를 그르쳤다'라는 죄목이었다.

송시열의 주장은 왕실의 권위를 떨어뜨리고 예를 그르치려는 의도가 아니었다. 예법 적용은 '왕실은 특별하니까 일반 백성과 달라야 한다'라는 남인의 주장에 맞서 '왕실이라도 예외일 수는 없다'라는 입장이다. 사람이 죽어 예를 적용하는 데 차별을 두어서는 안 되며 똑같이 예법을 적용해야 한다는 성리학적 입장을 고수한 것이다. 우암은 "예가 다스려지면 정치도 다스려지고, 예가 문란하면 정치도 문란하게 된다"라고 말한다.

갑인예송에서 서인이 몰락하고 남인이 정권을 잡자 인조반정 이후의 연립정권 구도는 깨어지고 이후 환국換局: 정권이 바뀜이 계속된 17세기 말은 붕당 정치의 극성기였다. 그 와중에서 1689년 송시열은 82살의 노령으로 사약을 받고 생애를 마감하였다. 세자경종 책봉에 반대하는 상소를 올렸다가 제주도로 유배되었고, 다시 서울로 압송되어 오는 도중 정읍에서 사약을 받았다. 그를 평소 존경하던 정조가 그를 성인으로 추숭하여 송자, 송부자宋夫子로 격상되고, 국가의 스승으로 추대되었다.

배움에서 삶의 정도를 찾은 선비들

3. 동춘당 송준길

동춘당 송준길은 1606년_{선조 39년} 영천 군수 송이창과 광산 김씨의 아들로, 외가가 있던 한성부 정릉동에서 태어났다. 서울 정릉의 외가인 김은휘의 집은 일찍이 사계 김장생·신독재 김집이 태어난 곳이었으므로 송준길의 출생까지를 합쳐 사람들이 이곳을 삼현대三賢臺라 불렀다. 어머니 광산 김씨는 김은휘의 딸로, 김은휘는 노비로 환천 될 뻔한 송익필, 송한필 형제의 일가족을 보살피기도 했었다.

어머니 광산 김씨는 사계 김장생과 사촌 남매간이며 외조부 김은휘는 김계휘의 동생으로, 김계휘는 서인 예학의 대가인 김장생의 아버지였다. 외할아버지 김은휘는 광해군이 세자로서 동궁에 거처하게 되자 세자빈의 아버지인 류자신이 궁중의 서헌西軒에 거처하고 있었다. 그러자 김은휘는 그의 무례함을 논책하면서 왕봉王鳳: 한나라 성제의 외삼촌으로 정권을 잡아서 무례한 행동으로 임금의 거처인 궁정을 빌린 일이 있었다의 고사에 비교하니 깜짝 놀라서 피하였다고 한다. 특히 그는 송익필이 아버지인 송사련의 잘못으로 세론의 증오를 받아 멸문의 궁지에 몰리자 10년 동안이나 먹여 살려 선조의 잘못으로 누를 입는 현량들을 그늘에서 구원하였다.

송준길宋浚吉, 1606년 12월 28일~1672년 12월 2일의 본관은 은진으로 후에 자는 명보明甫라 하고 호를 동춘당同春堂이라 하였다. 같은 동종同宗 출신으로 평생을 같이한 송시열과는 한 스승인 김장생, 김집에게서 수학한 동문 사이이기도 하다. 그는 조선 시대 후기의 산림을 주도해간 산림처사이자, 17세기 예학계의 대표적인 예학자이다.

그는 문묘에 종사된 '해동 18현' 중의 한 사람이다. 특히 그의 글씨는 당시 명필로 이름이 알려져 있던 죽창 이사직이 "네가 이미 나보다 낫다"라고 경탄할 정도로 출중함을 보였다. 그는 노론·소론이 분당되기 전에 사망하였으나 사실상 그가 이끌던 문인들은 그의 사후 노론을 형성하였다.

그의 나이 9세에 아버지 송이창의 지도를 받아 성리학에 입문하고 공자, 주자, 율곡의 학문을 공부하였다. 그가 11세가 되던 해에 친척이면서 마지막까지 정치생명을 같이했던 송이창의 외사촌 아우인 송갑조의 아들 송시열이 송이창의 문하가 되어 한집에서 동문수학하였다. 혈연적으로 동춘당과 우암은 같은 은진 송씨로서 십일 촌 숙질간이고, 정헌 이윤경正獻 李潤慶, 1498~1562의 외종손으로 이종 형제간이다. 이 둘 사이의 평생에 걸친 남다른 우의는 바로 이때부터 시작되었다. 이와 같은 이들의 관계는 세인들이 이른바 양송兩宋으로 지칭할 만큼 각별한 것이었다.

어려서부터 이이를 사숙私淑하였던 그는 15세에는 사계의 집전하에 관례를 행하였고, 18세 때 송시열과 함께 이이, 성혼, 송익필의 문인인 사계 김장생의 문하생이 되었다. 『소학』과 『주자가례』 등을 공부하였고, 사계의 사후에는 사계의 아들인 신독재 김집에게 사사하였다. 사계에게 수학하는 동안 그가 얼마나 각고의 노력으로 학문에 열중하였는지를 보여주는 일화가 있다. 그의 각별한 행동거지와 독실한 학문 태도는 스승인 사계의 지우知遇: 지기의 인격이나 학식을 남이 알고서 잘 대우함를 입어 "이 사람이 훗날 반드시 예가의 종장이 될 것이다"라는 격찬을 듣기에까지 이르렀다. 그리고 동춘당의 이러한 삶의 자세와 면학의 태도는 그의 전 생애 동안 변함없이 일관된 것이었다. 이해 가을에는 생원 · 진사 초시에 합격하였으나 시관 試官 의 논박을 입어 과거급제가 취소되는 불운을 겪게 되었다.

18세 첫 부인 김씨와 혼인했으나 사별하고 남인학파 예학의 대가 우복 정경세의 딸 진주 정씨와 결혼하여 2남 3녀를 두었다. 정경세는 영남의 유학자 중에서도 예학의 대가로 손꼽히는 인물로 퇴계 이황의 제자인 서애 류성룡의 문인이었다. 이후 장인인 정경세의 문하에도 출입하면서 수학한다. 우복은 예학에 밝아 사계와 더불어 조선 예학자의 두 날개로 일컬어지며, 시문과 글씨에도 뛰어난 학자였다. 따라서 동춘당은 학문과 생활세계에 많은 영향을 받았을 것으로 생각된다. 동춘당이 장인의 거상에 '사제師弟의 복'을 입었다고 하는 데서 알 수 있다. 그러므로 "동춘당의 학문은 당시 한국유학의 양대 학풍을 조화 통일시켜 집대성하였다"라고 한 주장에 의문의 여지가 없다.

19세 8월에는 생원진사 회시에 합격하였고, 이듬해 여름에는 별시 초시에 합격하였다. 25세 되던 3월에는 익위사翊衛司 세마洗馬에 제수되었으나 취임하지 않았다. 26세 8월에는 스승인 사계의 복을 입었다. 사계 김장생이 사망하고 정경세도 사망하자, 그는 김장생의 아들인 김집의 문하에서 수학하게 되었다. 이후 송준길과 송시열은 항상 김장생을 노스승님, 김집을 스승님이라 불렀다. 효종이 즉위할 때까지 그는 여러 벼슬에 임명되었으나 28세 동몽교관童蒙敎官을 제외하고는 부임하지 않았다. 이 시절의 그는 주로 우암 등과 교우하면서 강학에만 몰두하였다.

44세효종 원년에는 스승인 신독재, 우암 등과 함께 산림인사山林人事로 조정에 나갔다. 그는 여러 관직을 거치면서 10월에는 통정대부 경연참찬관經筵參贊官: 조선 시대 경연청에서 국왕에게 경서 강론 및 경연에 참여하였던 정삼품 당상관으로 정원은 7명이다이 되었다. 여러 관직을 거치는 과정에서 동춘당은 당시 권력을 마음대로 휘두르고 청나라에 아부하던 김자점과 원두표 등 반정공신 일파를 탄핵하여 권좌에서 물러나게 하였다.

이후 그는 우암과 함께 효종의 총애를 받아가면서 북벌계획에 깊이 관여하게 되었다. 한편으로 효종에게 도학 정신에 입각한 정치를 주장하면서 실천 궁행을 강조했다. 그가 「사직소」에서 "천하의 일은 하나의 인주人主의 일심에 근본 되지 않음이 없습니다"라고 하면서 효종에게 "성상께옵서는 도통으로 자임하시어⋯ 어진 이를 친애하시고 학문에 힘쓰는 일을 충실히 해나갈 것 같으면 어찌 요순의 도를 행하지 못하겠습니까"라고 권면한다.

45세에는 권좌에서 물러난 김자점이 세력을 만회하기 위해서 효종과 산림의 북벌 기도를 청나라에 밀고한 사건이 발생하였다. 이에 청나라 조정에서 사신을 파견하여 효종을 문책하자 동춘당은 그 책임을 지고 관직에서 물러난다. 효종 원년 이후 8년 동안 동춘당은 날마다 스승 신독재, 기호 오현인 시남 유계, 초려 이유태, 미촌 윤선거 등과 더불어 강독하고 토론하면서 학문의 연마에 주력하는 한편, 찬술과 교열 등에도 심혈을 기울였다. 그가 찬술 교열한 것 가운데 특히 대표적이라 할 만한 것이 『상례비요』·『율곡연보』·『근사록석의』·『신독재행장』·『문장공행장』·『사계시장』 등의 작품이 있다. 또한, 이 시기에 동춘당은 부인 정씨와 사별하고, 스승 신독재의 복을 입는 지독한 슬픔을 겪어야 했다.

이러한 와중에도 이조참의 등 여러 관직에 제수되었으나 그는 계속 출사하지 않았다. 그러다가 52세에는 당시 이조판서로 있던 홍명하의 적극적인 산림 천거에 의해 다시 벼슬길에 나아가게 되었다. 이때 세자시강원 찬선을 겸임하여 세자인 현종의 사부로서 가르쳤다.

53세 4월에는 호조참판·사헌부 대사헌, 10월에는 이조참판이 되고 이듬해 3월에는 특지로 병조판서가 되었다. 이때 효종에 의한 그의 임용은 그 당시가 "대청 복수론인 북벌론과 대명 의리론인 존주론尊周論을 국가이념으로 제시하고 있던 시절"임을 고려할 때, 조선의 주체성을 확인하고 청나라에 대해 언젠가는 복수하고 치욕을 풀 기회가 아닐 수 없다. 그러나 북벌의 원대한 계획은 효종의 승하로 말미암아 천추의 돌이킬 수 없는 한으로 남고 말았다. 효종은 북벌을 위한 계획을 수립하여 산성을 차례로 개축·보수하고 군제개편·군사훈련의 강화 등 군비에 주력하다가 재위 10여 년 만인 1659년 5월에 승하하고 말았다.

효종의 승하는 곧바로 자의대비 조씨의 복상 기간의 문제로 인한 예송을 야기시켰다. 그것이 이른바 그 유명한 기해예송이다. 이때 서인은 『예경』의 기년설과 국제國制를 참고하여 기년복을 주장하였고, 남인은 『의례』「참최」장 가소賈疏의 주석을 근거로 3년 복을 주장하였다. 동춘당과 우암은 기년복을 적극 주장하여 관철시켰다. 이해현종 원년에 동춘당은 현종의 두터운 신임을 입어 이조판서로 발탁되었으나 남인 윤선도에 의해 재론된 예송으로 조정에서 스스로 물러났다.

60세 되던 9월에는 왕명하에 『심경』의 구두법을 교정하여 진상하였으며, 또한 현종에게 도통의 주인이 될 것과 경연을 자주 열 것을 권면하였다. 그 이후 동춘당은 대사헌, 좌참찬 겸 제주祭主, 찬선 등에 여러 차례 임명되었으나 기년복의 잘못을 규탄하는 남인들의 거듭된 상소로 계속 사퇴하였다. 이후 그는 제자들에게 학문을 가르쳤고, 그의 문하에서 민유중, 황세정, 남구만 등을 배출했다. 제자 중 민유중을 눈여겨본 동춘당은 그를 사위로 삼는데, 이들 사이에서 인현왕후가 태어난다. 민유중의 둘째 딸이 왕비로 낙점되면서 국구가 된다. 그러다가 그는 2차 갑인예송1674이 일어나기 직전인 1672년 12월 2일 진시에 향리인 회덕 동춘당에서 조용히 숨졌는데, 향년 67세였다.

1) 종통 문제와 북벌

청나라는 급기야 명을 멸망시켰고, 볼모로 잡혀간 소현세자와 봉림대군 일행을 풀어주었다. 소현세자는 세자빈 강씨와 두 아들을 데리고 1645년 2월에 그리운 고국에 귀국했지만, 아버지 인조는 전혀 반기는 표정이 아니었다. 당시 인조는 청나라로부터 철저한 반청주의자로 알려져 있었다. 반면에 소현세자는 청과 원만한 관계를 유지하고 있었다. 이런 이유로 청은 조선과 상의할 문제가 있으면 인조와 상의하지 않고 심양의 조선관에서 소현세자와 상대하기를 원했다.

청의 이런 자세는 인조를 불안하게 했다. 더구나 김자점, 귀인 조씨 등이 소현세자가 귀국하면 왕위를 내주어야 할지도 모른다는 억지로 인조의 노파심을 불러일으켰다. 소현세자가 이런 흑막이 있는지도 모르고 입국하자 곧 인조를 찾아뵙고 청나라의 당시 사정과 서양 문물에 대해 아버지에게 아뢰었다. 소현세자가 이야기 하고 있을 때 인조의 안색은 어두웠고, 그가 서양의 책과 기계 등을 보여주자 인조는 분노를 삭이지 못해 벼루를 들어 그의 얼굴을 내리치기까지 하였다.

그 일이 있고 난 후 소현세자는 가슴앓이하다가 그만 앓아눕고 말았다. 병의 원인이 울화병인지 아니면 속병인지 확실하지 않았 지만, 당시 소현세자를 진찰했던 어의는 학질이라는 진단을 내렸 다. 이때 인조의 어의인 이형익이 그의 열을 내린다고 세 차례 침을 놓았는데, 그는 침을 맞고 나서 3일 만에 죽고 말았다. 이 의문 사에 대해 이식은 소현세자 묘지문에 '환궁 이후 계속해서 열기가 있었는데 의원의 시술이 잘못되어 끝내 죽음에 이르렀다'라고 기 록하고 있다.

동춘당 송준길은 인조 때 학행으로 천거되었으나 소현세자가 의문의 죽임을 당하자 그의 스승 김집은 소현세자가 살해된 것으로 간주하였고, 동춘당도 역시 소현세자가 살해된 것으로 의심했다. 소현세자가 죽자 인조는 차남인 봉림대군을 세자로 삼았는데, 그는 소현세자의 아들을 세손으로 삼아 후사를 이어야 한다고 주장하였으나 받아들여지지 않았다. 소현세자 사후에는 세자의 아들에게 계승권이 돌아가야 한다고 주장하다가 인조의 눈 밖에 났다. 그 뒤 민회빈 강씨까지 사사되고 석견, 석철 등이 제주도로 유배되자 강씨가 김자점 등의 공신세력과 조귀인 등에 의해 억울하게 죽은 것으로 보았다. 이 사건에 대한 인조실록의 기록에 보면 다음과 같다.

세자가 심양에 있을 때 집을 지어 단청을 하고 포로가 된 조선 사람들을 모아 밭을 일구어 곡식을 쌓아놓고 진기한 물건들은 사들여 세자가 머무는 관소가 시장과 같았다. 임금이 이를 듣고 좋아하지 않았다. 임금이 총애하는 궁녀 조소용귀인 조씨이 예전부터 세자와 세자빈을 미워하여 밤낮을 가리지 않고 임금 앞에서 세자빈이 임금을 저주했다거나 몹쓸 말을 했다는 따위로 헐뜯었다. 세자는 환국한 지 얼마 안 돼 병을 얻었고, 병을 얻은 지 며칠 만에 죽었다. 시체는 온몸이 새까맣고 배 속에서는 피가 쏟아졌다. 검은 천으로 죽은 세자의 얼굴 반을 덮어서 옆에서 모시던 사람도 알아보지 못했다. 낯빛이 중독된 사람과 같았는데 외부의 사람은 아무도 아는 이가 없었다. 임금도 이를 알지 못했다. 다만 그때 종실인 진원군 이세완이, 그의 아내가 인조의 전비인 인렬왕후의 동생인 관계로 염습에 참여해 그 광경을 보고 나와서 남에게 말한 것이다.

이 기록을 근거로 할 때 소현세자는 누구에 의해 독살되었을 가능성이 크다. 이 같은 추론의 증거는 사건에 대한 사후 처리와 소현세자의 장례식에서 잘 드러난다. 상식적으로 왕이나 왕자에게 의술을 잘못 사용하면 의관이 국문을 당하는 것이 관례였는데, 인조는 의관의 추고에 대한 논의 자체를 못 하게 했다. 그래서 대사헌 김광현이 인조 주치의 이형익이 연일 세자에게 침을 놓은 잘못을 짚어보아야 한다고 말하자 인조는 이형익을 옹호하면서 김광현에게 몹시 화를 냈고, 나중에 그가 세자빈 강씨의 조카사위라는 이유로 좌천시켜 버렸다.

그리고 소현세자 장례식도 일반 백성의 장례에 준하는 절차를 밟았을 뿐만 아니라 기일을 단축시켜 초상을 치르게 하였고, 참관 일원을 일부 종실로 제한하였다. 더구나 인조는 묘지를 홍제동으로 하자는 신하들의 중론을 무시하고 멀리 고양의 효릉 뒤쪽에 마련하라는 명을 내렸다.

소현세자가 의문의 죽임을 당한 지 3개월 후 인조는 갑자기 대신들을 불러들여 자신은 병이 깊으니 새로운 세자를 책봉해야 한다고 말했다. 이에 신하들은 소현세자의 맏아들 석철로 하여금 왕위를 잇는 것이 마땅하다고 했으나, 인조는 나이가 어리다는 이유를 들어 왕실의 관례를 어기고 봉림대군을 세자로 책봉하였다.

문제는 그 후 소현세자의 주변 세력과 세자빈 강씨의 친정 오빠들을 모두 귀양 보내고 세자빈마저 후원 별장에 유폐시켰다가 결국 사약을 내려 죽게 하였다. 그리고 소현세자의 두 아들은 제주도로 귀양을 보내 죽게 하고, 나머지 셋째 아들은 귀양지에서 겨우 목숨을 부지하게 되었다.

소현세자가 죽자 그때까지 심양에 남아 있던 봉림대군은 1645년 5월 급히 귀국했다. 인조는 6월에 신하들에게 세자책봉 의사를 밝혔으며, 9월에 봉림대군을 세자로 앉혔다. 봉림대군은 심양에 있을 때, 소현세자가 서양 문물을 배우고 실리 외교를 주창했던 것과는 달리 오히려 대명 사대주의에 관심을 가져 반청 사상에 열을 올린 인물이다. 그의 이 같은 반청 감정은 삼전도 굴욕을 당했던 인조의 마음을 흡족하게 했다. 봉림대군은 1649년 5월 인조가 승하하자 왕위를 계승하였다. 그가 바로 북벌론을 내세우며 국력 강화에 힘을 쏟았던 조선 17대 왕 효종이다.

소현세자와 함께 심양에서 볼모 생활을 하며 반청 감정을 키웠던 효종은 왕으로 등극하자 곧 친청 세력을 몰아내고 척화론자들을 중용하여 북벌계획을 강력하게 추진하였다. 당시 대표적인 친청 세력은 김자점이었다. 그는 인조반정의 공신이라는 배경으로 한때 정권을 장악해 권세를 누리다가 대간의 탄핵을 받아 물러난바 있으며, 이후 김류와 제휴하면서 다시 정계에 등장한 인물이다.

김자점이 자신을 신뢰하여 후원했던 인조가 죽고 효종이 즉위하여 송시열, 송준길 등 반청 인사를 등용하자 그들의 탄핵을 받아 유배당했다. 소현세자의 급서 이후 정통성에 논란이 있는 채로 등극한 효종은 삼전도의 굴욕으로 추락한 국왕의 위엄을 되찾고 정국 주도력을 확보하려는 정치적 의도 속에서 친청파를 제거하고 이른바 산림처사의 산림들을 등용하고자 하였다. 반면 척화 계열로서 병자호란 후 낙향해 있던 산림들은 다시 정계에 복귀할 정치적 명분이 필요하였다.

따라서 양자의 정치적 이해를 함께 충족시킬 수 있는 상징적 명분으로 북벌론이 대두할 수 있었다. 효종의 북벌 의지 표명은 손상된 조선 국왕의 위엄이 회복되는 계기가 될 수 있는 동시에 새 조정에 대한 산림들의 출사 명분을 제공할 수 있었기 때문이다. 결국,

배움에서 삶의 정도를 찾은 선비들

북벌론은 효종에 의해 국가적인 정책으로 그 계획이 구체화되었다.

효종은 원두표와 이완 등 친위 세력을 중용함으로써 군비 확충을 주도하였다. 구체적인 사례로는 수어청 개혁을 통한 한성 외곽의 방비를 강화하기 위한 남한산성의 군사력 보강, 북벌의 선봉 부대인 어영청의 확대 개편, 어영청 내 대포부대 창설, 금군의 편제 개편 및 확충하여 왕권을 강화하고, 강화도 해안가 진보鎭堡 설치 등을 들 수 있다. 그런데 이러한 시책들은 대개 중앙군 강화에 치중되었거나 방어적 성격이 강하다는 점을 부정하기 어렵다.

효종의 북벌계획은 국왕의 정국 주도라는 정치적 목적을 이루기 위한 방어적 수단이라는 성격을 함께 지녔다고 하는 것이 적절해 보인다. 또한, 여러 가지 방법을 통해서 청나라가 조선의 사정을 속속들이 파악하고 있었던 상황을 고려한다면 유의미한 공세적 성격의 계획 수립은 애초부터 가능하지 않았다고도 할 수 있으며, 거듭된 자연재해와 흉년으로 인해 경제적인 여력도 부족하였다.

효종 즉위 직후인 1649년에 우암이 올린 「기축봉사」에서 북벌의 당위성을 설파하면서도 시세와 우리의 강약을 살피고 청나라의 틈을 엿보면서 서서히 북벌을 준비하자고 하였던 것은 이런 사정을 우암도 잘 알고 있었기 때문이었다. 우암이 보기에도 좀 더 시급한 것은 백성의 삶을 안정시키는 것이었다.

그럼에도 불구하고 효종의 강력한 의지로 추진되던 북벌계획은 재위 후반기에 들면서 백성들의 궁핍과 불만, 문 · 무신 간의 갈등, 김육을 비롯한 실무 관료들의 강력한 반대까지 일으키면서 효종을 정치적인 고립 상태로 몰아넣었고, 북벌계획의 추진 동력은 점차로 상실되었다. 효종은 중망衆望을 받던 송시열을 중용함으로써 이 난국을 타개하고자 했지만, 곧이어 효종이 승하하자 북벌계획은 중단되었다.

북벌의 꿈을 실현하려고 했던 동춘당은 외적을 물리치고자 한다면 먼저 안을 잘 닦아야 하고, 국방을 튼튼히 하여 양민에 힘을 써야 함을 「경연일기」에서 밝혔다.

> 지금 국사가 진작되지 않아 민생은 나날이 피폐해지고 있습니다. … 외적을 물리치고자 한다면 먼저 안을 잘 닦아야 하고, 국방을 튼튼히 하고자 한다면 먼저 양민에 힘을 써야 합니다. 안이 잘 닦아지지 않으면 외적을 물리칠 수가 없고, 백성이 양육되지 않으면 국방을 튼튼히 할 수가 없습니다. 매사에 그 요령을 얻어서 시종일관 게을리하지 않으면 어찌 성공하지 않음이 있겠습니까.

동춘당이 당시 권세를 휘두르고 청나라에 아부하여 조정을 어지럽게 했던 김자점 일파를 탄핵하여 시비를 가린 일, 사육신 중의 한 사람인 성삼문과 박팽년을 위한 사당 건립을 청한 일, 우암과 더불어 북벌계획에 깊이 참여한 일, 그리고 강화 사절단의 추숭 건의에 남다른 노력을 기울인 일 등이 이와 관련되어 있다. 태학사 황경원이 저술한 『황조배신전』의 "선왕이 밤낮으로 정신을 가다듬고 마음을 새롭게 해서 한결같이 인의에 근거하여 오로지 북벌에만 힘을 쏟고 그 뜻을 굳게 지켜나갈 수 있었던 것은 선생의 힘이었다"라는 기록은 동춘당의 북벌 의지가 얼마나 간절했는지 보여주는 대목이다.

효종이 승하하자 예송의 문제가 불거져 나오기 시작되었다. 제1
차 예송 논쟁 당시 동춘당은 우암과 함께 주자의 성리학과 『주자가
례』에 의거하여 자의대비의 상복 문제 때 기년복 설을 주장하였다.
즉 『주자가례』에 입각하여 왕이든 일반 백성이든 모두에게 종법을
똑같이 적용해야 한다는 주자학파와 『주례』, 『의례』, 『예기』 등의
고례에 입각하여 왕에게는 일반 백성과 똑같이 종법을 적용할 수
없다는 탈 주자학파 사이의 논리적 차이에서 시작된 것이다. 또 그
이면에는 기호학파에 기반을 둔 서인과 영남학파에 기반을 둔 남
인에 의한 학문적 해석 때문에 벌어진 논쟁이었다.

동춘당은 고향에 내려와 학문연구에 전념하다가 1649년 효종
즉위 직후 스승 김집의 천거로 발탁되어 관청 요직을 역임했다. 그
뒤 제1차 예송 논쟁 당시 송시열, 김수항과 함께 서인 논객으로 활
동하였으며, 이때 서인 온건파를 이끌며 남인에 대한 강경 처벌에
반대하는 입장에 섰다. 윤선도의 상소 이후 한때 윤선도의 구명운
동을 펴기도 했다.

효종이 인조의 맏아들로 왕위를 이었다면 아무런 문제가 없었
겠지만, 그는 차남이고 인조의 맏아들인 소현세자의 상중에 자의
대비가 맏아들에게 행하는 예로써 3년 상을 치렀기 때문에 다시
효종의 상을 당하여서는 몇 년 상을 해야 하는가가 문제가 되었다.
이 문제에 직면하자 서인의 송시열과 송준길은 효종이 차남이므
로 원칙대로 당연히 기년 상이어야 한다고 주장했다. 하지만 남인
의 허목과 윤휴는 효종이 비록 차남이지만 왕위를 계승하였으므로
장남과 다름없기에 3년 상이어야 한다고 반론을 제기했다. 서인과

남인의 복상 논쟁은 극단적인 감정으로 치달았고, 결국 돌이킬 수 없는 정쟁으로 확대되고 말았다. 그리고 이 정쟁은 지방으로 확대되어 재야 선비들 사이에서도 중요한 쟁점으로 부각되었다.

1661년^{현종 2년} 윤선도가 유배된 삼수는 흉년과 기근이 심하여 그의 유배지를 북청으로 옮기는 논의가 있었다. 허목 등은 윤선도의 유배지를 옮겨줄 것을 청하였다. 그러나 송시열과 송준길은 윤선도의 유배지를 옮기는 것을 반대하여 허목 등과 언쟁이 벌어졌고, 남인들은 송시열과 송준길이 잔인하다며 성토했다. 그러나 송시열과 송준길의 뜻이 관철되어 윤선도의 유배지는 옮겨지지 못했다.

동춘당은 예론에서 승리한 이후 서인 당내의 남인을 처형하자는 주장에 그는 반대했다. 학문의 성향이 다르고 생각이 다르다고 해서 남인을 죽일 필요는 없다는 것이 그의 주장이었다. 그는 송시열과 김수항을 찾아가 사형 반대의견을 개진했고, 숙종에게도 윤선도의 감형을 적극적으로 주청하기도 했다.

윤선도 등은 예송 논쟁 때 송시열과 송준길이 효종에게 소현세자빈의 명예회복과 복권을 강력하게 주청했다는 점을 문제 삼아, 그들이 소현세자를 정통으로 생각했다고 공격하고, 윤휴 등도 이에 동조했다.

1663년 행부호군^{行副護軍}이 되었고, 그해 9월 송시열을 변호하는 장문의 상소를 올렸다. 1665년^{현종 6년} 원자의 보양^{輔養}에 관한 건의를 하여 첫 번째 원자보양관이 되었다가 사퇴하였다. 이후 김집, 송시열, 윤선거 등과 강독하고 토론하며 학문에 정진했다. 동춘당은 함께 공부한 미촌 윤선거의 사람됨을 아깝게 여겨 그를 계속 관직에 추천했으나, 윤선거는 이를 모두 거절했다. 또 윤선거와 송시열의 사이를 화해시키려 여러 번 노력했으나 역시 실패했다.

윤선거는 죽기 직전까지도 벼슬하지 않겠다는 뜻을 결코 꺾지 않았으며, 심지어 그의 아들에게 내려진 벼슬까지 거두어줄 것을 간청했다. 1669년^{현종 10년} 4월 윤선거가 죽었다는 소식을 들은 현종은 "윤선거의 나이가 몇 살이었는가? 내가 한 번도 만나지 못했는데 갑자기 이렇게 되었으니, 정말 슬픈 일이다"라고 애석해했다. 동춘당은 "스승과 동료 간에 윤선거를 엄격히 삼가고 꺼리는 신하가 될 만하다고 했는데 불행히 일찍 죽었으니, 정말 국가의 불행입니다" 하고 탄식했다. 윤선거 사후 그에게는 이조참의가 추증되었다. 그에 대한 추증은 당시 의정부 좌참찬 송준길의 건의에 따른 것이었는데, 송준길이 아뢴 바를 보면 "윤선거는 국가에서 예우하던 신하인데 하루아침에 갑자기 죽어 사우들이 모두 애석해합니다. 윤선거가 항상 죄인으로 자처하여 소장梳章에까지 한 번도 직함을 쓰지 않은 것은 성상께서도 아시는 바입니다. 사후 명정銘旌에도 '성균 생원'이라 썼다 하니, 그 예우하는 도리로 증직하는 것이 마땅합니다"라고 했다.

그는 적극적으로 남인에 대한 강경 처벌에 반대하고 사태를 수습하려 했으나 불행하게도 일찍 죽고 만다. 동춘당의 손자 송병하역시 유학자로, 우암 송시열의 문하에서 수학했다. 송병하는 학행으로 천거되어 수원부사, 장악원정을 지냈다. 동춘당은 '터럭 한 올이라도 틀리면 내가 아니다'라며 평생 초상화를 남기지 않았다고 한다.

4. 초려 이유태

이유태₁₆₀₇~₁₆₈₄는 조선 중기 문신이자 예학자로, 인조·숙종조의 이름난 유학자로 특히 시무에 밝았던 정치 사상가였다. 자는 태지泰之이고, 호는 초려草廬이다. 시호는 문헌文憲이고, 본관은 경주다. 임진왜란 직후 그의 아버지가 지금의 충청도 금산으로 이사하였다. 어린 시절을 금산에서 보내고, 청년기에는 공부를 위해서 대전 인근의 진잠과 연산에서 지냈다. 장년기는 금산과 진산, 그리고 공주에 이사하여 이곳에 정착하였다. 그가 10세 되던 해에 부친을 여의었고, 15세 때에 진잠의 처사 민재문에게 3년간 가르침을 받고, 이후에는 송준길, 송시열 등과 함께 연산으로 가서 사계 김장생과 신독재 김집의 문하에서 차례로 공부하였다. 이때 이유태는 송준길, 송시열과 평생의 동지로 맹세한 사이였고, 김집이 이 세 사람을 매우 절친한 관계로 평가할 만큼 돈독하였다. 문장에 능하였으며, 특히 예학에 조예가 깊었다.

김장생의 문하에서 송준길·송시열과 함께한 이유태는 "살아서는 뜻을 함께하고 죽어서는 후세에 전해짐을 함께한다[생동지生同志 사동전死同傳]"라고 맹세할 정도로 아주 각별한 사이였다. 24세에 별과에 합격하였으나 이때 병환이 깊어지는 어머니를 간호하기 위해서 전시를 포기하였다. 이듬해 스승 김장생이 작고하자 그는 김장생의 아들인 김집을 스승으로 모시고 성리학과 예학을 배웠다. 1634년인조 12년 스승 김집의 천거로 희릉 참봉이 된 이후 병자호란 직후까지 건원릉 참봉·대군 사부에 임명되었지만 나아가지

않았다. 내시 교관 · 시강원 자의 등의 벼슬을 연이어 받았다. 1658
년효종 9년 송시열 · 송준길의 천거로 지평이 되고, 이듬해 시강원 진
선 · 집의를 거쳐 현종 즉위 후 유일遺逸[3]로써 벼슬에 나가 공 · 이
조 참판을 지내고 균전사 · 동부승지를 거쳐 대사헌에 이르렀다.

그러나 1636년 병자호란으로 조선이 오랑캐인 청에 굴복하게
되자 '선비가 가히 출사할 의리가 없다[사무가사지의士無可仕之義]'
라고 하고 일체의 벼슬을 거절하고 무주 덕유산 산미촌에 들어가
서 학문과 후진의 교육에만 몰두하였다.

1660년현종 1년 복제 시비 때에는 호군의 직에 있으면서 송시열
의 기년설을 옹호하였다. 뒤이어 효종 말년 이래 적어두었던 '만언
소萬言疏'를 올려 그 당시 잘못된 폐단을 논하고 구민救民 · 구국救國
의 대책을 제시하여 왕이 비변사의 제신들로 하여금 이를 검토하
게까지 하였으나 세대로 채택되지 않음을 보고 실망하여 사직 ·
귀환하였고, 그 뒤에도 이조참의 · 동부승지 · 우부승지 · 이조참판
등이 제수되었지만 취임하지 않았다.

그의 옹고집은 벼슬을 사양하여 왕으로부터 하사하는 식량 · 소
금과 장醬 등도 받지 않았다. 일찍 찬선贊善[4]으로 원자 사부元子師傅
를 맡겼으나 굳이 사양하였으며, 스승 신독재와 동료 송시열과 송
준길 등과 함께 왕의 부름을 받았으나 나가지 않은 때가 많았다.

---

3 유일(遺逸): 초야에 은거하는 선비를 찾아 천거하는 인재 등용책으로, 초야에 묻혀 있는 선
  비로서 학식과 인품을 갖추고 있으면서 세상에 알려지지 않은 경우 이들을 과거시험 없이
  발탁하는 인재 등용 방법이다.
4 찬선(贊善): 조선 시대 때 세자시강원의 정삼품 벼슬로, 덕망과 학행이 뛰어난 사람이 뽑혔
  는데, 현직 관리가 아니라도 천거되어 직책을 담당하게 하였다.

숙종 초에 대사헌 윤휴 등의 탄핵을 받아 다음 해 영변에 귀양을 갔다가 1680년숙종 6년의 경신대출척으로 죄가 풀려 사면되었다. 처음에는 동문수학한 송시열과 의견을 같이하였으나 숙종 초부터 사이가 벌어진 송시열과 그 계통 사람들의 미움을 받아 유현으로서의 지위를 상실한 채 불만 끝에 죽었다. 사후 이조판서에 추증되었다.

예학에 뛰어나 『예변』·『의례문목』·『의례문답』·『사례홀기』 등 방대한 분량의 예학서를 저술했으며, 김집과 함께 『상례비요』·『의례문해』 등을 교감校勘했다. 그리고 경학서로는 『사서문답』과 『역설』 등의 저서를 남겼다. 그리고 율곡 이이의 「만언봉사」를 토대로 하여 2만여 자의 「기해봉사」를 짓기도 하였다. 특히 치국경제의 문제에서는 이이를 모범으로 삼아 점진적인 경장론을 전개하였다. 우선 당시 민폐와 국정 동요의 근본 요인이 농민의 유리와 토지의 황폐에 있다고 보고 안정책으로 향약에 의한 향촌조직과 오가작통제五家作統制의 실시, 양전量田 시행과 사창社倉 설치를 주장하고, 양인 이상 자제의 취학과 15세 이후 능력에 따른 사농공상의 선택을 역설하였다.

구체적인 변통책으로서는 어염세魚鹽稅의 국고 전환과 면세전의 폐지, 내수사의 혁파, 부세賦稅 및 인역제人役制의 개혁, 공안貢案의 조정과 감축, 양전제의 개선, 관제의 개편과 합리적 운영방안 등을 제시하였다.

초려 이유태는 본래 한미한 출신으로서 처음에는 민재문에게 배우다가 사계 김장생·신독재 김집 부자를 사사하여 그 문하의 우암 송시열·동춘당 송준길·미촌 윤선거·시남 유계와 더불어 호서 사림 오현의 한 사람으로 손꼽혔다.

소론에 의해 이조판서에 추증되었으며, 문인들이 고향에 금산 서원을 세워 제향했다가 1713년 노론 요청으로 일시 훼철되기도 하였다. 저서로『초려집』26권이 전한다. 시호는 문경 文敬이다.

1) 삼현대(三賢臺)

이유태는 연산에서 공부한 후 은진에서 거주하였고, 그 후 45세 부터 57세까지 10년간은 대전에서 살았다. 그가 이곳에 와서 집을 짓고 살았던 곳은 '새우'라고 칭해지는 곳인데 그의 생애를 다룬 기록에는 '초외 현재 대전 국립중앙과학관 부근'라고 되어 있다. 이유태의 문집에는 그가 이곳에 와서 집을 짓고 살게 된 이유가 나타나 있다. 스승인 김장생의 장례식에서 송준길, 송시열, 이유태 세 사람이 가까운 곳에 살며 서로 의지하며 살기를 약속했기 때문이라는 것이다.

그래서 당시 사림들은 그와 송준길, 송시열 세 사람이 머물던 그곳을 '삼현대三賢臺'라고 불렀다. '삼현대'는 '삼현 송준길. 송시열. 이유태'이라고 불렸던 세 사람이 함께 지냈던 곳이라고 해서 붙여진 이름이다. 세 명의 현명한 학자들이 모인 곳이라는 뜻으로, 기호학파의 대표이자 조선 후기 예학을 이끈 3인방 송준길, 송시열, 이유태가 어울렸던 곳이다.

산림이 본격적으로 정계에 진출하기 시작한 것은 인조 시기부터이다. 인조는 산림을 높여서 등용한다는 명분 아래 지방에서 은거하는 선비들을 불러들여 등용하였다. 이들은 주로 학자들을 길러내던 성균관이나 세자의 교육을 맡은 시강원에 소속되어 활동했다. 산림의 정치적 성향은 서인 중에서도 노론이 많았으며, 지역적으로는 호서지역이 가장 많았다. 산림들은 주로 지방에서 선비들의 지도자 역할을 하면서 지방 선비들의 의견을 중앙에 전달하기도 하고, 중앙의 정치가 도리에 어긋난다고 생각되면 비판하는 일도 서슴지 않는 등 정계와 학계에서 강한 영향력을 행사하였다.

이유태는 우암 송시열의 천거로 잠시 조정에 나갔지만, 국가의 장래를 위하는 길이 아님을 깨닫고 곧 산림으로 돌아온다. 이는 그가 평소 "현 상황하에서 점차 군신이 편안해지고 백성들은 이를 편안하고 즐겁게 여기게 되면, 중흥 업적의 대망은 영원히 기회를 잃게 될 것"이라는 자신의 생각이 옳았다는 생각이 들었기 때문이다. 그는 국가의 장래를 위해 북벌을 위한 개혁이 시급하다고 생각했지만, 조정의 개혁 의지는 그의 기대에 미치지 못했다. 그래서 그는 곧바로 물러 나와 자신의 북벌을 위한 야심 찬 계획을 올곧은 선비 정신을 발휘하여 장문의 글로 정리한다. 그것이 바로 칼날같이 바른말을 쏟아 낸 「을해봉사」라는 상소문이다. 이 글은 17세기 조선 사회에 크나큰 파문을 일으키며 많은 학자들에게 북벌의 정당성을 호소하는 데 성공을 거둔다. 그리고 오늘날까지 그 개혁 정신이 생생히 살아남아 국가가 위기상황을 극복하기 위해서는 평소 어떤 대책을 마련해야 하는지 그 방향성을 제시해 주고 있다.

이유태와 송시열의 우정이 얼마나 돈독했는지 효종실록 즉위년 1649 9월 2일의 기록을 살펴보면 알 수 있다.

　배움에서 삶의 정도를 찾은 선비들

송시열 같은 사람에 이르러서는 성상께서 인정해 주심이 가장 깊고 재학才學이 뛰어난 자인데 불행히도 물러갔으니, 참으로 애석합니다. 시열은 신의 친구인데, 학문의 얕음과 깊음은 신이 감히 말할 수 없으나, 변고가 있은 이래로 문을 닫고 강학하며 시골에서 욕심 없이 자득하며 마치 그렇게 생애를 마치려는 듯하였습니다. 선조先朝에서 여러 차례 불렀으나 감히 나아가지 않은 것이 어찌 군부를 잊고 명을 어기기를 즐겨서 그런 것이겠습니까. 옛날 공자께서 칠조개에게 벼슬을 하라고 하니, 말하기를 '저는 여기에는 자신이 없습니다'라고 하였으니, 송시열은 이것을 배운 것입니다. 지난번 맨 먼저 새로운 명을 입어 돌보아주는 뜻이 매우 간절하였고 나라에 대상大喪이 있었으므로 감히 오지 않을 수 없었습니다. 헌관憲官을 제수하기에 이르러 여러 차례 사양하였으나 윤허를 받지 못하자 나아가 사은한 후에 즉시 입대를 청한 것이 어찌 사부로서의 사사로운 정성을 바치고 평생의 묵은 회포를 펴고자 해서였겠습니까. 선조 때 오지 않은 것은 임금을 잊어서가 아니요, 이날 조정에 나온 것 역시 벼슬하기를 좋아해서가 아닙니다. 반드시 성상을 우러러보면서 그의 충심을 다 아뢰고 진퇴를 결정할 계책으로 삼으려 했던 것입니다. 그런데 마침 성후聖候가 미령하시어 나오게 하지 못하자 스스로 '내가 우매하고 비루하니 임금에게 박대를 당하는 것이 마땅하다'라고 생각했기 때문에 온 것을 후회하면서 물러가기를 결정하였던 것입니다.

아, 군신이 사귀는 즈음에 어찌 구차스럽게 할 수 있겠습니까. 송시열은 10년 동안 시골에 있으면서 스스로 농민 사이에 끼어 있다가 하루아침에 명을 받들었으니, 전하와 교제함이 없었더라면 초야의 신하라고 해도 될 것입니다. 성명聖明을 만난 것에 감격

하여 억지로 나갔는데, 소회가 있어 입대를 청했는데도 윤허를
받지 못하다가 정원의 여러 신하들이 청한 후에야 성사되었으
니, 다시 불러들인 명은 또 성상의 마음속에서 나온 것이 아닙니
다. 관冠을 걸어 두고 성문을 나가 질병이라 일컫고 들어가지 않
음은 비록 세속 사람들이 보기에는 놀랍겠지만 실은 고의古義에
맞는 것입니다. 전하께서 후회하시고 깊이 자신의 허물을 책망
하여 승지를 보내 간절히 만류하기까지 하셨으니, 선비를 대하
는 예가 여러 왕들보다 월등합니다. 그 때문에 사방이 쏠리고 인
심이 감격했습니다. 그러나 송시열을 비난하는 말이 이를 따라
나오게 되었습니다. 전하께서 송시열을 일반적인 규범으로써 대
우하지 않고 극진히 하였는데도 시열이 그 예가 자신에게 맞지
않는다고 자처하였으니, 도리어 전하의 수치가 된 것입니다.

한번 성문을 나가면 끝내 돌아간 것입니다. 만약 다시 특별한 권
우眷遇를 탐내어 물러나려 했던 것을 물러나지 않고 이미 걸어
두었던 관을 쓰며, 이미 벗었던 직책을 다시 띠고 이미 나갔던
성문을 들어와서 아무렇지도 않게 길에서 소리 높여 부른다면
사람들이 또 뭐라고 하겠습니까. 염치의 큰 절도는 세상의 올바
른 도리와 관계되니, 시열이 비록 스스로 가벼이 하고자 하더라
도 조정을 욕되게 하는데 어떻게 하겠습니까. 전하께서는 어찌
특별히 소지召旨를 내리고 성의를 극진하게 하여 기어이 오게 하
지 않으십니까.

1649년효종 1년, 인조가 승하하고 효종이 즉위하여 북벌 의지를
보이자 이유태는 송준길·송시열 등과 함께 북벌계획에 참여했다.
그의 나이 43세 때의 일이었다.

배움에서 삶의 정도를 찾은 선비들

2) 효종의 북벌의지

효종의 강력한 북벌 의지는 송시열과 나눈 대화를 보면 자세히 드러나 있다. 그 내용 중에는 효종이 북벌계획에 누가 적임자인지 묻자 송시열이 이유태가 적임자임을 말하고 있다.

현종 즉위1659 9월 5일 호조판서 허적이 차자를 올려 말한 내용이 실려 있다. 즉 허적이 송시열이 지은 지문 초고를 보았는데, 장단점이 있었다고 했다. 도감에 내려진 원문을 보면 초고에 비해 고친 바가 많은데, 부족한 것이 들이 있어 서운함을 견딜 수가 없었다고 하소연했다.

기해년 3월 11일 희정당熙政堂에서 여러 신하와 소대召對하였는데, 파할 무렵에 효종이 송시열만을 머물라고 명하고는 좌우를 모조리 물리친 뒤에 송시열과 독대하였다. 그러면서 "매양 경과 조용히 이야기하려고 기다린 지 여러 날이었는데 그러지 못하여 오늘 내가 혼쾌히 이렇게 하는 것이다. 그 이유는 내 속마음을 다 털어놓고자 하는 것이다. 오늘 말하고자 하는 것은 저 오랑캐가 틀림없이 멸망할 형세이다. 예전의 한汗 때는 형제가 매우 번성하였고 인재가 많았고 무예를 숭상하였으나 지금은 점차 소모되었고, 모두 용렬한 자들뿐이다. 지금의 한이 비록 영웅이라고는 하지만 주색에 빠짐이 이미 심하니, 그 형세가 오래지 못할 것이다. 오랑캐 안의 일을 내가 자세히 생각해 보았다. 여러 신하들이 모두 나에게 군사를 육성하지 말라고 하지만 내가 듣지 않았다. 그 이유는 천시와 인사가 어느 날, 이처럼 좋은 기회가 다시 올지 모르기 때문이었다. 날쌘 포수 10만을 양성하여 아들처럼 사랑하고 돌보아서 모두 죽기를 두려워하지 않는 병졸이 된 연후에, 그들에게 틈이 있기를 기다렸다가 그들이 예기하지 못할 때 바로 관외關外로 나아가면, 중국의 의사와 호걸로 어찌 호응하는 자가 없겠는가. 또 하늘의 뜻으로 헤아려 보건대 우리나라의 세폐歲幣를 오랑캐들이 모두 요동 심양 지방에 두었는데, 하늘의 뜻이 다시 우리나라를 위해서 쓰고자 하는 듯하다. 또 우리나라의 포로로 잡혀간 사람이 몇만 명인지 모르는데, 어찌 내응하는 자가 없겠는가. 오늘의 일은 오직 하지 않는 것이 걱정이지 성공하기 어려움은 걱정거리가 안 된다. … 경은 마땅히 뜻을 같이하는 사람들과 은밀히 의논해야 한다. 내가 보건대 송준길은 이 일을 담당할 의사가 없는 듯한데, 경은 어떻게 생각하는가?"

하니, 시열이 대답하기를,

"여기에 뜻이 없는 것이 아니라 다만 그 사람은 기가 약하기 때문에 그런 것입니다."

하였다. 상이 이르기를,

"이유태는 어떠한가?"

하니, 시열이 대답하기를,

"이유태가 항상 말하기를 '주상께서 만약 큰 뜻을 정한다면 모든 일은 모름지기 견실하게 해야 한다. 비록 사람이 죽더라도 단지 우선 집 뒤에다 장사 지내게 하고, 이런 일을 다른 일까지 미루어 나가 모든 백성을 부리는 것과 재물을 소비하는 길을 일체 막아서, 백성을 기르고 먹을 것이 족하게 하는 데 힘써야 한다'라고 하였습니다."

하자, 상이 기쁘게 듣고서 이르기를,

"그의 말이 그렇다면 참으로 쓸 만한 사람이다. 내 생각에 허적은 굳세고 용기 있어 일을 맡길 만한데, 다만 들건대 그 사람은

주색에 **빠져** 있고 자못 검소한 행실이 없다고 하니 애석하다. 내
가 일찍이 생각하기를, 나와 함께 이 일을 할 자는 오랑캐에게 죽
은 집 자손이요, 그 나머지는 어렵다고 여겼었다. … 이제부터 마
땅히 모든 일을 경과 은밀히 의논하겠다. 그런데 은밀히 의논할
길이 매우 어려우니, 내가 그 방도를 천천히 생각해 보겠다."…
시열이 일어나 대답하기를,

"신은 결코 그럴 만한 인재가 아닙니다. 그렇게 여기신다면 전하
께서 신을 매우 모르시는 것입니다. 신이 감히 전하의 위임을 감
당할 수 있다고 스스로 생각한 것이 아니고, 전번 전하께서 이미
큰 뜻을 은미하게 보여주셨을 적에 신의 벗 이유태가 일찍이 말
하기를 '성상께서 과연 큰 뜻을 갖고 계신다면 비록 재주가 없
는 자라 하더라도 떨쳐 일어나 석호촌石壕村의 부인처럼 군사들
의 새벽밥을 짓는 일이라도 해야 한다'라고 했기 때문에, 신이 비
록 매우 용렬하지만, 감히 소명에 응해 왔던 것입니다. 전하께서
이미 큰 뜻이 계시고 또 신을 버리고자 하지 않으시니, 신이 어
찌 감히 물러나 떠날 마음을 갖겠습니까. 마땅히 목숨을 걸고 약
속하겠습니다. 그러나 신은 참으로 쓰기에 알맞은 재능이 없으
니, 전하께서는 단지 신을 유악 가운데 두시고 때때로 의심된 일
을 물으신다면, 신이 어찌 감히 어리석은 재주나마 다하지 않겠
습니까."…

상도 웃으며 이르기를,

"이것이 어찌 어른을 의심해서 하는 말이겠는가. 성인 역시 '일
에 임해서 조심하고, 도모하여 이루기를 좋아한다'라고 말한 바
가 있다."

하였다. 시열이 드디어 물러 나왔다.

시열이 물러 나와 그날 독대한 대화를 직접 기록해 비장해 두었

다. 그 후 사관 이광직이 은밀히 편지로 기록의 유무를 물으며 사실을 책서에 덧붙이기를 원한다고 하였는데, 시열이 종일토록 깊이 생각했으나 그 가부를 결정하지 못하다가 마침내 스스로 말하기를 "당시 하늘이 성상에게 수명을 빌려주었더라면 사업을 이루었을 것이니, 그렇다면 기록은 없어도 된다. 이제는 이미 다 틀렸다. 만약 그날의 말 역시 끝내 없어져 버린다면 나의 죄가 어떠하겠는가. 당일의 자상한 경계를 저버리는 이 죄는 도리어 적은 것이다" 하였다. 드디어 손으로 스스로 봉함하여 사람을 시켜 보내려는데, 그날에 광직의 부음이 갑자기 이르러 보내지 못하고 말았다. 그 뒤 사관 이세장과 이선 등이 또 광직의 뜻처럼 청하니 시열이 비로소 그 청에 부응하고, 또 그 기록의 끝에 쓰기를 "아, 우리 성고聖考의 큰 규모와 큰 뜻을 전석前席에서 잠깐 동안 보이셨는데, 하나도 시행하지 못하였다. 저 푸른 하늘은 어찌 그리 무심한가. 오직 이 외로운 신하는 근심에 잠겨 피눈물을 흘리지만, 아직 아무 보답도 못 하였다. 매양 덕음德音을 생각하면 눈물이 앞을 가린다. 오늘 아침에 다시 옛 봉함을 뜯어보니 마치 탑전에 올라가 친히 옥음玉音을 듣는 듯하다. 드디어 다시 눈물을 머금고 그 봉투의 겉에다 써서 두 한림에게 알린다. 아, 태사공太史公이 말하기를 '주상이 밝고 성스러운데도 그 덕이 알려지지 않는 것은 유사의 허물이다' 하였으니, 아, 이 사실을 만세 후까지 펴서 알려야 하는가, 하지 않아야 하는가?" 하였다. 이선이 이것을 신축년 5월 시열이 입대하고 물러간 뒤에다 추가해서 수록하였는데, 전의 『실록』에서 모두 삭제해 버렸다. 또 지문誌文을 지어 바친 아래에다 쓰기를 "효종이 즉위한 처음에 때를 기다려 크게 치욕을 씻고자 하는 뜻을 두었는데, 시열이 상의 뜻을 알아차리고 은밀히 봉사封事를 올려 찬양하였다. 효종이 마침내 시열에게 큰일을 맡길 만하다고 생각하여 의지하면서 심복으로 삼았는데, 시열은 실로 못나서 아무 일도 하지 못하였다"하였고, 또 말하기를 "시열이 상의 명에 의하여 효종의 지문을 지었는데, 구애에 위축되었기 때문에 완곡한 표현에만 힘을 써서 곧바로 쓰지 못함이 많았다"하고, 이어 허적의 차자 내용을 기록하였다. 아, 시열의 경륜과 큰 지략은 독대할 때의 대화에서 알 수 있고, 지문을 지어 바쳤을 적에 사관이 전달한 유지에 대한 회계 내용을 읽어 보면 당당한 기세를 느낄 수 있으며, 또 허적의 사적인 말을 인용하면서 "대처할 방법만 있다면 미처 쓰지 못한 것을 다시 쓰고자 한다"라고 한 데에서 두려워하지 않고 일에 임해 잘 도모했음을 알 수 있다. 그런데 당인黨人들이 또 이 말을 삭제하고는 단지 허적의 차자만 기록해, 마치 시열은 두려워했고 허적만 혼자 말한 것처럼 하였다. 그들의 마음 씀의 간사하고 편벽됨이 한결같이 이에 이르렀으니, 그것으로써 후세를 믿게 하고자 한들 어찌 되겠는가.

5. 시남 유계

시남 유계市南 兪棨, 1607~1664의 본관은 기계杞溪이고, 자는 무중武仲, 호는 시남市南이다. 현재의 경기도 화성시 팔탄면에서 태어났다. 시남의 학문적 연원은 사계와 신독재, 그리고 포저浦渚 조익의 호 등이다. 시남이 기호학파의 적통인 사계를 처음 만난 것은 사계가 죽기 4년 전인 1627년인조 5년 정묘년으로 시남의 나이 21세 되던 해였다. 시남은 부친이 돌아가셔서 상중이었는데 다음 해에 정묘호란이 일어나 갑자기 예를 다 갖추지 못하게 되자 사계에게 이에 대해 예를 어떻게 행할지 질문한 일이 있었는데 이것이 사계와의 유일한 만남이다. 그 후 시남이 신독재 문인으로 입문한 것은 그 시기가 정확하지 않으나 임천에 유배되던 30대 초 전·후반일 것으로 보인다. 시남은 신독재의 문인으로 그의 문인집단과 정치적 생명을 같이하면서 율곡에서 사계, 신독재의 적통으로 이어지는 기호학파의 정통을 잇게 되었다.

1630년인조 8년 24세의 나이로 진사시에 입격하고, 1633년 27세 식년 문과에 을과 1위로 급제하였다. 1634년 인조 12년 28세 명나라 칙사가 방문한다는 소식에 승정원의 천사가주서 天使假注書 로 임명되었고, 1636년까지 가주서·주서·승문원 저작 등으로 활동하였다.

1636년인조 14년 9월 시강원 설서 說書로 임명되었는데, 같은 해 12월 병자호란이 발발하자, 국왕 인조를 호종하여 남한산성에 들어갔다. 이 시기 유계는 주화론을 배척하며 준절한 의리론을 펼쳤다. 그는 남한산성에서 '갑주를 갖추고 군령을 듣게 함으로써 수성守城의 뜻을 굳게' 하여야 한다는 진언과 함께 귀순하라는 청나라 황제의 글에 화답하지 말 것을 청하며 적극적으로 싸울 것을 정한 장문의 상소문을 올렸다. 유계는 척화를 주장한 신하를 오랑캐의 군영에 보내지 말 것, 세자를 포로와 배행隨行하지 말 것 등의 척화를 주장한 내용이다.

그러나 1637년인조 15년 1월 30일 삼전도에서 청나라 태종에게 항복하였고, 2월 5일 소현세자 일행이 볼모가 되어 심양으로 출발하게 되자, 시강원의 관원이었음에도 척화론에 적극적으로 동참하였다는 이유로 배행하지 못하고 임천으로 유배되었다.

1639년인조 17년 유배에서 풀려났으나 벼슬을 단념하고 금산의 마하산에 서실을 짓고 은거하였다. 이때 예론서인『가례집해』를 편찬하였다. 35세 되던 1641년인조 19년 3월에 임천에서 가족을 이끌고 금산 읍내에 머물다가 10월에 마하산 아래 남일 대두촌지금의 금산군 남일면 음대리에 옮겨 산천재山泉齋란 서실을 짓고 은거하여 호서의 사림과 학문적 교유를 하며 오직 학문에 전념하여『가례집해』를 다시 손대어 고치고『가례원류』라고 책 이름을 개정하였다.

시남이 산천재로 편액한 이유로는 다음과 같다.

> 어린 것은 만물의 싹이니 성인이 만물의 싹을 기르지 않을 수 없다. 고로 설봉設卦의 계사『주역』에서 이르기를 '동몽童蒙이 나에게서 구하는 것은 군자가 덕을 기름을 수행하는 것이고, 어린 이를 바르게 키워서 성聖하게 됨을 이른 것이다.' 상象 이르기를 '산 밑에서 샘이 나온다'라고 하였으니, 지금 재齋는 동몽을 위하여 만들었고, 산천의 편액은 이로부터 나온 것이다.

시남이 학문적으로 가장 완숙기에 접어든 시기이고, 호서산림과의 유대가 깊게 맺어진 시기가 금산 산천재에서의 생활이었다. 산천재는 호서산림의 거목인 송시열과 송준길을 비롯하여 금산에 거주하던 이유태, 이웃의 윤선거와 시남은 모두 같은 연배 층으로 훌륭한 학우가 되었다. 이들은 이곳에서 자주 모여 강학하며 교유를 넓혀 훗날 '호서 오현'이라 부르게 되었다.

38세인 1644년인조 22년 승정원 주서로 기용되어 관직에 나가 전적, 병조좌랑에 승진하였으나 상소를 올려 사직하고 산천재로 돌아왔다. 39세 때 예조정랑 지제교를 거쳐 무안 현감을 지내면서 『여사제강麗史提綱』을 완성하고 송림서원을 중창하였다.

『여사제강』은 시남이 고려사에 관하여 저술한 역사서로 23권 23책이다. 시남이 이 책을 저술하게 된 동기는 이미 간행된『삼국사기』·『고려사』·『동사찬요東史纂要』·『동국통감』 등의 기사 내용과 체재, 그리고 사체史體에 대한 불만 때문이었다. 시남은 김부식의『삼국사기』는 그 내용이 허황되고 터무니없어 믿을 수 없다고 하였다. 또『고려사』는 역대 전사全史의 체를 모방한 결과 중요한 역사적 사실이 세가世家·지志·열전에 산재해 있어서, 비록 한 권의 책이지만 실제로는 세 권과 같아 내용파악이 곤란하다고 지적하였다. 게다가 그 권질卷帙이 아주 많아 절반도 보지 않아 곧 싫증이 난다고 평하였다.

『동사찬요』는 기년체로 간략하게 찬집했으나, 따로 열전을 두어 실제로는 두 권과 같기 때문에 참고하는 데 어려움이 크다고 하였다.『동국통감』은 비록 하나로 묶여 있기는 하지만, 강목綱目의 구별과 편년의 차례가 없어서 읽는 사람이 그 골자를 알 수 없다고 지적하였다.

조선 후기의 전형적인 성리학자였던 시남은 우리나라 사서에 이미 학문적 불만을 느껴 강목체로 간략한 사서를 저술하고자 하였다. 또한, 그가 고려사만을 택한 것은 그 이전의 역사적 기록은 믿을 만한 것이 못 되기 때문이라고 밝히고 있다. 유계가 이 책에서 역사를 서술하는 데 있어 성리학자들이 가장 숭앙하던 주자의 강목체 정신에 충실하고자 했던 것은 너무나 당연하다. 그러나 한 편으로는 우리나라 학자로서 우리 역사를 서술하면서 우리 역사의 주체성을 살리고자 한 노력을 주목하지 않을 수 없다. … 그러나 한국 사학사의 측면에서는 하나의 좋은 자료가 될 것이다. 즉 조선의 학자와 지식인들의 역사관이 어떻게 달라져 갔는가. 특히 17세기 조선 후기 성리학자들의 고려사관이 어떠하였는가에 대한 해답을 줄 수 있기 때문이다.

- 한국민족문화대백과

43세 1649년 홍문관 부수찬이 되면서 인조가 승하하자 인조행장 찬집청 낭청이 되었다. 이때 인조의 묘호廟號를 정할 때 '조祖' 자의 사용을 반대하고 '종宗'자를 주장하는 상소를 효종 즉위년 1649 5월 23일에 올렸다.

이미 인조가 계시는데 오늘날 묘호에 다시 인仁 자를 쓴다면, 비록 전성과 후성이 도가 같고 헤아림이 같다고는 하지만 어찌 혐의를 분별하는 뜻이 없어서야 되겠습니까.

1650년 선왕을 욕되게 하였다는 죄로 온성과 영월에 유배되었으며, 46세 1652년효종 3년에 유배에서 풀려나 고향으로 돌아올 수 있었다. 향리로 돌아온 시남은 송시열을 비롯한 호서의 사림과 교유하면서 황산서원에서 『강호문답』을 저술하였다. 시남에 대한 사면, 복권의 상소가 연이은 가운데, 51세 효종 8년1657 8월에 송시열의 상소문에 첨부한 책에서 이유태·유계의 사면, 복권을 청한데 이어, 효종이 송시열·송준길을 인견한 가운데 이들이 건의와 추천으로 시강원 문학으로 다시 등용되었다.

52세 1659년 병조참지로서 비변사의 부제조를 겸임하고, 이어서 대사간·동부승지를 역임하였는데, 송시열과 함께 호포론을 제기하였다. 이 해에 효종이 죽고 복상문제가 일어나자 서인으로서 기년설을 지지하고, 3년설을 주장하는 윤휴·윤선도 등의 남인을 논박하여 유배 또는 좌천시켰다.

56세 1663년^{현종 4년} 3월 대사헌·이조 참판으로 발탁되어 이이와 성혼의 문묘 종사를 청하였다. 그해 10월 도승지에 임명되었다가, 다시 이조 참판이 되었다. 이 무렵 병이 악화되어 현종으로부터 약물을 하사받기도 하였으나, 1664년 2월 사망하였다. 『현종개수실록』의 시남 졸기는 다음과 같이 기록하고 있다.

전 이조 참판 유계가 졸하였다. 유계는 어려서부터 놀랄 만큼 총명하더니 조금 성장하여서는 넓게 보고 잘 기억하여 문장력이 풍부하였고 또 전적으로 경서의 뜻을 공부하여 발명한 것이 많아서 선비들의 추앙을 받았다. 병자년에 설서_{說書: 세자 시강원의 관직}가 되어 남한산성에 따라 들어갔다가 성을 지키기가 힘겹고 조정의 논의가 몹시 다급한 것을 보고 전쟁 수비에 관한 급선무를 조목별로 진달하였다. 당시에 대신들이 왕세자를 겹사돈으로 삼고자 하자, 유계가 나아가 면대하고 그것이 불가함을 강하게 말하였다. …이미 성에서 내려온 후에 척화했다는 이유로 죄를 받았다. 그 뒤에 금산으로 옮겨가서 날마다 사우_{士友}들과 더불어

배움에서 삶의 정도를 찾은 선비들

강독하며 지냈다.

그 후 인조의 상에 또 시호에 관한 논의 때문에 죄를 얻어 벽지에 편배編配되었다. 송시열 등이 효묘孝廟의 정권을 잡자 바야흐로 계획을 단단히 세워 복수하려고 하였다. 유계가 그때 호중湖中: 충청도에 있었다. 시열이, 유계가 아니면 함께 더불어 일할 사람이 없다고 하여 상에게 힘써 말하니, 상이 노여움을 풀고 추천 임용하였다. 얼마 후에 초천招薦하여 군국의 임무를 맡기니, 유계도 은혜로운 대우에 감격하고 지혜와 식견을 다하여 시행한 바가 있었으면 해서 매번 진대할 때나 소장을 주달할 때 말과 일에 대하여 정성을 다하였다. 현묘顯廟 초에 시사가 그전과는 달랐다. 그래서 유계는 서너 명의 명류들과 더불어 체제를 유지하고 바로잡아 구원하는 데에 도움이 되었다. 몸을 돌보지 않고 부지런히 하다가 병이 생겨 이때 이르러 죽으니, 당시의 논의가 애석하게 여겼다.

시남은 고금의 치도治道를 논하면서 자신의 정치사상을 개진한 『강거문답』을 저술하였고, 말년에는 강목체의 『여사제강』을 저술하여 노론의 고려사 인식을 보여주었다. 예론에 밝아 예송에 깊이 참여하였고, 주자의 『가례』를 기본으로 하여 『의례』·『주례』 등의 내용을 뽑고 주를 붙인 『가례원류』를 편찬하기도 하였다. 문집으로는 『시남집』이 있다.

1664년 3월 현종은 상례에 쓸 제물을 하사하였고, 4월에는 예관을 보내어 치제하였다. 1702년숙종 28년 숙종은 유계의 증직을 허락하였으며, 1706년 문충文忠이라는 시호를 내렸다. 유계를 기리는 서원으로는 임천의 칠산서원, 무안의 송림서원, 온성의 충곡서원 등이 있다. 칠산서원의 장판각에는 유계의 저술인『가례원류』와 『시남집』의 목판 원본이 보관되어 있다. 무안의 송림서원은 1706년에 유계를 추향追享하였다.

1)『가례원류』의 편찬

유교 의례는 국가의례인 왕조례 · 국조례, 학례, 향례, 가례로 구분된다. 그 가운데 전통사회에서 백성에게 가장 일반화된 유교 의례는 가정의례이다. 주자의『가례』는 이러한 가정의례의 표준으로 17세기까지 정형화되어 왔으며, 주자의『가례』에 의한 유교 의례의 체계는 관혼상제로 이루어져 있다. 가정의례의 관혼상제는 사람이 일생 동안 삶을 영위하면서 반드시 행해지는 통과의례이며, 제례는 돌아가신 조상에게 제사를 행하는 정기의례이다. 따라서 유교 의례의 기본구조와 행례의 성격을 규명하기 위해서는 주자의 『가례』를 반드시 주목해야 한다.

『가례원류』는 시남이 주자의『가례』에 관해 단락마다 해석을 붙여 정리한 책으로 효종조 계년에 완성되었으나, 판각되어 배포되지 못하였다. 1713년 유계가 엮어 상자에 보관한 지 80년 만에 좌의정 이이명李頤命, 1658~1722 이 경연經筵에서 유계의 손자 상기相基, 1651~1718가 용담현령으로 출판하려고 하였으나, 고을의 여력이 심히 부족하여 출판하지 못하고 있으니, 도신道臣: 관찰사에게 분부하여 물자를 준비하도록 하고, 상기로 하여금 책을 간행하면 세상의 가르침에 도움이 클 것이라고 임금에게 아뢰어 윤허를 받아 권상하의 서문과 후서, 정호鄭澔, 1648~1736, 정철의 손자가 발문을 붙여 1715년

14권 9책으로 간행하였다.

정호가 어렸을 적에 시남 유계 선생이 『가례원류』 1부部의 글을 편차編次한다고 들었는데, 세상에 옛것을 좋아하고 예를 숭상하는 사람들이 다 없어져 책이 완성된 지 이미 70여 년이 됐으나 능히 판각하여 널리 배포하는 자가 없어 마음이 항상 개탄스럽고 슬펐다. 계사1713년 여름, 좌의정 이이명이 경연經筵에서 유계가 편찬한 예서를 아뢰고 호남의 도신으로 하여금 책을 판각하여 간행하도록 청하니 상上이 이내 윤허했다. 오호라! 성조聖朝께서 이것의 거행함은 실로 우리 동방의 예교禮敎가 흥작興作하는 조짐인저! 얼마 있지 않아서 선생의 사손嗣孫인 용담龍潭의 현령 유상기兪相基가 종제從弟인 유진기兪晉基로 하여금 이른바 예서 초본草本이라는 것을 보냈다. 정호鄭澔에게 보낸 서신에서 이르기를, "우리 조부가 이 예서를 편찬하는 것이 이미 마쳐진 것이 바로 효종조 계년에 해당한다. 기폐起廢: 면직됐다가 다시 조정에 등용되는 것을 말한다되어 조정으로 향할 때 이 책을 문하인 윤증에게 맡기어 참작하고 서로 교감校勘하도록 요망했으나, 우리 조부가 돌아가시고 그 책이 돌아오지 않았는데 지금 조정에서 간행하여 널리 배포하라는 명이 있으니, 형세로 보아 장차 집에 보관된 초본을 판각해야 하겠습니다. 인하여 서문과 발문을 구합니다"라고 했다. 정호가 공경히 받아서 읽어 보니, 그윽히 선생의 편차 의도를 엿보건대, 대개 예서들은 많은 학파가 있어 그 법도로 삼는 데 어려움이 있었다. 이내 『주자가례』에 나가서 강綱을 세우고 목目을 나누어, 고례의 경전 및 선현의 예설을 취하고, 우리 동방의 선유先儒의 논論·저著·문자류를 아울러, 조목마다 아래에 부가하여 고열考閱함에 편리하게 했다. 그 공·사와 길·흉의 예에 관련됨이 크니, 『서書』에서 이른바 '천서天敍 · 천질天秩'이라 함과 『중용』의 이른바 '예의삼백禮義三百, 위의삼천威儀三千'이라 함이 모두 그 근원[원源]에서 말미암아 그 갈래[유流]를 알고, 그 갈래에서 거슬러 올라가 그 근원을 궁구히 하여 유가의 원수苑藪를 다하니, 아! 또한, 훌륭하구나. 오호라! 이 책에서 선생은 그 공부함의 깊이가 이와 같으나 불행하게도 부탁하는 바가 맞지 않아 그 사람은 도리어 사람들의 청문聽聞을 속이고 스스로 우리의 책이라고 하여 완전히 실상을 숨기니, 여기서 심히 할 말이 없다. 미촌 윤선거가 유계 선생의 행장을 찬술하면서 선생이 편찬한 『가례원류』의 전말顚末에 대해 갖추어서 다 말하기를 명백할 뿐만이 아닌데 일찍이 한마디도 스스로 말함이 없다. 지금 그 자손들이 하는 말과 더불어 상반되니, 무슨 마음인가? 그 설이 수암遂庵 선생이 찬한 「가례원류서후 · 소발」에 자세히 보이므로 지금 다시 상세히 살필 수가 없다. 아! 가례 원본이 중간에 유실되었다가 다시 나와 미비의 탄식함이 있는데, 지금 『가례원류』 1편의 간행이 오랫동안 인색한 까닭으로 또한 여기 의심스럽고 혼란스러운 단서를 일으켰으니, 사문의 도가 전후로 위난을 겪음이 한결같이 어찌 이토록 심할까, 거듭 한탄스럽다. 숭정갑신崇禎 甲申 후 71년 갑오 2월 하순에 후학 오천 정호 지음.

시남의 연보에 의하면 병자 척화사건으로 임천에 유배 중인 32세 때인 인조 16년1638에 『가례집해』를 찬술하였다. 이듬해 3년 만에 유배가 풀렸으며, 35세 때 인조 19년 1641 금산 마하산으로 이주했다. 미촌 윤선거와는 시내를 사이에 두고 살게 되었고, 미촌은 열세 살이 된 아들 윤증을 시남에게 보내 사사케 했다. 시남은 마하산

　　　　　배움에서 삶의 정도를 찾은 선비들

아래 서재를 짓고 '학문을 강하고 사람을 가르치는 일에 전념하겠다[以講學教人爲事]'라는 요지의 글을 걸었다. 그는 그곳에서 사우를 모아 강회를 열기도 하고 찾아오는 제자들을 가르치기도 했다. 이 무렵 『가례원류』가 완성되어 예학사에 큰 획을 긋게 된다.

또 『가례원류』의 편찬에는 미촌 윤선거가 참여하여 도운 일이 있는데, 유상기가 『가례원류』를 간행하면서 시남이 단독 편찬했다고 주장하였다. 이에 윤증은 그의 부친이 참여하여 도운 일을 들어 단독 편찬의 부당성을 주장함으로써 유계·윤선거 두 집안에 반목과 시비 논쟁이 일어나게 되었다. 여기에 『가례원류』 서문 후서에 권상하는 다음과 같이 기록하였다.

옛날에 선생께서 이 글을 편집할 때 원근에 있는 친구들과 평론을 매우 널리 하였지만, 뒤에 미촌과 사는 곳이 가까워서 참여하여 도운 일이 없지 않았다. 만년에 문인인 윤증에게 부탁하여 수윤修潤하여 완결하도록 하였으니, 참으로 회옹晦翁: 朱子이 『의례경전통해』를 지은 것과 같다. 돌아가실 때 이르러 편지를 보내어 거듭 부탁을 간절히 하였다. 지금 윤증은 말하기를 스승의 가르침이 있었는지 없었는지는 기록하지 않고, 바꾸어 다른 말들을 만들어내니 이것이 어찌 선생께서 간절하게 부탁한 뜻이겠는가? 아! 예라 함은 사람의 마음을 바로잡고 풍속과 교화를 밝히는 것인데, 지금 부모처럼 섬기던 사람에게 소진과 장의[5]의 수단을 쓰

---

5 소진과 장의: 중국 전국시대에 활약했던 유세가인 소진(蘇秦)과 장의(張儀)는 언변이 뛰어난 사람이다. 중국은 제후국들이 약육강식의 정복 전쟁을 무수히 치른 후, 서쪽에 강성한 대국인 진(秦)나라와 동쪽의 한(韓)·위(魏)·조(趙)·제(齊)·초(楚)·연(燕)나라의

고 있으니, 장차 그러한 예를 어디에 쓰리오. 선생의 높은 식견으로도 이러할 것을 헤아리지 못하였으니 사람을 알아보기가 또한 어려운 것이로다. 형칠刑七의 낭패가 바로 그의 본래의 모양이니 무얼 꾸짖겠는가?

권상하가 윤증을 비난한 것이 빌미가 되어 노론과 소론 간 갈등의 심화를 가져오기도 하였다. 『가례원류』에 관한 유계·윤선거 집안의 논쟁은 유상기가 편찬한 「계사윤유왕복서」에 자세히 기록되어 있다.

숙종 41년1715 11월 5일의 숙종실록 기록에는, 1713년 숙종 39년 여름에 이이명이 우의정이 되어 경연에서 다음과 같이 아뢴 기록이 있다.

고 부제학 유계가 찬집한 『가례원류』가 있는데, 그의 손자 유상기가 지금 용담 군수로 있으면서 이를 간행하여 세상에 내놓으려고 하고 있으니, 본도本道로 하여금 재력을 돕도록 하는 것이 마땅하겠습니다.

하니, 임금이 그대로 따랐다. 대체로 유계는 젊어서부터 오로지

전국 7웅(全國七雄)의 구도가 되었다. 이 때 각 나라의 군주들은 자신과 정치적 뜻이 맞는 인재를 찾아 우대했고, 계책을 가진 유세가들은 직접 여러 나라를 방문하여 등용되기를 구하기도 하였다. 소진은 동방의 여섯 나라가 연합하여 진나라를 제압하자는 합종책(合縱策)을 제안하였고, 장의는 그와 반대로 연횡책(連衡策)을 주창하여 진나라가 여섯 나라와 각각 외교 관계를 맺어 동맹관계를 맺어야 한다고 하였다. 처음에는 장의의 연횡책이 득세하였으나 장의가 새로 즉위한 진나라 무왕과 불화하면서 위나라로 망명하자 다시 무산되었다. 각 나라의 이해관계에 따라 합종과 연횡이 거듭되었고, 강대국 진나라가 여섯 나라를 잇달아 무너뜨리면서 221년 천하를 통일하면서 전국시대가 막을 내렸다.

배움에서 삶의 정도를 찾은 선비들

예학에 정진하였는데, 병자년 · 정축년 이후로 금산에서 귀양살이하면서 『가례원류』한 책을 편성하였다. 이때 윤선거가 유계와 가까이 살면서 또한 참여하여 도운 일이 있었는데, 그 뒤 무술년에 유계가 조정에 나오면서 그 책을 윤선거의 아들 윤증에게 부탁하여 수식하고 윤색하게 하였으니, 윤증은 바로 유계의 문인이다. 유계가 죽기에 임박하여 또 윤증에게 편지를 보내어 모두 완성하도록 면려하였는데, 그 뒤에 윤증 부자가 그대로 그 책을 머물러 두고 돌려주지 않다가, 이이명이 경연에서 아뢴 뒤에야 유상기가 비로소 그 책을 찾아서 간행하였는데 아버지가 함께 일을 한 정상을 언급하지 않은 채 까닭 없이 내어 줄 수 없다고 하다가, 끝에 가서 또 말하기를,

"세상에 우리 집 책이라고 전하였는데, 한 책이 두 집에 분속分屬된 것이 어찌 의심스럽지 않은가?"

하였는데, 그 뜻은 대개 그 책을 찬집하여 만든 공을 오로지 윤선거에게 귀속시키고자 한 것이었다. 또 말하기를,

"유계가 사망할 무렵에 부탁한 일이 전연 생각나질 않는다."

하니, 유상기가 이 일로 인하여 크게 노하여 서로 오고 간 편지 사연이 매우 아름답지 못했다. 유상기가 즉시 유계의 초본을 간행 출판하고, 서문과 발문을 권상하와 정호에게 청하였다. 권상하가 서문 뒤의 작은 발문에서 윤증이 스승을 배반한 무상無狀한 일을 대단하게 말하였고, 스승을 배반했다는 것은 바로 유계의 이 일과 송시열을 배반한 일을 가리킨다 정호도 발문을 지으면서 또한 극도로 배척하였다. 유상기가 간행한 뒤에, '이 책은 이미 계문하고 간행한 것이니, 어전에 올리지 않을 수 없다'라고 생각하고, 인하여 짧은 소를 지어 한 권의 책을 올렸는데, 임금이 그 발문을 보고 정원政院에 묻기를,

"윤 판부사判府事가 바로 유계의 문인인가?"

하니, 승지가 그렇다고 대답하였다. 임금이 이날 밤에 특별히 비망기備忘記를 내리기를,

"윤 판부사는 사림의 중망重望을 받아왔고, 내가 평일에 존신함이 어떠하였던가? 그런데 부제학 정호가 감히 업신여기는 마음을 품고 침범하여 배척하기를 한두 번에 그치지 않았으니, 진실로 이미 해괴하게 여길 만하였다. 그런데 그 지은 『가례원류』 발문 가운데에, '이 책을 문인인 윤증에게 부탁하여 참호參互하여 교감해 주기를 요구하였다'라고 서두에 말하고, '불행하게도 그 적임이 아닌 사람에게 부탁하여, 도리어 사람들의 청문聽聞을 속여 스스로 우리 집 책이라고 하면서 전혀 실상을 숨기고 있으니, 이는 매우 무위無謂: 의의가 없음 한 일이다'라는 등의 말로 끝을 맺으면서, 낭자하게 마구 꾸짖었으니, 이것이 진실로 무슨 마음인가. 더구나 그 발문을 지은 것이 유현이 이미 죽은 뒤에 있는 일이니, 더욱 놀라 탄식할 만한 일이다. 정호를 파직하여 서용하지말 것이며, 이 발문을 쓰지 말도록 하라."

하였는데, 승지 임방 · 황일하 · 이교악 등이 복역覆逆: 임금이 내린 명령이 잘못되었다고 여기면, 승정원에서 임금의 뜻을 거스르면서 다시 아뢰는 것 하여말하기를,

"이 일은 반드시 곡절이 있을 것입니다. 정호가 까닭 없이 예대禮待했던 대신을 침범해 배척하지는 않았을 것이니, 파직하라는 명령을 거두소서."

하자, 임금이 답하기를,

"무인년1698 숙종 24년 이후로 정호가 유현을 침범해 배척하여 물어뜯기를 마지않더니, 이제 발문 가운데에서 무함하여 꾸짖으며 이르지 않는 바가 없는데, 어찌 유상儒相과 같이 어진 이가

사람들의 청문을 속이고 스스로 우리 집 책이라고 했을 리 있겠
는가. 더구나 『가례원류』를 간행하여 바친 것을 정호도 알았을
터인데, 공공연하게 마구 욕하였으니 방자함이 심하다고 할 만
하다. 파직하라는 명도 이를 그르쳐서 너무 관대한 것인데 급급
하게 신구 伸救 하는 것은 또한 무엇 때문인가. 한 번 논의가 나
뉘고부터 시비가 공변되지 못하니, 참으로 괴이한 일이다"라고
하였다.

회니시비 懷尼是非 는 숙종 때 사제 관계에 있었던 송시열과 윤증
의 불화 때문에 그들의 제자들 사이에서 벌어진 일련의 분쟁으로,
서인이 노론과 소론으로 갈라지게 한 사건이다. 숙종조에 충청도
회덕 懷德 에 살았던 우암 송시열과 그의 제자로서 이산 尼山 에 살았
던 명재 윤증은 여러 가지 일로 불화를 빚었다. 그들의 사사로운
불화는 1684년 숙종 10년 4월에 송시열의 제자 최신이 조정에 윤증
을 고발하고 처벌을 요구함으로써 국가 차원의 정치적 분쟁이 되
었다. 두 사람의 제자들은 각기 스승을 변호하고 상대방을 비판하
는 논쟁을 벌임으로써 조정이 시끄러워지고 서인이 노론과 소론으
로 갈라지게 한 요인이 되었다.

윤증은 1681년 숙종 7년 송시열에게 비난의 편지를 보내려다 그만
두었는데, 여기에는 송시열이 '의리와 이익을 같이 행하고[義利雙
行], 왕도와 패도를 병용하였다[王霸幷用]'라는 내용이 들어 있었
다. 이를 '신유의서 辛酉擬書'라고도 하는데, 이것이 송시열의 사위이
자 윤증의 사촌인 윤박에 의해 세상에 알려지게 됐다. 1684년 4월
최신이 신유의서의 내용을 가지고 스승을 배반한 죄로 윤증을 고

발하고 처벌할 것을 요구하자 대대적인 정치적 분쟁이 야기됐다. 윤증의 제자 나양좌와 친구 박세채 등은 그를 옹호했고, 송시열의 제자들과 조정의 대신들은 윤증을 비판했다. 이리하여 서인이 노론과 소론으로 갈라지게 되었다.

이 일이 있고 난 후 숙종 42년1716 병신년 7월 6일, 숙종은 윤증의 '신유의서'와 송시열의 묘갈명 등을 검토한 후, "윤증의 말이 송시열을 억누르는 것이 너무 많으니 허물이 없다고 할 수 없으며, 따라서 여러 사람이 이를 따지는 것도 이상하지 않다"라고 판결했다. 동시에 앞서 빼도록 지시한 권상하의 서문을 다시 새겨서 넣으라고 명하고, 또 정호의 발문도 아울러 그대로 두라고 명하였다.

숙종실록 59, 숙종 43년1717 1월 12일 기록에 다음과 같은 기록이 있다.

> 갑자년 차대次對 때에 두 대신이 윤증의 일로 아뢴 것이 있었는데, 내가 곧 윤허하여 유신儒臣으로 대우하지 않았었다. 이제 와서 의서擬書가 한 번 나오게 되어 허물이 두루 드러나니, 이것은 참으로 사문斯文의 큰 이변이다. 스승과 제자가 있고부터 이후로 듣지 못한 것이니, 어찌 한심하지 않겠는가? 아아! 내가 옛날의 잘못을 시원스럽게 깨달아 처분이 크게 정해졌으니, 좋아하고 미워하는 것을 밝히는 도리에 있어서 결코 선정先正이라는 참칭僭稱을 금하고, 증시贈諡하고 사우祠宇를 세우라는 명을 도로 거두는 데에만 그칠 수 없으니, 이제부터 다시는 윤증을 유현儒賢이라 부르지 말아서 내가 어진 이를 존중하고 간사한 자를 배척하는 뜻을 명백히 보이도록 하라.

배움에서 삶의 정도를 찾은 선비들

『가례원류』는 주자의 『가례』 본문은 경으로 하고, 『의례』·『주례』·『대례』 이하 여러 경전에서 발췌하여 그 아래에 나누어 주석을 붙이거나 보주의 끝에 편입한 것을 '원源'이라 하였다. 또 후세의 여러 유현들의 예설 가운데 참고가 될 만한 것을 '류流'라 하여 예설의 본원과 분류를 분명히 하였다. 또 고경古經 중에서 제왕가의 사례四禮와 조근朝覲, 빙향聘享 등의 여러 의례를 모아서 편말에 부록하여 『속록』이라고 하였다.

유계는 『가례원류』에서 누락된 가정의 의례 이외의 부분은 『가례원류 속록』으로 편찬하였는데, 『가례원류 속록』은 2권 1책으로 유상기가 교열하여 1715년에 간행하였으며, 1712년에 쓴 권상하의 서문이 있다. 『가례원류 속록』 역시 『가례원류』와 같은 방법으로 구성되어 있으며, 여러 예설에서 국가 행사 예에 관한 내용을 모아 조정 예식의 참고 예서로 편찬된 것이다.

시남 유계는 기호 예학사에서 중요한 위치를 차지하는 인물이다. 그는 『가례원류』를 편찬하면서, 예와 관련된 중국의 고서와 중국 예학자들의 예설을 바탕으로 이언적·이황·이이·송익필·김장생·이암 등 우리나라 학자들의 예설을 조선의 환경과 여건에 맞게 인용함으로써 조선 예학의 독자성을 추구하였다.

6. 미촌 윤선거

미촌 윤선거美村 尹宣擧, 1619~1660 는 조선조의 유학자로서, 이른바

호서 오현의 한 사람이다. 본관은 파평으로 아버지는 사간원 대사
간을 지낸 윤황이고 어머니는 창녕 성씨로 서인의 학자 성혼의 딸
이다. 1610년 5월 28일 전라도 영광에서 태어났는데, 당시 부친 윤
황은 영광군수로 있었다. 윤선거의 자는 길보吉甫고 호는 미촌·노
서魯西·산천재山泉齋 등이었는데, 이러한 호의 유래는 그가 금산에
살 때 그 집의 이름을 복례復禮로 지으려고 했었다. 그러나 미촌에
살 곳을 정한 후에는 일묵一默을 집의 이름으로 삼고 또 삼회三悔를
집의 이름으로 삼았으니, 이는 그에게 평생 후회할 것이 많았다는
뜻이다. 노서라는 호는 중형 동토 윤순거가 지어 준 것이며, 후당後
塘·미촌은 그가 살던 곳의 이름을 따서 학자들이 불러준 것이다.
그의 집안은 일명 '노성 윤씨'라고도 부른다. 그의 증조윤증의 고조인
윤돈이 처가가 있는 충청남도 노성에 처음 정착해 '노성 윤씨'라는
별칭을 얻었다.

형은 윤순거, 윤문거이며, 사촌은 윤원거이고, 아들은 후일 소론
의 영수가 되는 윤증이다. 또한, 오랜 친구이자 정적인 송시열은 그
의 고모부의 5촌 조카로, 훗날 이중 삼중으로 겹사돈 관계를 형성
하기도 했다.

아버지인 윤황에게서 학문을 배우다가 신독재 김집의 문하에서
수학하였다. 그는 성혼의 학맥을 계승했고, 다른 스승인 김집을 통
해 이이의 학맥을 계승했다. 김집의 문하에서 공부할 때 그는 송시
열을 만났는데, 이후 그는 송시열과 매우 가까이 지냈고, 훗날 송시
열의 장녀가 윤선거의 형 윤문거의 며느리가 되어 사돈이 된다.

윤선거는 1626년 16살 때 생원 이장백의 딸 공주 이씨와 결혼

하였는데, 부인 공주 이씨는 후일 병자호란 때 스스로 목숨을 끊어 절의를 지켰다. 1633년 생원·진사시에 합격하여 약관의 나이에 이미 문행文行으로 명성이 높았다. 1634년 봄 후금이 황제라고 자칭하고 사신을 보내어 청나라를 섬길 것을 요구하자 유생들과 함께 상소를 올려서 사신들을 죽이고 문서를 불태워버릴 것을 요청하였다. 그해 12월 청의 대군이 침입하자 강화도로 피난하였다.

이해 12월 병자호란이 일어나자 강화로 가서 권순장·김익겸 등과 함께 성문을 지켰다. 이듬해 강화가 함락되자 권순장·김익겸과 중부인 윤전도 자결하고 말았다. 윤선거는 아내 이씨는 자살했으나, 병든 부친을 만나기 위해 홀로 사신을 따라 남한산성으로 떠났다. 그러나 성안으로 들어가지 못하고 돌아가려 해도 도랑[천川]을 건널 수가 없어, 이리저리 헤매다가 간신히 탈출하여 목숨을 부지할 수 있었다. 숙종실록에서 나량좌는 윤선거의 이 일에 변호하며 다음과 같이 숙종 13년1687 3월 17일에 상소하였다.

윤선거가 병자년에 강도江都로 들어갈 적에 권순장·김익겸과 함께 의병이 되기로 언약하여 유병儒兵을 가지고 성첩城堞을 분담하여 지키다가 적의 군사가 성에 들어오자 진원군 세완이 효종의 명으로 남한산성에 봉사奉使 나가면서 윤선거에게 이르기를, '그대가 나와 함께 가야 하겠다' 하므로, 윤선거가 드디어 미복 차림으로 세완의 종자가 되어 갑진甲津을 건넜었고, 남한산성에 이르러서는 성에 들어가지 못하게 되자, 드디어 세완을 따라 돌아와 효종의 행중으로 들어갔었던 것입니다. 지금 말을 하는 사람들이 이에 윤선거의 일을 말하기를, '벗들과 같이 일하기로 해놓고 벗들은 죽었는데도 죽지 못했고, 아내와 죽기로 언약해 놓고 아내는 죽었는데도 죽지 못했다'라고 합니다. 대개 윤선거는 직무에 관계되는 일이 있었던 것이 아니고, 군사를 피해 들어갔다가 군사가 닥치므로 떠난 것입니다. 이는 곧 선비의 정해진 분수로서 진실로 반드시 죽어야 하는 의무는 없는 것이고, 강화 講和하는 일이 이미 이루어지고 수비를 또한 파하게 되어서는 비록 죽고 떠나지 않으려고 해도 할 수 없는 것입니다.

이때 탈출하지 못한 아들 윤증과 딸이 1명 있었는데, 아들 윤증은 자신의 족보를 쓴 수첩을 누이에게 주고 외우게 하였다. 뒤에 여진족의 노비로 끌려갔다가 여러 사람 거쳐서 의주에서 노비 생활을 하던 윤선거의 딸 윤씨는 남동생인 윤증이 준 수첩 덕에 구제될 수 있었다.[6]

이 강도江都 사건은 윤선거의 일생을 통해 씻을 수 없는 통한의 수치였다. 남한산성에 가서 병든 부친을 만나보고자 했다지만, 절의를 지키는 선비적 관점에서 볼 때 윤선거의 탈출은 비난의 대상이 되기에 족했다. 그래서 그는 자기 입장을 이렇게 밝히고 있다.

신은 밖으로는 붕우들에게 부끄럽고 안으로는 처자에게 부끄럽습니다. 중부를 좇지 못하고 노비가 되어 구차히 죽음을 면하였으니, 난에 임하여 성性을 잃고 의義 처하여 형상이 없습니다. 지

---

6 윤씨는 부임하는 부사나 선비들에게 자신의 족보를 보여주며 자신의 신분을 알렸지만 아무도 알아주지 않다가 의주에서 만난 어사 이시매가 윤선거와 친분이 두터운 사이라, 이시매가 대신 몸값을 지불해 풀려난 뒤 보내주었다.

배움에서 삶의 정도를 찾은 선비들

금 돌이켜 생각하니 죽음을 얻지 못한 것이 한스러울 뿐입니다. 몸과 이름을 무너뜨리고 더럽혔으니, 정리情理가 슬프게 새겨져 하늘을 우러러보아도 땅을 굽어보아도 얼굴을 드러낼 수 없어 한평생을 고향에 숨어 살기로 기약했습니다.

이와 같은 강도 사건은 윤선거의 평생에 걸친 멍에가 되어 그는 평생 벼슬길에 나아가지 않았다. 그는 형조좌랑, 지평, 장령, 집의 등 많은 벼슬을 받았지만, 상소문 도처에서 '죽을죄를 지은 신 윤선거[死罪臣尹宣擧]'라는 표현으로 자신의 처지를 밝히면서 조정에 발길을 끊었다. 1636년 3월 부친 윤황이 청과의 화친을 반대하는 척화상소를 올린 죄로 청나라의 압력을 받아 충북 영동으로 유배될 때 따라갔다. 1638년에 석방되었는데, 이때 윤선거는 부친을 모시고 금산 남촌으로 거처를 옮긴 후 과거에 뜻을 버리고 평생 학문 연구의 길을 열었다.

1642년 시남 유계와 함께 금산 마하산 아래에 서실을 짓고 이름을 '산천山泉'이라 하였다. 1644년 여름 윤선거는 유계, 송시열, 이유태 등 호서 유림들과 더불어 서대산 신안사에 모여 고례를 강학하였다. 1646년 6월에 김집을 방문하였으며, 송시열, 이유태, 종형 윤원거 등과 함께 돈암서원에서 회동하였다. 이때 김집은 나이가 70세나 되었는데도 용공이 게으르지 않았다. 김집은 다른 사람들에게 말하기를 "윤모는 행실이 독실하고 생각이 정밀하여 다른 사람이 미치지 못하는 바가 있다"라고 하였다.

호서 오현으로 절친한 송시열과 윤휴가 학문적 문제로 대립하자, 중립을 취하여 오히려 오해를 산다. 송시열은 서인, 윤휴는 남인이었고, 논쟁 중 처음에 송시열에게 윤휴의 생각도 존중받아야 한다고 윤휴를 옹호하는 발언을 하여 송시열과 관계가 틀어진다. 그 뒤 예송 논쟁 직후에도 양자의 의견을 조정하려다가 송시열에게 윤휴와 결별할 것을 강요당하기도 한다. 송시열은 그의 오랜 친구이자 사돈이었으나, 병자호란 당시 혼자 피신한 것과, 예송 논쟁 당시 그가 윤휴의 의견을 두둔하면서 관계가 악화되었다. 죽은 후 증 이조참의에 증직되었다가 다시 아들 윤증의 현달로 증 의정부 영의정에 추증되었으나 1715년 유계와 함께 펴낸 『가례원류』의 발문을 놓고, 노·소론이 싸움을 벌여 아들 윤증과 함께 관작이 추탈당했다가 1722년_{경종 2년} 복관되었다.

1) 윤선거의 교유

효종실록 효종 8년₁₆₅₇ 9월 14일에 다음과 같은 기록이 있다. 시강을 마치고, 송준길이 다음과 같이 아뢰었다.

> 전날 지금 세상에서 제일가는 사람이 누구냐고 하문하셨는데, 신이 감히 대답하지 못했습니다. 그러나 송시열이야말로 시강의 직임에 합당하니, 조정에 그보다 나은 사람이 없습니다. 소신은 정신이 혼미하고 짧으며 말이 헛갈리니 어찌 성상의 마음을 열어 깨닫게 할 수 있겠습니까. 방정하고 독실하기로는 신이 송시열이나 윤선거만 못하고, 여유 있고 원만하기로는 신이 이유태만 못하고, 재기가 번뜩이고 해박하기로는 신이 유계만 못합니다.

송준길이 동료들과 얼마나 돈독한 우의를 가지고 있는지 보여 주는 대목이다. 자신은 최대한 낮추면서 친구들은 좋은 장점만 선택하여 효종한테 천거한 것이다. 삼현대의 한 사람인 절친 송시열은 시강의 적임자로 조정에서 제일인자이면서 효종의 마음을 열어 깨닫게 할 수 있는 사람이고, 윤선거는 품행이 방정하고 독실하여 남에게 실례를 범하지 않는 사람이고, 이유태는 항상 여유 있고 대인 관계가 원만하여 반목과 갈등이 없는 사람이고, 유계는 재기가 번뜩이고 총명하여 해박한 지식으로 사물의 이치를 꿰뚫기 때문에, 이 네 친구가 자신보다 역량이 훨씬 뛰어나다고 칭찬하고 있다.

송시열과 송준길, 이유태는 '삼현대'였다면, 유계와 윤선거는 서로 가까운 곳에 살면서 절친 관계 이상을 유지한 '두 사람이 마음을 같이하는 이인동심二人同心' 사이였다. 특히 유계가 호서 사람과 교유하면서 가장 긴밀하고 깊은 정리를 맺었던 것은 윤선거의 노성 파평 윤씨 일가이다. 유계가 김집의 문인으로 입문하여 문인들과 교유한 시기는 확실하지 않으나 김집의 문인 가운데 노성의 윤씨와 각별한 인연은 병자호란 때부터이다. 병자호란 때 척화신으로 논죄가 됨에 따라 윤선거의 부친 윤황이 정배되고, 유계와 동향인 윤황은 관직이 삭탈되고 유계 또한 정배되었다. 이렇게 유계와 윤선거 집안으로 척화신의 인연이 윤황의 아들에 이르러서도 깊은 인연을 맺게 된다. 윤황의 아들들은 대부분 김장생, 김집의 문인으로 윤순거·윤문거·윤선거가 유계와 두텁게 교분을 쌓았다. 유계가 1633년인조 11년 27세 때에 식년시 문과에 급제하였는데, 윤선거

중형 윤문거도 급제하여, 유계와 같은 시기에 과거에 급제하였고, 조익에게 수학하기도 하였다.

유계가 척화신으로 유배에서 석방될 때까지 4년을 임천에서 살았는데, 윤선거 일가가 살고 있는 노성은 가까운 거리로 서로가 왕래가 있었고 이들의 교류에 더욱 친밀함을 가져다주었을 것이다. 유계가 『가례집해』를 중수할 때 윤선거의 도움을 받은 것으로 보아 이때에도 예에 관련된 책을 편찬할 때 서로의 교감이 있었던 것으로 보이나 기록된 내용은 없다.

1642년 유계가 금산 마하산 아래에 삶의 터전을 옮긴 것도 윤선거 일가와의 인연 때문이다. 윤황의 일가는 이미 이곳에 옮겨 살았고, 유계가 터를 잡은 곳은 냇물을 사이에 둔 지척 간이었다. 윤선거는 강도江都의 일 이후 고향에 돌아가지 않고 금산에 은거하였다. 윤선거와 유계의 집안은 '이인동심二人同心', '미촌의 아들 윤증이 유계에게 수업받을' 만큼 두 집안의 친밀한 교유가 있었다. 이런 연유로 유계도 이사 온 다음 해에 마하산 아래에 서실을 짓고 '산천재'라 편액하였다.

유계의 아들 유명홍은 윤선거의 중형 윤문거의 딸과 결혼하였고, 윤문거의 아들 윤박은 송시열의 딸과 결혼하여 이들은 겹사돈이 되었다. 유계와 윤선거 일가는 학연, 지연, 혈연 등으로 엮인 가문의 공동체 같은 긴밀한 관계였다. 윤선거와 송시열의 이런 관계가 틀어진 결정적인 단서가 있었다.

숙종실록 1년1675 윤5월 13일의 기록은 다음과 같다.

배움에서 삶의 정도를 찾은 선비들

이유는 간사하고 독하며 불령不逞한 사람이었으나, 가업이 넉넉한 부자였으므로 재물로써 윤휴와 결합하여 죽음을 함께하는 한당黨이 되었다. 일찍이 수묘數畝의 토지를 다투다가 그의 숙모를 욕보였고, 또 조카 이삼재와 다투다가 손가락을 다치기도 하였다. 그러나 윤휴와 권유는 그를 더욱 애호하면서 그 칭찬함이 이르지 않는 데가 없었다. 윤선거는 본래 윤휴를 믿어서 자기의 아들 윤추를 이유의 사위로 삼고자 하여 이를 송시열에게 물었더니, 송시열이 답하기를, '이유의 사람됨을 어떤 이는 안증으로 여기고 어떤 이는 척교로 여기니,[7] 형이 재량해서 처리하오' 하였는데, 윤선거가 듣지 않고 마침내 혼인을 하였다. 이단하는 이유의 숙모와 일가 간이어서 그 일을 자세히 알기 때문에 말하였고, 이태연이 이유와 이삼재를 함께 체포하여 치죄하기를 청한 것은 풍속과 교화를 바로잡으려는 것이었고 송시열은 알지도 못했던 일인데, 이삼달이 〈자기의 아버지인 이유가〉 송시열에게 미움을 샀기 때문에 죄를 입었다고 말하면서 때를 타서 무망함이 한이 없었다.

또 남인인 윤휴가 사물의 진리를 주희만 알고 다른 사람들은 모를 수 있느냐는 발언을 하여 서인과 사림이 피할 수 없는 갈등을 야기하게 되었다. 윤휴는 주희의 학설에 맹목적으로 추종하는 태도를 배격하고 오히려 주희와 대등한 입장에서 독자적으로 경전을 해석하는 방향으로 나갔다. 『중용』에 대한 주희 주석의 오류를 찾

---

7 안증(顔曾)으로 여기고 어떤 이는 척교(跖蹻)로 여기니,: 안증은 공자의 문인인 안회와 증삼을 가리킨 것이고, 척교는 고대 중국의 대도인 진나라의 도척과 초나라의 장교를 가리킨 것이다.

아낸 윤휴는 자기가 새로 주석하여 가르친다거나, 주희의 학설이라도 틀릴 수 있다고 주장했다, "천하의 이치를 어찌 주자 혼자만 안단 말인가? 주자는 내 학설을 인정하지 않겠지만, 공자가 살아온다면 내 학설이 이길 것이다." "공자라 할지라도 잘못된 것은 잘못되었다고 해야 한다. 내가 보기에 공자도 잘못된 것이 있다"라고 하였다. 송시열은 윤휴에게 선현을 모독하는 행위라며 중단할 것을 촉구했으나 윤휴는 오히려 자신의 정당성을 주장했다.

송시열과 이유태는 이 문제를 두고 1653년 황산서원에서 동료 친구들을 모아서 이 문제를 토론한다. 여기에는 윤선거, 권시, 유계, 권성원 등이 참여하였다. 1653년_{효종 4년} 윤7월 송시열은 윤선거, 유계 등 10여 명의 저명한 서인 학자들과 황산서원에 모여 시회詩會를 열었다. 황산서원은 조광조, 이황, 이이, 성혼의 위패를 모신 사당으로 송시열은 이 선현들 앞에서 윤휴를 단죄하려 한 것이다. 윤선거는 윤휴를 높이 보며, 그 학문이 높고 깊다고 했다. 반면 송시열은 윤휴가 사문난적과 같다고 극렬하게 비난했다.

윤휴 등 남인의 학문적 견해와 정치적 태도에 대한 서인 내부의 의견 차이에서 비롯한 송시열과의 갈등은, 뒷날 아들 윤증과 송시열의 대립으로 이어져 노소 분당의 한 계기로 작용하게 된다.

조선왕조는 두 번의 문예부흥 운동이 있었다. 첫 번째는 15세기에 불세출의 성군 세종이 이끌었고, 두 번째는 18세기에 정조가 열었다. 15세기 문예부흥 운동의 핵심이 한글 창제와 과학 혁명이었다면 정조가 주도했던 18세기 문예부흥 운동은 외국 문물의 혁신적 도입과 문화 영역의 저변 확대였다. 윤휴의 이런 주장과는 달리

배움에서 삶의 정도를 찾은 선비들

정조는 주자에 대한 신봉이 지극했다. 정조실록, 정조 22년1798 4월 19일에 다음과 같은 기록이 있다.

> 나의 평생 공부는 1부의 주자서朱子書에 있다. 내 나이 20세 때부터 주자서를 편집하고 주해註解를 초정抄定하였고, 또 구두점을 찍었다. … 작년 여름부터 가을까지는 『주자전서』 및 『대전』·『어류』를 가져다가 구어句語를 절략節略하여 또 한 책을 만들어서 『주자서절약朱子書節約』이라 명명하였다. 요즘에는 또 『주자대전』 및 『어류』와 그 밖의 주부자朱夫子의 손에서 나온 편언 척자片言隻字까지를 한데 집대성하여 일부의 전서로 편집하려 하고 있다. 그리하여 편집이 다 이루어지면 장차 주합루宙合樓 곁에 방하나를 별도로 마련하여 주부자의 진상眞像을 봉안하고, 아울러 그 안에다 전서의 판본을 갈무리하고자 한다. 나는 주부자에게 실로 스승으로 섬기는 정성이 있다.

윤선거의 장례식 때 윤휴가 찾아오자 윤선거의 문도들은 받아들여서는 안 된다고 주장하였다. 그러나 윤증은 윤휴의 문상을 받아들였는데, 윤휴는 제문에서 윤선거에게 '자기주장을 세우지 못하고 송시열에게 끌려다니기만 했다'라며 그를 조롱하는 제문을 남겼다. 윤증은 윤휴의 문상을 받아준 것을 크게 후회했다고 한다. 동시에 윤선거가 생전에 윤휴와는 만나지 않겠다고 송시열, 이유태 등에게 약속했으면서도 따로 윤휴와 만난 사실이 알려졌고, 윤선거에 대한 송시열의 감정은 오랜 친구에 대한 추모에서 증오로 변질된 것이다.

제11장

파평 윤씨 노종파의 가학

1. 파평 윤씨 노종파의 형성

파평 윤씨 노종파가 노성 지방에 자리를 잡게 된 것은 윤돈 $_{尹暾}$ 에서부터 시작한다. 그의 형제는 경기도 파주에 살았고 윤돈 혼자 만 노성에 이주한 것은 문화 류씨 유연 $_{柳淵}$의 차녀와 결혼하면서 처가인 노성 근방의 현 광석면 득윤리에 생활의 터전을 정착하게 된다. 윤돈이 이곳에 정착하게 된 이유는 처가의 가통을 계승하려 는 역할로 보인다. 당시의 사정을 자세히 전해주는 정확한 기록은 없어졌지만, 다행히 처가로부터 재산을 분배받는 화회문서 $_{和會文書:}$ $_{재산을 분배한 기록}$가 전해지고 있어 주목된다.

이 화회문서는 장인이었던 유연의 3년 상을 마친 1573년 $_{선조 7}$ $_{년}$ 8월 12일에 자녀들이 모여 유연의 재산을 분배하는 문서이다. 이 문서에 의하면, 유연은 슬하에 2녀 1남을 두었는데, 장녀 $_{한여헌의}$ $_{처}$, 차녀 $_{윤돈의 처}$, 3남 유서봉이었고, 재산을 분배 당시 한여헌과 유 서봉이 이미 고인이 되어 장녀와 윤돈, 그리고 유서봉의 처 이씨가 참여하였고, 윤돈의 아들인 윤창세가 참여하여 집필을 했다. 윤돈은 처남인 유서봉이 절손이 되자 처가 제사를 도맡아 지냈고, 현재까지도 노종파에서 유연의 제사를 지내고 있는 것은 이러한 연유에서이다.

윤돈은 59세의 일기로 1577년_{선조 10년}에 죽었고, 그의 아들 윤창세는 광석면 득윤리에서 현재의 노성면 병사리 비봉산 자락으로 삶의 터전을 옮기게 된다. 윤창세는 노종 5방파인 다섯 아들을 두게 된다. 첫째인 설봉공_{수燧}, 둘째인 문정공_{황燧}, 셋째인 충헌공_{전燧}, 넷째인 서윤공_{흡燧}, 다섯째 전부공_{희燧}이다. 이들 중 윤선거의 부친인 윤황은 척화상소 문제로 유배 생활을 하였고, 윤선거의 숙부인 윤전은 강화도에서 청군과 대치 중 순절하였다. 그리고 명재의 모친인 이씨는 강화에서 자진 순절하는 등 병자호란 때 사족 가문으로 충절을 지켰다.

이후에 종학당 건립은 결과적으로 파평 윤씨 노종 5방파가 기호지방의 명문 세족으로 널리 알려지는 결정적인 계기가 되는데, 종학당에서 많은 인재가 배출되면서 사계 김장생을 배출한 연산의 광산 김씨, 우암 송시열과 동춘당 송준길을 배출한 회덕의 은진 송씨, 그리고 노성의 파평 윤씨, 세 집안이 기호지방의 학문의 세 다리처럼 예학의 새로운 지평을 이루게 된다.

윤돈은 광석면 득윤리에 거주하였으나 윤창세는 광석과 노성에서 다시 서울로, 윤황은 노성 병사리에서, 윤황의 동생인 윤전은 연산에 거주하였고, 윤황의 아들 문거는 석성에, 선거는 금산에, 선거의 아들 윤증은 노성에 각각 주거하면서 학문적 영향을 키워갔던 것으로 보인다. 특히 노서 윤선거는 우암 송시열 · 동춘당 송준길 ·

초려 이유태 · 시남 유계 등과 더불어 김장생 · 김집의 문인으로서 호서 산림의 오현으로 일컬어졌고, 유계와는 시내를 사이에 두고 금산서 살게 되었다. 이때 도의道義를 강론할 때 함께 공부하며 성리학에 전심하기로 마음먹었다.

또 윤선거는 열세 살이 된 윤증을 유계에게 사사를 받게 한다. 윤증은 1647년 권시의 딸과 혼인하고, 그의 문하에서 수학하였다. 이후 김집의 문하에서 주자에 관해 배웠고, 28세 때 스승 김집의 권유로 당시 회천에 살고 있던 송시열에게서 『주자대전』을 배웠다. 송시열 이외에도 장인인 권시와 부친의 동료인 송준길, 윤휴 등 당대의 명사들과 스승과 제자로 매우 친밀한 관계를 맺었다.

2. 노종파의 가훈

윤돈에서 그의 아들 윤창세의 가계를 이어 노종 5방파가 형성되고, 후일 이 가문의 상징적인 인물이 되는 소론의 영수 명재 윤증으로 유지되고 계승 발전된다. 본래 노종 5방파의 가문 전통과 결속은 윤증의 백부 윤순거가 주력했지만, 숙부 윤원거와 부친인 윤선거가 함께 논의하였고, 교학 부분은 윤선거의 의견이 많이 반영되었다고 한다. 이러한 가문의 전통은 가훈과 유훈을 통해서 계승되었다.

종법은 금석과 같이 소중히 지키고, 선조의 가르침은 작은 도끼와 큰 도끼같이 무섭게 알아야 한다. 이를 감히 지키지 않는 자가 있다면 그 작은 도끼와 큰 도끼가 너희 범법을 용서치 않을 것이다.

이 가훈은 노종 가문의 종법으로 대대로 그 자손들이 준수해야 할 규범으로 전해진다. 노종 가문의 선조들이 준수해서 전통으로 유지된 가족윤리는 노성 땅에 처음으로 안주했던 윤돈의 성품에서 비롯되었다. 그는 품성이 관대하고 착하여 마을 사람으로부터 칭송을 받았을 뿐만 아니라 가축까지도 사랑하여 남과 다투는 일이 없었기에 모두 그를 믿고 따랐다고 한다. 그래서 그는 "명가의 자손으로 태어났으면서도 스스로 몸을 시골에 감추어 힘써 농사를 낙으로 삼아 남과 경쟁하거나 논쟁하는 일이 없었다"라고 하였다. 그의 아들 창세 역시 부친의 성품을 닮아 언행이 공손했을 뿐만 아니라 효순하고 청렴하여 '효렴공^{孝廉公}'으로 칭송되고 있다.

명재의 조부 윤황의 유훈과 가훈에서 아들들에게 훈계한 글이 있는데, 그 하나가 귀양길에 동작진에서 지은 것으로 선비 가문으로서의 자제와 절제, 그리고 새로운 각오를 당부한 것이다. 이 글에서는 혼수, 제수, 생활 용구, 장신구, 장례 등에서의 절제와 검약의 구체적인 방법까지 서술하고 있다. 다른 하나는 같은 해 그가 금산에 머물 때 자식들에게 경계하는 글로, 절제와 검약을 다시 강조하는 유언처럼 보인다. 그리고 2년 뒤인 1639년 4월에 만든 가훈은 그가 죽기 직전의 것이다. 이는 평소 자식들에게 강조하였던 것을 재정리한 것이라고 보아야 할 것이다. 전문과 조목으로 되어 있는데, 전문에서는 선비 가문으로서 지켜야 할 절제와 법도를 강조하

배움에서 삶의 정도를 찾은 선비들

고 있고, 가훈의 시행 방법도 지적하였다.

그리고 명재의 백부 윤순거가 병사리에서 지은 종약 서문에 따르면 사람의 도리를 강조하였고, 내용으로는 조상을 잘 받들고 친족을 아끼고 사랑하라는 것이다. 그리고 종약을 지켜야 할 이유를 다음과 같이 말하였다.

> 세상이 어지러워져서 속되고 마음을 감추고 사는 세상이 되어 사람의 도리를 가르치지 않게 되면, 사람들이 각자 자신만을 알게 되고 재물에 제 욕심만 부리고 제 일신만 편하게 하려 하거나 제집만을 알게 되어서 친목과 존경의 도리를 생각하지 않게 된다. 그뿐 아니라 선조 대대로 사시던 고향을 한 번 떠나 종신토록 틈을 내어 선조 산소에 성묘하지 않거나 비록 두루 친족이 있다 하나 여러 세대 서로 왕래하지 아니하게 되면 친족 간에도 서로 알아보지 못하게 되며, 혹은 산소를 분별치 못하게 된다.

생존해 있는 후손들이 조상들을 보지 못하더라도 마치 살아 계신 것처럼 지극히 섬기고 공경해야 한다. 조상 섬김은 본래 순수한 섬김의 정신을 바탕으로 지속되어야 하는데, 세속의 영리추구에 따라 세속화되어 일신상의 편리함을 도모하거나 현세 후손의 이익과 공명 추구 등으로 인해 섬김을 소홀히 하는 것을 지적한 것이다. 그래서 사람의 도리를 가르치지 않으면 이기심으로 인해 친목과 존경의 도리가 훼손된다고 보았고, 또 고향을 떠나 선조 산소를 성묘하지 않거나 친족이 서로 왕래하지 않으면 친족 간에 누가 누군지 알 수 없을 뿐만 아니라 어떤 산소가 자신의 선조 산소인지 분별하지 못하는 불효를 짓게 된다고 보았다.

자기 자신처럼 아끼고 양육해 주는 부모의 귀중한 은혜를 깨닫고 그 부모의 사랑을 지속시키려고 노력하는 것이 조상 섬김이다. 마음으로 우러나 부모 섬김을 함으로써 부모와 내가 한마음이 되며, 부모를 통하여 역시 부모와 한마음인 형과도 한마음이 되고, 이런 식으로 계속 확충이 되면 전 인류와 내가 한마음이 되기 때문이다.

유교는 인간을 우주 자연의 질서 속에서 태어나는 존재로 보았고, 나를 낳고 길러준 부모에게 감사하고 보답하는 마음이 있다면 그 마음은 주변의 이웃과 우주 만물에까지 이른다고 하였다. 가정 안에서의 섬김은 그 안에서 그치는 것이 아니라 세상에 대한 보편적인 사랑으로 퍼져 나간다고 본 것이다.

3. 종학당과 문중의 자녀교육

조선 시대 교육기관으로는 인재양성을 위하여 서울에 설치한 성균관이라는 관학이 있고, 지방 교육기관으로는 향교, 서원, 서당 등이 있었다. 향교는 유교의 이념으로 인재를 양성하여 국가에 도움이 되는 관리를 키우기 위한 관립 교육기관이고, 서원은 유교의 성현에 대한 제사를 지내고 인재를 키우기 위해 전국 곳곳에 설립한 사설 교육기관이다. 서당은 조선 시대에 초등 교육을 맡아 했던 초급 교육시설로 마을 중심으로 교육이 이루어졌다.

종학당은 노성지역에 거주하는 파평 윤씨의 종가 서당이다. 노성지역의 파평 윤씨 일가의 종학당이 조선의 명문가로 이름을 낸 것은 문중 교육의 혁신적인 교육체계에 있고, 그 중심에는 문중 교육의 기틀을 마련한 명재의 백부 윤순거가 있다. 인평대군의 사부였던 윤순거가 병사 재실에서 종학의 기틀을 마련한 데서 비롯되었다. 종학당은 윤순거가 문중의 힘을 모아 1618년에 세웠다. 윤순거는 윤씨 집안의 300년 장기발전 계획을 입안한 인물로 '의전義田'도 그의 주도로 이루어졌다. '의전'이란 문중의 기금으로 의로운 일에 쓴다는 의미로 의전이라고 이름 붙였다고 한다.

현재의 위치에 백록당과 정수루, 그리고 승방인 정수암 등 세 채의 건물을 지어 규모를 갖추게 되었다. 종학에는 각종의 책자, 기물 등이 구비되었고 윤순거가 초대 당장으로 진력하였다. 이곳은 과거시험 준비는 물론, 강학과 학문토론의 장소로 이용되었고, 특히 교육은 일반서원이나 서당과 달리 파평 윤씨 종학의 규칙과 규율 속에서 이루어졌다.

교육 대상은 파평 윤씨 자녀뿐만 아니라 파평 윤씨들의 내외척, 처가 3족 자녀들까지 교육과 합숙이 동시에 진행되는 기숙학교의 문중 서당이다. 즉 파평 윤씨 문중 사립학교의 성격을 지닌 전인 교육기관이다.

종학당에서의 교육이념은 「종약」에 보이는 종학당 운영에 관련된 내용에서 찾아볼 수 있다.

바야흐로 자라나는 아이들을 가르치고 배우는 일이 한번 잘못되어 어릴 때 교양이 바르지 못하면 어리석고 어둡게 되는 것이니 이는 매우 두려운 일이다. … 10세 이상의 자제를 일당一堂에 모아서 스승을 세우고 외우게 하고 읽게 하여 학업과 학예를 갈고 닦게 하여 반드시 인재를 길러 내는 일이 필요한 일이다.

종학당 교육의 목적은 어릴 때부터 배우는 일이 잘못되면 학문·지식·사회 활동을 바탕으로 이루어지는 품위나 폭넓은 지식이 어둡고 어리석지 않게 하기 위해서이다. 그 첫 번째 시작으로 10세 이상의 아이들을 모아 명망 있는 스승에게 배우고 익히게 하여 인재를 양성하는 것이다. 이를 위해서 구체적인 운영의 실상은 조목들과 규약을 만들어서 시행하도록 하였다. 교육체제와 그 구체적인 운영과 규약의 내용은 다음과 같다.

1. 10세 이상의 어린 자제들을 모두 한곳에 모아 스승을 세우고 학문을 강의하여 이들로 하여금 학문을 배워 훌륭한 인재로 양성한다.

2. 택사장擇師長: 종인 중 재주가 있고 학문이 깊은 사람을 스승으로 삼고, 자제 중에 글의 의미를 잘 터득한 자를 학장으로 택하여 자제를 가르치게 한다.

3. 서책書冊: 오경과 사서를 비롯해 『주자가례』, 『소학』, 『심경』, 『근사록』 등의 책을 비치한다.

4. 섬양贍養: 스승에게 매월 쌀 9말을, 학장에게는 7말을 지급한다. 수학자受學者는 매월 쌀 6말과 소금·간장·채소를 바치고 학생의 의복과 급식은 의곡義穀: 종중 토지에서 수입되는 곡식에서 유사가 맡아 처리한다.

5. 과독課讀: 10세 이상은 매일 과제로 공부하게 하고 30세 이상

은 매달 과제를 주어 학문하게 한다. 과독의 순서는 『소학』, 『대학』, 『논어』, 『맹자』, 『중용』, 『시경』, 『역경』, 『춘추』, 『근사록』, 『가례』, 『서경』 등의 순서로 하되 시간이 있으면 사서史書를 읽되 이단 잡류는 금하고, 둘째 독서방법은 본 과목은 100번 암송하고 부독본은 30~40번 암송하며 사서史書는 반복해서 날마다 사장師長 앞에서 배송한다. 셋째, 수학 성적의 고사는 초하루 보름으로 하고 성적이 나쁘면 벌하고 좋으면 칭찬하며 강講이 끝나면 바른 행실, 중요한 일, 치가治家, 이재理財, 종회의 예법 등에 대해 토의시간을 갖도록 한다.

6. 재의齋儀: 매일 스승과 학장은 아침 일찍 기상하여 의관을 정제하고 자제들을 인솔하여 선조 산소를 향하여 재배한다.

윤순거는 서원이나 서당의 교육과정과 다른 종학당의 목표를 새롭게 정립하여 이에 따른 철저한 규범 속에서 문중의 교육을 총괄하였다. 윤순거가 문중 자제들의 강학에 관한 관심과 정성으로 가풍의 기틀이 확립되고 후손들에게 학문적 영향을 주게 되었다. 윤선거는 "우리 형제8명들이 선비로서 깨끗한 의리와 높은 학문으로 고고한 인품을 가질 수 있었던 것은 오로지 동토윤순거 형님의 가르침이 있었기 때문이다"라고 하였다.

윤순거는 교육을 통해서 보고, 듣고, 말하고, 움직이는 예를 구체적으로 실천하면 인격완성을 이룬 성인의 경지에 이를 수 있고, 그다음으로 현인이나 선비가 될 수 있다고 보았다. 윤순거는 그런 인재만이 세상을 바로 세우고, 새로운 문명을 이끌 수 있다고 믿은 것이다. 그가 지향한 전인교육의 궁극적 목표는 사회에 필요한 인재양성에 있었다.

> 배우는 사람의 하루에 할 일은 아침부터 저녁까지 이 네 가지_{예의}
> 가 어긋나면 보지 말며[非禮勿視], 예의에 어긋나면 듣지 말며[非禮勿聽], 예의에 어긋
> 나면 말하지 말며[非禮勿言], 예의에 어긋나면 움직이지 말 것[非禮勿動] 일을 그대
> 로 지나치지 말 것이며, 실천할 경우 아주 성공하면 가히 성인의
> 경지에 이를 것이며, 다음으로 가히 현인의 경지에 이를 것이고,
> 그다음이라도 말할 나위 없이 청수한 좋은 선비가 될 것이다.

윤순거가 향리인 노성에 종학당을 세우고 인재양성에 전념한
것은 병자호란 때 부친인 윤황이 척화를 주장하다 유배를 당하고,
숙부인 윤전이 세자 교육을 담당하던 시강원 벼슬을 지내다 강화
도로 피난을 갔다 순절하는 등 잇단 불행을 겪었기 때문이다.

병자호란은 임진왜란과 더불어 우리 민족의 치욕적인 수치와
아픔을 준 난리를 말한다. 병자호란 때 인조는 남한산성에서 항전
을 계속하지만 결국 청나라에 항복하게 된다. 이에 인조는 1637년
1월 30일 삼전도로 나아가 청태종 앞에 무릎을 꿇고 항복의 의미
로 '삼궤구고두례'를 행한다. '삼궤구고두례'를 행하는 방식은 "궤"
의 명령을 듣고 무릎을 꿇는다. "일고두", "재고두", "삼고두"의 호
령에 따라 양손을 땅에 댄 다음에 이마가 땅에 닿을 듯 머리를 조
아리는 행동을 3차례 하고, "기"의 호령에 따라 일어선다. 이와 같
은 행동을 3회 반복한다. 그 결과 많은 신하들과 왕자들이 인질로
붙잡혀 가게 되었고, 대청 황제의 공덕을 기리는 삼전도비를 세우
게 된다. 삼전도는 이경석이 비문의 글을 쓰고 오준이 비문에 글을

쓴 다음 오른손을 돌로 짓이겨 못 쓰게 만들고 다시는 글을 쓰지 않았다고 한다.

4. 명재 윤증의 사승관계

종학당 설립은 윤순거가 하였지만, 종학당의 학문적인 지도는 동생이었던 명재의 부친 윤선거가 주로 담당하였다. 윤증의 아버지 윤선거는 사계 김장생으로부터 동문수학한 송시열과 학문적 논쟁을 벌였던 호서 사림 오현의 한 사람이다. 노서 윤선거 이후에는 아들인 명재 윤증이 맡으면서 종학당은 한층 탄탄한 기반을 갖추게 된다.

명재 윤증이 9살 되던 해에 병자호란이 일어나 양친과 함께 강화도로 피난을 가게 된다. 이때 강화도가 함락되고 오랑캐가 활개를 치게 되자 모친인 공주 이씨가 오랑캐에 수모를 당하는 아픔을 겪자 가문의 치욕으로 여기고 자결했다. 부친 윤선거는 진원군의 종자가 되어 강화도를 탈출하지만, 부인의 순절과 대비되면서 살아남은 것을 평생 부끄럽게 여겨 금산에서 후학 양성에 힘을 쏟게 된다.

『노종사록魯宗史錄』에 기록된 윤증의 약사略史를 보면, 어린 시절부터 심지가 굳어서 뜻을 세우면 그 일에 열중하는 성품을 알 수 있는 일화가 소개되고 있다.

어느 날 마을에 사슴이 나타나 아이들이 구경하느라 마구 떠들었다. 하지만 윤증은 혼자 방 안에서 글을 읽으면서 나오지 않았다. 정해진 횟수를 다 읽고 나서 할머니에게 사슴이 어디 있냐고 물으니, 할머니께서 말하기를, "사슴이 네가 책을 다 읽을 때까지 기다리겠느냐?"라고 하였다는 것이다.

윤증이 책을 읽을 때는 반드시 옷깃을 여미고 단정히 꿇어앉아서 책상을 마주 대하여 나지막한 소리로 읊조리고, 간혹 마음에 꼭 맞는 구절을 만나면 큰 소리를 내어 낭송할 때도 있었다. 그리고 이따금 밤중에 이불을 끼고 앉아서 낮은 소리로『대학』,『중용』,『태극도설』,『통서』,『서명』 등을 암송했는데, 80세 이후에도 그러하였다.

명재가 장성하여 주위에서 그의 학문에 대해 칭찬하고, 과거시험에 응시하여 출세하기를 권하자 명재는 "가슴에 통한을 지닌 사람으로 과거에 응시할 수 없으며 일평생 성리학 연구에 전념하겠다"라고 말했다. 가슴에 통한이 된 것은 어렸을 때 어머니와 작은 할아버지의 순절을 일컫는다. 과거급제는 학자로서 입신양명이라는 선비의 가치관이 절대적으로 실현되어 부귀와 명예를 한꺼번에 얻을 기회였다. 하지만 명재는 벼슬을 죽을 때까지 그것도 20여 차례나 고사하였고, 이후 우의정 자리마저 거절하였다. 그가 어머니에 대한 아픔이 얼마나 깊었으면 부귀영화까지 포기할 수 있었을까 하는 의아심이 든다. 그리고 향리로 돌아와 인재교육에 힘을 쏟았다. 윤증의 인재교육은 '종학당'을 통하여 이루어진다.

어렸을 때부터 명석했던 윤증은 아버지의 학우인 우암 송시열과 돈독한 관계를 맺는다. 28세 때 김집의 소개로 22살 연상의 송시열을 만나 그를 스승으로 섬기게 된다. 윤증은 비록 과거시험을 포기한 상태였으나 타고난 재능과 노력으로 학문적으로 이름을 널리 알리고 있었다.

1680년 재상 김수항·민정중이 숙종에게 상주하여 윤증을 성현의 가르침인 경전을 공부하는 자리에 부르도록 청했으며, 나중에는 임금이 특별히 내리는 유지를 내려 부르기도 했으나 모두 사양하였다. 이때 박세채가 윤증을 초빙하여 같이 국사를 논할 것을 청하고, 부제학 조지겸 역시 성의를 다해 올라오도록 권하였다. 이로부터 여러 번 초빙되고, 박세채가 몸소 내려와 권하기도 하였다.

그러나 윤증은 "개인적 사정 이외에 나가서는 안 되는 명분이 있다. 오늘날 조정에 나가지 않는다면 모르되 나간다면 무언가 해야 한다. 만약 그렇게 한다면 우옹尤翁: 송시열의 세도가 변하지 않으면 안 되고, 서인과 남인의 원한이 해소되지 않으면 안 되고, 삼척三戚: 김석주·김만기·민정중의 집안의 문호는 닫히지 않으면 안 된다. 우리들의 역량으로 그것을 할 수 있는가. 내 마음에 할 수 없을 것 같으므로 조정에 나갈 수 없다"라고 하였다. 박세채는 이 말을 듣고 더 이상 권하지 못했다.

최신·송시열이 제2차 복상문제에서 남인에게 패하고 유배되자, 이에 반대하는 유필명의 상소문이 올려졌는데 그 상소문의 작성자로 지목되어 사천으로 유배되었던 최신이 송시열을 사리를 따져서 억울함에 대하여 변명하는 것을 핑계로 윤증의 서신을 공개하면서 윤증이 스승을 배반했다고 하였으며, 또 김수항·민정중 등도 윤증이 사감으로 송시열을 헐뜯었다고 상주하였다. 이로부터 선비 간에 논의가 끊임없이 일어나 서인이 노론과 소론으로 갈라지게 되었는데, 송시열을 지지하는 자는 노론이 되고 윤증을 지지하는 자는 소론이 되었다.

윤증이 송시열의 문하에서 수학할 때, 아버지 윤선거가 윤증에게 송시열의 우뚝한 기상을 따라가기 힘드니 송시열의 장점만 배우되 단점도 알아두어야 한다고 가르친 적이 있다. 윤선거는 남의 말을 잘 듣지 않고 고집이 세고, 남을 이기기를 좋아하여 지기를 싫어하는 것을 송시열의 단점으로 보고, 여러 번 편지를 보내 일깨워 주려 하였다.

또한, 북벌을 염원하던 효종이 1659년 세상을 떠나자, 효종의 아버지 인조의 계비로 형식상 효종의 어머니인 자의대비는 얼마 동안 상복을 입어야 할까? 자식이 먼저 세상을 떠나면 부모는 장자 상에는 3년, 둘째 아들부터는 1년 복을 입어야 했다. 송시열과 서인 세력은 소현세자가 적장자이고 효종은 차자이기 때문에 기년복1년 입는 상복을 입어야 한다고 주장했다. 반면 윤휴와 남인 세력은 왕통을 이은 효종이 장자가 된 것이기 때문에 3년 복을 입어야 한다고 주장했다.

서인 세력은 국왕과 왕실도 보편적 예법의 원칙을 따라야 한다는 천하동례天下同禮의 원리를, 남인 세력은 국왕과 왕실은 사대부나 일반 백성들과는 다른 예법의 원칙을 따라야 한다는 왕자예부동사서王者禮不同士庶 원리를 강조한 것이다. 그것은 신권臣權 강화로 집권 지배층 중심의 질서를 다지려는 서인 세력과, 왕권을 강화하며 새로운 권력 기반을 다져나가려는 남인 세력의 정치적 충돌이

배움에서 삶의 정도를 찾은 선비들

기도 했다. 논쟁의 결과는 장자와 차자 구분 없이 1년 복으로 명시되어 있는 『경국대전』을 내세운 송시열과 서인의 승리였다. 윤선거가 윤휴와 예송 문제로 원수지간이 된 송시열과 화해시키려고 하였는데, 송시열은 오히려 이를 의심하여 더욱 사이가 벌어지게 되었다.

명재는 송시열 외에도 장인인 권시, 김집, 송준길, 유계, 윤휴 등 당대의 명사들과 사제지간과 유사한 매우 친밀한 관계를 맺었다. 이 중 윤휴와는 남인으로 점차 사이가 벌어졌고 송시열과는 윤선거가 세상을 뜨면서 그의 비문을 부탁하는 과정에서 다투게 되고 그것을 계기로 갈라졌다.

윤선거가 죽은 후 명재는 아버지의 연보와 박세채가 쓴 행장을 가지고 송시열을 찾아가서 묘지명을 부탁하였다. 그때 송시열은 강도江都의 일 병자호란 때 윤선거가 처자를 데리고 강화도로 피난하였는데, 청나라 군사가 입성하자 처자와 친구는 죽고 윤선거만 진원군의 종자가 되어 성을 탈출한 사실과 윤휴와 절교하지 않은 일을 거론하며, 묘지명을 짓는데 자기는 윤선거에 대해 잘 모르고 오직 박세채의 행장에 의거해 말할 뿐이라고 명재의 부탁을 들어주지 않았다.

윤증은 부친과 송시열의 우정을 생각하고 죽은 이에 대한 정리를 생각하여 거듭 고쳐주기를 청하였으나, 송시열은 자구만 수정하고 글의 내용은 고쳐주지 않았다. 이로부터 사제지간의 의리가 끊어졌으며, 윤증은 송시열의 인격 자체를 의심하게 되었다.

윤증은 사관이 사초史草를 꾸미던 곳인 사국史局에 편지를 보내 아버지 일을 변명하고, 다시 이이가 초년에 불교에 입문한 사실을 인용하여 이이는 입산의 잘못이 있으나 자기 아버지는 처음부터 죽어야 할 의리가 없다고 하였다. 그러자 유생들이 궐기하여 선현을 모독했다고 윤증을 성토함으로써 조정에서 시비가 크게 일어났다. 송시열이 변명의 상소를 올려 죄의 태반이 자기에게 있다고 하였으나 왕은 듣지 않고 그를 전과 같이 대우하지 말라는 교명을 내리게 되었다. 이것을 전후하여 사림과 간관 사이에 비난과 변무辨誣의 상소가 계속되고, 노론과 소론의 갈등도 심화되었다.

집의 김일기 등의 상소로 관작이 일시 삭탈되었다가 중전 복위를 즈음하여 숙종의 특명으로 이조참판에 제수되었다. 사간 정호 등이 다시 상소하여 윤증이 스승을 배반하였다고 헐뜯었으나 숙종은 정호를 벌주며, "아버지와 스승 중 어느 쪽이 더 중한가. 그 아버지의 욕됨을 받는 그 아들의 마음이 편하겠는가"라고 꾸짖었다.

문제는 여기서 끝나지 않고 윤증이 죽은 뒤 1년이 지나서, 유계가 저술한 『가례원류』의 발문을 정호가 쓰면서 그를 비난하자 다시 노론·소론 간의 당쟁이 치열해졌다. 결국, 소론 일파가 제거되고 윤증과 윤증의 아버지 생전의 위훈位勳 을 깎아 없어지게 되었다.

1713년숙종 39년 좌의정 이이명이 숙종에게 품신하여, 용담 현령으로 있던 유계의 손자 상기가 가례 의례서인 『가례원류』를 간행하게 되었다. 그런데 이 책은 유계가 단독으로 엮은 것이 아니라 윤선거와 같이 엮은 것이고, 그 뒤 윤선거의 아들이자 유계의 문인이기도 한 윤증도 여기에 많은 증보를 하게 되었다. 유상기가 이 책을 간행하면서 유계가 단독으로 편술했다고 하는 것은 부당하다는 이유로 많은 시비가 벌어졌다. 당시는 마침 서인이 노론과 소론

배움에서 삶의 정도를 찾은 선비들

으로 다시 분당되던 무렵이었기 때문에, 이는 그가 속해 있던 노론
과 윤증이 속해 있던 소론의 분쟁요인의 하나가 되기도 했다.

5. 구휼제도 의전과 의창의 설립

의전義田은 가난한 사람을 구제하기 위한 공동 소유의 전답을
말하며, 북송의 정치가 전공보錢公輔의 「의전기義田記」에 범중엄은
자선사업을 좋아하여 의전을 만들어 친족들에게 식량과 의복을 나
누어주는 등 평생 동안 어려운 사람을 위하여 도왔다. 이에 전공보
가 범중엄의 치적을 칭송한 기문이 의전기이다.

한 고장에서 오랫동안 명문가로 명성이 유지되기까지는 인근
주민들로부터 많은 인심을 얻어야만 가능하다. 인심을 얻지 못하
면 명문가는커녕 손가락질을 당하기에 십상이다. 인심이 좋다는
평판이 있다는 것은 어려움에 처해 있는 사람들에게 선행을 베풀
었다는 증거이다. 명재 집안은 인근 주민들을 위한 베풂의 방안으
로 의전과 의창을 운영했다.

의창義倉은 흉년에 궁핍한 사람들을 구제할 목적으로 마련한 비
상미 저축 제도이다. 풍년이 든 해에 백성으로부터 곡류를 여분으
로 징수하거나 유지로부터 기부를 받는 것을 말한다.

의전의 마련 필요성에 대해 종약에서는 다음과 같이 기술하였다.

무릇 일을 운영함에 있어서 재정의 뒷받침이 없으면 원활한 운

영이 될 수 없으며 선대를 받들고 사업을 추진함에 있어서 어려움이 많이 뒤따를 것이다. 이에 범문정의 구례를 본받아 의전[宗土]과 약간의 곡물을 두어 유사가 관장하도록 하고 유사는 이를 착실히 관리하여 조그마한 실수도 있어서는 아니 될 것이며 이로써 여러 비용에 쓰도록 할 것이다. 만약 여유가 생기면 길흉사를 돕는 비용으로 쓰도록 할 것이니 이것이 널리 서로 사랑하는 길이 될 것이다.

의전의 운영목적을 구체적으로 기술하였는데, 그 내용은 종약의 「치전재置錢財」에 자세하다. 「치전재」에는 의전의 마련, 유사의 선정과 임무 등이 규정되어 있다.

1. 의전의 곡식은 사람 수에 따라 각기 벼 1섬씩 내놓는다.
2. 모든 종인 중에 관리가 된 자는 각자 봉급을 털어 연출하여 재정에 도움이 되도록 한다. 외손으로서 종회에 들어오기를 원하는 사람이 있으면 종인들의 의견을 들어야 한다.
3. 모든 제사에 드는 비용 이외에도 종중에 혼례와 상을 당한 사람이 있으면 부조한다.
4. 곡물의 출고는 3월 초하루에 하고 회수 입고는 10월 15일에 행하되 이율은 5할로 한다.
5. 과실이 성숙할 때에는 재실에 들러 여러 과실을 따서 잘 건조되도록 작업하고 이를 먼저 사계절 명절에 묘제용으로 떼어 보관하고 다음 사당의 사시제四時祭와 삭망 제례용으로 떼어 보관한 다음 남는 것은 종가에 보내도록 한다.

이러한 의전의 운영은 의창제와 연관된다. 의창은 불의 재해 또는 긴급 환난, 상장_{喪葬}, 혼사, 흉년의 기아 구휼 등을 대비하여 평상시에 공동으로 재원을 저축하였다가 구휼하고자 만든 제도이다.

명재 가택에서는 매년 갹출하는 200석의 쌀로 수해나 가뭄 때 빈민구휼에 나섰고, 굴뚝을 낮게 하여 위화감을 조성하지 않고, 양잠을 하지 않아 인근 주민들의 생업을 방해하지 않았고, 수해나 가뭄에 나락 벼를 길거리에다 쌓아 배고픈 인근 주민들이 가져가도록 적선을 쌓았기 때문에 6.25 한국전쟁 통에도 피해를 보지 않고 민중의 무장봉기인 동학혁명 때도 한 사람의 인명 피해도 없었다고 한다.

제12장

유배지에서 꽃피운
다산의 강학

조선 후기 진주목사 정재원1730~1792에겐 4형제 정약현이복형제, 정약전, 정약종, 정약용이 있었는데, 다산은 다산의 둘째 형 정약전과 함께 유배지에서 뛰어난 저술을 남겼다. 정약전은 유배지 흑산도에서 한국 최초의 어류생태서『자산어보』를 저술했다. 자산茲山은 흑산도의 흑산黑山을 대신한 말이고,『자산어보』에는 227종의 수산 동식물이 유형별로 구분되어 있는데 그중 비늘이 있는 고기류 70종, 비늘이 없는 고기류 42종, 조개류 60종, 기타 해조류가 46종으로 나누어 서술되어 있다.

셋째 형 정약종은 젊은 시절에는 이익의 문인이 되어 성리학을 공부하였다가 이후 도교를 연구하였다. 그의 집안 형제들이 천주교를 받아들일 때 정약종은 여전히 도교에 심취하여 형제 중 가장 늦게 천주교에 입문했다. 천주교 교리를 신봉하여 집안의 제사를 거부하였고 이 때문에 가족과 떨어져 강 건너 분원리에서 살았다. 가톨릭 신자가 된 이후 1795년정조 19년 이승훈과 함께 청나라 신부 주문모를 맞아들이고, 1799년 서울로 옮겨와 문영인의 집에서 살며 한국 최초의 조선천주교 회장을 지냈다. 전도에 힘쓰면서『성교

전서^{聖教全書}』집필 중인 1801년 2월 신유박해가 일어나 형제들이 문초를 받게 되자 스스로 체포되어 서소문 밖에서 참수, 순교하였다.

다산 정약용 丁若鏞. 1762~1836 의 천부적인 소질은 어릴 적부터 일찍이 발견되었다. 다산의 어릴 적 일화가 전해온다.

> 당대의 대가로 뒤에 대제학과 우의정을 지낸 이서구가 한번은 영평 지금의 경기도 포천군 영중면 일대 쪽에서 서울로 들어오다가, 길가에서 어떤 소년이 책을 한 짐 짊어지고 가는 것을 보았다.
> "이 녀석, 그 책 짊어지고 어딜 가느냐?"
> "삼각산 북한사로 가옵니다."
> 그런데 약 10일이 지난 뒤, 이서구가 영평으로 되돌아가는 길에 또 한 번 그 소년을 만났다.
> "이 녀석, 누군데 글은 안 읽고 썰썰거리며 돌아다니기만 하느냐?"
> "아니옵니다. 책은 벌써 다 읽었는걸요."
> "그래? 그 책이 대관절 뭔데…?"
> "『강목 綱目 』이옵니다."
> "『강목』이라? 『강목』을 어찌 열흘 동안에 다 읽는단 말이냐?"
> "읽는 게 뭡니까? 외우기까지 한걸요."
> 『강목』이란 곧 주자가 지은 『자치통감강목』을 말한다. 그런데 이것을 열흘 동안에 다 외워버렸다면 실로 대단한 재주라 할 만하다. 그래서 어이없던 이서구는 수레를 멈추고 이것저것 물어보는데 역시 모두 외우더라는 것이다.
>
> - 『선비, 소신과 처신의 삶』 중에서

배움에서 삶의 정도를 찾은 선비들

어릴 적부터 남달리 뛰어난 기억력과 독서광이었던 다산은 후에 방대한 분야에 걸친 학문을 탐구하여 도르래의 원리를 이용한 건축 장비인 현대 기중기에 해당하는 기계를 만들었다. 그리고 500여 권이나 되는 책을 저술한 것도 모두 그 때문이다.

머리가 명석했던 다산도 과거에 일찍 합격하지 못했다. 진사합격은 21살 때 했지만 성균관에서 7년이나 기숙했다. 본의 아니게 7년 재수를 한 셈이다. 오죽하면 정조가 "넌 언제까지 공부만 할 거냐?"하고 혼내기까지 했다고 한다. 물론 다산은 천재였지만 여러 분야에 걸쳐 이 책 저 책 보느라 정작 과거시험에 필요한 공부는 게을리했기 때문이다.

1801년 다산 정약용은 천주교 신자들에 대한 박해 사건인 신유박해에 연루되어 경상도 장기로 처음 유배를 갔다. 그런데 그해 9월 '황사영 백서 사건'이 일어나면서 정약용은 형 정약전과 함께 한양에 압송된 후 다시 유배길에 올랐다. 형제는 나주에서 헤어져 정약용은 강진으로, 정약전은 흑산도로 갔다.

유배지 강진에 도착한 다산은 아는 사람도 없었고 거처할 곳도 없었다. 누구 하나 천주쟁이라 하여 그를 받아주려 하지 않았기 때문이다. 강진 사람들은 다산을 냉대하고 피했다. 자기 집으로 찾아올까 봐 대문을 부수기까지 했다. 그 갈 곳 없던 다산에게 방을 내주고 정성껏 수발한 사람이 손씨 모녀였다. 다행히 주막을 하던 노파가 그를 불쌍히 여겨 골방 하나를 내주었다. 다산이 이곳에서 4년 반을 지냈다. 술과 밥을 파는 주막집이어서 많은 사람이 왕래하여 차분히 공부에 집중할 수 있는 환경은 아니었다. 그래서 전남 강진 동문마을, 옛 주막 마당에 모녀의 동상이 있다. 2백여 년 전 주막을 꾸리던 손 씨와 황 씨다.

1801년 겨울 강진에 도착한 정약용은 노파의 도움으로 강진 동문 밖 주막집에 거처할 수 있었는데, 이곳에 '사의재四宜齋'라는 당호를 걸었다. 생각, 언어, 용모, 행동 네 가지를 모두 마땅하게 해야겠다는 의지를 담은 이름이었다.

사의재라는 것은 내가 강진에 귀양 가서 살 때 거처하던 집이다. 생각은 마땅히 담백해야 하니 담백하지 않은 바가 있으면 그것을 빨리 맑게 해야 하고, 외모는 마땅히 장엄해야 하니 장엄하지 않은 바가 있으면 그것을 빨리 단정히 해야 하고, 말은 마땅히 적어야 하니 적지 않은 바가 있으면 빨리 그쳐야 하고, 움직임은 마땅히 무거워야 하니 무겁지 않음이 있으면 빨리 더디게 해야 한다. 이에 그 방에 이름을 붙여 '사의재'라고 한다. 마땅하다[의宜]는 것은 의롭다[의義]는 것이니, 의로 제어함에 이른다. 연령이 많아짐을 생각할 때 뜻한바 학업이 무너져 버린 것이 슬퍼진다. 스스로 반성하기를 바랄 뿐이다.

– 사의재기/다산시문집 제13권

1808년 봄에 초당을 짓고 거처로 삼았는데, '다산초당'은 본격적인 연구의 산실이 되었다. 외가인 해남 윤씨 종택인 녹우당綠雨堂이 초당 인근에 있었던 점도 정약용에게 큰 도움이 되었다. 윤선도, 윤두서로 이어졌던 녹우당을 통해 많은 책을 얻었고, 이를 연구에 참고할 수 있었다. 다산 정약용을 따르는 황상 등 18명의 제자들 도움도 컸다. 다산초당에서 걸어서 갈 수 있는 백련사에는 혜장惠藏, 초의草衣와 같은 고승들이 거처하였고, 정약용은 이들과 차와 시를 주고받으며 세상 돌아가는 이야기를 나눌 수 있었다.

이처럼 강진은 정약용에게 인적으로나, 지리적으로 좋은 여건을 갖추고 있었고, 정약용은 유배의 시간을 실학 완성의 기회로 만들어 갔다. 초당이 위치한 만덕산의 얕은 야산에서는 차가 많이 생산되어, 호를 '다산茶山'이라 했다. 정약용은 초당에 인공 폭포와 연못을 만들고 채소도 심으면서 새로운 인생을 살아갔다. 초당의 바위 절벽에는 '정석丁石'이라는 두 글자를 새겨 자신의 공간임을 확인해 두었다. 앞마당의 바위는 솔방울을 태워 차를 달이던 다조茶竈: 차 부뚜막로 사용했다. 네모진 연못을 파고 그 안에 둥근 섬과 작은 폭포를 만들어 풍취를 더했다. 초당 좌우에는 동암과 서암을 지었는데, 정약용은 주로 동암에 기거하면서, 바다를 보면서 학문연구에 전념하였다.

주막집에서 1년을 보낸 다산은 1802년 겨울, 골방에 서당을 열었다. '사의재'란 이름을 붙인 것은 1년 지난 동짓날이었다. 사의재에는 '담백한 생각, 장중한 외모, 과묵한 말, 무거운 몸가짐'을 지니겠다는 뜻을 담았다. 읍내 아전의 자식 6명이 참여했다. 손병조, 황상, 황경, 황지초, 이청, 김재정이다.

사의재에서 강학은 제자들의 자라난 환경과 개성과 기호 등에 따라 문학과 이학理學으로 분리하여 학습의 효과를 증진시켰다. 어느 정도 단계에 이르기까지 매일 날마다 규칙적으로 하는 일정한 일을 주어 확실한 기초를 다지게 했다. 손병조는 자가 준엽인데, 전혀 알려진 바가 없다. 황상과 황경은 형제간으로, 아버지 황인담은 강진의 아전이다. 황지초는 황상 형제와 사촌 간이다. 이청은 학래라는 아명으로 더 많이 불렸고, 1806년 가을부터 1808년 봄까지 다산이 그의 집에 머물렀다. 다산의 중요한 저술들이 대부분 그의 손을 거쳐 나왔다. 김재정은 알려진 것이 없다. 이들 외에 사의재 시절의 제자로 오정해, 정사욱, 황봉욱, 황지하 등이 있다.

　다산은 초당 정착 초기 둘째 형 정약전에게 보낸 편지에서 제자들에 대해 "양미간에 잡 털이 무성하고, 온몸에 뒤집어쓴 것은 온통 쇠잔한 기운뿐"이며, 발을 묶어놓은 꿩과 같아 "쪼아 먹으라고 권해도 쪼지 않고, 머리를 눌러 억지로 곡식 낟알에 대주어서 주둥이와 낟알이 서로 닿게 해주어도 끝내 쪼지 못하는 아이들"이라고 표현했다. 그런 소심하고 빛을 볼 것 같지 않았던 그들을 어떻게 가르쳐서 조선 후기 학술사에 놀라운 명성을 갖게 했는지 궁금하다.

　다산의 18년 귀양살이 발자취를 보면 그 맥락을 찾을 수 있다. 그가 제자들과 함께 저술한 『다신계절목茶信契節目』에서 자신의 강진 생활을 다음과 같이 기록했다.

　　내가 가경 신유년1801년 겨울에 강진으로 귀양 와서 동문 밖 술집에 붙여 살았다. 을축년1805년 겨울에는 보은 산방에서 지냈다. 병인년1806년 가을에는 이학래의 집에 이사해서 살았고, 무진년 1808년 봄에 다산에서 살게 되었다. 따져보니 귀양살이가 도합 18년인데, 읍내에서 산 것이 8년이고, 다산에서 산 것이 11년이다.

　강진에 정착한 후 네 차례 거주지를 옮긴 셈이다. 처음 거처한

　　　　　배움에서 삶의 정도를 찾은 선비들

곳은 동문 밖 술집으로, 이곳에서 4년 반을 지냈다. 두 번째 거주지는 1805년 겨울 큰아들 정학연1783~1859과 함께 보은 산방에서 지냈다. 세 번째 거주지는 1806년 가을에 제자 이학래의 집으로 거처를 옮겼다. 네 번째 거주지는 1808년 봄 이후 1818년 유배가 풀릴 때까지 다산초당에 정착했다.

다산은 1805년 4월 17일, 백련사에 놀러 갔다가 아암 혜장을 만났다. 두 사람은 십년지기처럼 가까워져 만남이 잦았다. 주로 혜장이 주막집을 찾았으니 사람들의 입방아와 이목 때문에 강진 읍내 뒷산인 보은산의 고성암에서 자주 만나곤 했다. 1805년 겨울, 큰아들 정학연이 유배 후 두 번째로 다산을 찾아왔다. 사의재는 부자가 거처하기엔 너무 협소하여 혜장에게 부탁하여 고성암 승방을 임시 거처로 삼았다. 부자는 겨우내 오직 『주역』에 매진하고 열중하였다. 다산은 정학연이 서울로 떠나자 다시 사의재로 내려왔다.

사의재로 돌아온 다산은 1806년 제자 이학래의 사랑채로 세 번째 거처를 옮기게 되었다. 그리고 다산이 만덕산 자락 다산초당으로 거처를 옮긴 것은 1808년 봄이었다. 이곳은 먼 외가인 윤단의 별장이었다. 초당은 다산학의 산실로 이곳에서 11년을 보냈다. 이곳에서 주로 해남 윤씨 가문의 자제들이 배웠고, 읍내 제자들은 과제를 받아 수행하고 정기적으로 점검받는 수업방식이 진행되었다. 해남 윤씨가 중심이 된 다산초당 제자는 이유회, 이강회 형제, 정학연, 정학유 형제, 윤종문과 윤종영, 장수철, 이기록, 윤종기, 윤종벽, 윤자동, 윤이동, 윤종심, 윤종두, 이택규, 이덕운, 윤종삼, 윤종진 등이다.

다산은 제자들의 자질과 성품을 살펴 그들의 역량에 따라 가르쳤다. 제자들의 장점이 무엇인지 먼저 파악하여 성장할 수 있도록 집중적으로 힘을 쏟게 한 것이다. 전공의 영역에 따라 학습 내용도 달리했다.

1. 퇴계 선생의 글을 읽고

유학에는 예로부터 내려오는 일관된 전통이 있으며, 그 전통을 대표하는 정신과 의리는 성현들 간의 학습과 전승 과정을 통해서만 그 전통을 성립할 수 있다. 이때 일관된 전통의 전승 과정은 '학문은 도를 실천하기 위한 것[학소이위도學所以爲道]'으로, 그 명맥은 조선 유학에까지 전파되었다. 조선의 선비들은 폭넓은 공부를 통해 인격의 완성을 이뤄 '참된 선비'가 되고자 했다.

대표적인 학자가 퇴계 이황이다. 그의 학문은 노력과 끈기로 이루어 낸 유학의 전통을 잇기 위한 그의 열정이 담겨 있다고 알려져 있다. 그 대표적인 것이 이황이 선조가 어진 임금이 되기를 바라면서 성리학을 간결하게 추린 내용을 그림으로 그린 『성학십도』 중 제10도 「숙흥야매잠도」는 새벽부터 늦은 밤까지 학문을 통해 인격 완성을 위해 공부하던 선비의 하루 일과를 담고 있다. 퇴계가 그린 「숙흥야매잠도」는 여러 학자에게 많은 학문적 영향을 주었고, 퇴계의 공부하는 자세를 배우고자 하는 학자들이 많았다. 그중 한 명이 다산 정약용이다.

정약용은 200년 전에 죽은 퇴계 이황의 인격과 학문을 흠모하고 존경하여 그가 쓴 글을 읽고 배우려 했다. 실제로 그는 1795년 정치적인 문제로 충청도 청양의 금정찰방金井察訪, 지금으로 말하면 역장으로 좌천되었을 때 매일 아침 일찍 일어나 퇴계의 편지글을 한 편씩 읽고 자신을 반성하고, 학문하는 자세를 바르게 하여 인격 완성을 이루고자 했다.

을묘년1795, 정조 19 겨울에 다산은 금정에 있었다. 마침 이웃 사람을 통하여 『퇴계집』 반부半部를 얻어, 매일 새벽에 일어나 세수를 마치고 나서 곧 「어떤 사람에게 보낸 편지」 1편을 읽고 나서야 아전들의 참알參謁을 받았다. 낮에 이르러 연의演義 1조씩을 수록하여 스스로 깨우치고 살피었다. 그리고 돌아와서 『도산사숙록陶山私淑錄』이라 이름하였다. 다산 정약용이 얼마나 퇴계 이황을 흠모했고, 또한 존경하여 『퇴계집』을 숙독했는지 다음의 글에서 알 수 있다.

대저, 이름을 좋아한다는 말을 피하려 하면 천하의 일은 할 만한 것이 없다. 세상을 속이고 이름을 도둑질하는 사람은 본디 미워할 만한 것이다. 그러나 이 논의를 가벼이 하면 이는 천하의 사람을 거느리고서 악으로 돌아가는 것이 된다. 그래서 반드시 주정하고 꾸짖고 음탕하고 설만하며 말이 패악하고 재물을 탐내어 염치가 없어진 뒤에야 바야흐로 이름을 좋아한다는 말을 잘 면할 수 있다. 그렇지 않은 사람은 다 모호한 사이에 있게 될 것이니, 어찌 옳은 일이겠는가. 그 논의가 예민한 자, 노둔한 자 등의 모든 병통은 곧 선생이 평일 많은 사람을 교육하여 다 일일이 경험한 것이다. 이들을 다 감싸고 아울러 포용하여 덕으로 사람을

감화하고 고주鼓鑄: 녹인 쇠붙이를 거푸집에 부어 물건을 만듦해서 함께 큰
도에 이르게 하였으니, 아! 그 얼마나 훌륭한가.

그 가운데 처음에는 정성스럽다가 마지막에는 소홀한 자와, 곧
장 폐하였다가 자주 회복하는 자들은 이 또한 사장師長들이 쉽게
버리는 바이다. 그런데, 위대하다. 선생이시여! 진실로 학문에 자
처하면 기꺼이 즐겨 받아들여 다 함육涵育 속에 있게 하지 아니
함이 없었다. 이러한데도 오히려 교화에 따르기를 좋아하지 않
는 사람이 있겠는가.

이 글을 여러 번 되풀이 읽고 나니, 나도 모르게 기뻐서 뛰고 감
탄하여 무릎을 치며 감격하여 눈물이 나서 애연藹然히 '솔개가
날아 하늘에 이르고[연비여천鳶飛戾天] 물고기가 못에서 뛰는[어
약우연魚躍于淵]' 뜻이 있다.

그리고 어느 날 아침 정약용은 늘 그랬듯이 퇴계 이황의 편지를
한 편 꺼내 들었다. 그런데 편지를 다 읽고 난 후 다른 날보다 정약
용이 크게 부끄러워했다.

퇴계 이황은 어느 날 멀리서 자기를 찾아온 친구들이 사흘 밤을
자고 갈 때 마땅히 선물할 것이 없어 보관해둔 시문을 보여주었다.
그랬더니 친구들이 시문이 좋다며 달라고 졸랐다. 어쩔 수 없이 퇴
계 이황은 그 시문을 친구들에게 주며 이렇게 부탁했다.

"다른 사람들에게 퍼뜨리지는 말아주게나 부탁일세."

그런데 친구들이 그 약속을 어기고 다른 사람에게 시문을 보여
줘 선비들이 돌려 읽게 되었다. 조선왕조의 대표적인 유학자이자
존경받는 학자인 퇴계의 글이다 보니 삽시간에 화제가 된 것이다.

이 소식을 듣고 화들짝 놀란 퇴계는 1568년 조선 중기의 문신 이중구에게 편지 한 통을 보냈다. 그 편지는 글을 잘 보관하지 못한 자신을 책망하는 내용이었다.

정약용은 이 편지를 읽고 퇴계의 겸손하고 조심스러운 성품에 감탄했다. 그러면서 퇴계 이황의 편지를 보고 비로소 자신의 큰 허물을 발견했기 때문에 몸 둘 바를 몰랐다. 그 이유는 이러했다.

> 내 평소에 큰 병통이 있다. 무릇 생각하는 것이 있으면 술작(述作)이 없을 수 없고, 술작이 있으면 남에게 보이지 않을 수 없다. 바야흐로 그 생각이 이르게 되면 붓을 잡고 종이를 펴서 잠시도 머뭇거리지 않고 글을 쓰며, 글을 짓고 나서는 스스로 사랑하고 스스로 좋아하여 곧 조금만 문자를 아는 사람을 만나면 미처 내 말이 완전하냐, 편벽되냐 하는 것과 그 사람이 친밀하냐, 소원하냐 하는 것을 헤아리지 아니하고 급히 전하여 보이려 한다. 그러므로 사람과 한바탕 말하고 나면 마음속과 상자 속에는 도무지 한 가지 물건도 남아 있는 것이 없다. 그로 인하여 정신과 기혈이 다 흩어져 없어지고 새어나가서 쌓이고 길러지는 의미가 없어져 버린다. 이러하고서 어찌 성령(性靈)을 함양하고 몸과 명예를 보전할 수 있겠는가. 요즈음 와서 점검해보니, 모두가 '경천(輕淺)' 두 글자가 빌미가 된 것이다. 이것은 덕을 숨기고 수(壽)를 기르는 공부에 크게 해로움이 있을 뿐만 아니라, 비록 언론과 문채가 다 수두룩 멋이 있으나, 점점 천루(賤陋)해져서 남에게 존중을 받지 못하게 된 것이다. 지금 선생의 말을 보니 더욱 느끼는 바가 있다.

그리고 자신이 쓴 시에 대해 남에게 바로 평을 듣기를 원하고,

남에게 자랑하기를 좋아하는 자신의 가벼움에 대해 크게 반성하였다. 그리고 경전의 깊은 맛에 대해서 다음과 같이 말하였다.

> 정자·주자 제선생諸先生이 그 제자의 물음에 답할 적에나 혹은 경전의 뜻을 해석할 적에 흔히 '마음을 가라앉혀 음미하여 스스로 깨쳐야 한다' 하였고, 마침내 그 맛이 어떠한지는 말하지 않았다. 그래서, 전에 더욱 의혹스러웠으나 풀지 못하였다. 요즘 들어 차츰 생각해 보니 대개 맛이란 이 맛을 맛본 사람과 말할 수 있고, 맛보지 못한 사람과는 비록 말하더라도 한결같이 모르게 되는 것이다. 후세 사람은 안자가 즐긴 것이 무슨 일인지 모른다. 사람이 안자의 지위에 이르지 못하면 반드시 안자가 누리던 즐거움을 누리지 못할 것이니 어떻게 알겠는가. 비유컨대, 꿀을 먹어본 자가 꿀을 먹어보지 못한 사람과 꿀맛을 말하려 하나, 마침내 형용할 수 없는 것과 같다. 지금 선생의 '맛이 있었다'라는 말씀은 그 무슨 좋은 맛이 있음을 분명히 아는 것이지만, 거칠고 부족한 사람은 또한 상상해 보아도 알 수 없다. 슬프다. 사람이 세상을 살아가는 데에 정자·주자·퇴옹退翁이 맛본 바의 맛을 맛보지 못하고 또 안자가 누리던 바의 즐거움을 누리지 못하면, 비록 날마다 오제五齊: 다섯 가지의 술 와 팔진미를 실컷 먹으며 공후公侯의 부귀를 누리더라도 오히려 주리고 또 곤궁하다 하겠다.

퇴계 이황을 통해 인격 수양을 배운 정약용의 학문하는 자세는 다시 제자에게 이어지는데, 그 가운데 대표적인 인물이 바로 조선 후기 시인 황상1788~1870이다. 다산은 사람다운 퇴계의 겸허한 인격 수양과 진솔한 학문을 통해 인격교육은 어떻게 이루어져야 하는지를 궁행한 것이다.

2. 유배지 강진에서의 가르침

정조가 죽은 1801년, 다산 정약용은 40세의 나이로 정적들에 의해 사지에 몰렸지만 겨우 목숨을 건져 18년간의 긴 유배 생활에 들어간다. 강진에서 유배 동안 다산은 자신의 운명에 대해 결코 좌절하지 않고 시대의 아픔을 학문적 업적으로 승화시킨 경학과 경세학 등 여러 방면의 학문연구에 힘써서 500여 권이 넘는 책을 저술하게 된다. 특히 다산초당에서의 후반기 유배 생활 10년은 어찌 보면, 다산의 학문적 대업을 성취한 생의 절정기이었다고 할 수 있다. 강진으로 귀양 와서 1818년 여유당으로 돌아갔다. 40세에서 57세에 이르는 시기는 학문의 결실기였다. 강진에서 다산은 조선후기 다산 학단으로 일컬어지는 제자들을 교육했고, 방대한 저술도 함께 진행하였다.

『삼국지』「위지魏志」제13권에 후한 말기 동우는 '가르치기보다는 스스로 깨우쳐 알도록 반드시 먼저 백번을 읽으라' 했고, '글을 백번 읽으면 뜻이 절로 나타난다[독서백편의자통讀書百遍義自通]'라는 글이 나온다. 동우는 집안이 가난해, 일을 해가면서도 책을 손에서 떼지 않았다고 한다. 이처럼 독서의 중요성은 아무리 강조해도 지나치지 않다. 학계에서 성공한 사람치고 독서를 게을리 한 사람은 없다. 독서에 대한 고사로는 남아수독오거서 男兒須讀五車書: 모름지기 사람이면 다섯 수레 분량의 책을 읽어야 한다, **일일불독서 구중생형극**日一不讀書 口中生荆棘: 하루라도 독서를 하지 않으면 입에서 가시가 돋는 듯 불편하다 등 독서에 대한 깨우침의 글귀가 많다.

아래 내용은 정민의 『다산의 제자 교육법』에서 인용한 자투리 종이와 천에 적어 건넨 스승 다산의 맞춤형 가르침이다. 다산은 강진에서 제자들에게 학문을 왜 해야 하는 이유를 설명하면서 그들을 가르쳤다. 특히 마음이 여리고 체격이 유난히 작은 제자 신동에게는 뜻을 가지고 분발시키는 내용으로 독려했다.

제나라 안영과 전문은 모두 몸집이 왜소하고 비루하여 보잘것없었다. 하지만 혹 직간으로 임금을 바로잡고 혹 기질을 숭상하여 세상에 이름났다. 당나라 때 배도와 우리나라의 이원익은 모두 체격이 보잘것없었어도 이름난 신하와 훌륭한 재상이 되기에 손색이 없었다.

어째서 그런가? 몸이 집이라면 정신은 주인과 같다. 주인이 진실로 어질다면 비록 문설주에 이마를 부딪치는 작은 집에 살더라도 오히려 남들이 공경하여 아끼게 되고, 주인이 진실로 용렬하다면 비록 고대광실 너른 집에 산다 해도 사람들이 천히 여겨 업신여기는 바가 된다. 이는 이치가 그러한 것이다.

아, 너 신동은 부모의 늦은 기운을 받아 체질이 가녀려 나이가 열다섯이 지났는데도 여전히 어린아이와 같다. 비록 그렇지만 정신과 마음이 네 몸의 주인인 것만큼은 마땅히 고대의 거인 교여나 무패와 다르지 않다. 네가 스스로를 작다고 여기지 않고 뜻을 세워 힘을 쏟아 대인과 호걸이 되기를 기약한다면 하늘은 네 체격이 작다 하여 네가 덕을 이루는 것을 막지는 않을 것이다. 신체가 털썩 크고 기상이 대단한 사람은 비록 작은 지혜와 잘난

배움에서 삶의 정도를 찾은 선비들

꾀만 있어도 사람들이 오히려 이를 우러러 권모와 책략이 있다고 여긴다. 만약 체구가 가녀린 사람이라면 비록 평범한 말을 해도 사람들은 반드시 작은 지혜와 잔단 꾀라고 시끄럽게 떠들면서 간사하다고 지목하고 소인이라고 이름 붙일 것이다.

그런 까닭에 타고난 것이 이와 같은 사람은 마땅히 열 배 더 힘을 쏟아 늘 중후하고 바탕을 실답게 하며 도타우면서도 성실하게 힘쓴 뒤라야 겨우 보통 사람의 대열에 낄 수 있을 것이다. 너는 죽을 때까지 명심해서 말 한마디 행동 하나에도 감히 스스로 작음을 가지고 경박하게 구는 일이 없도록 해라. 그래서 내가 네게 순암이라는 호를 준다.

가경 무인년1818 중추에 다수茶叟가 쓰다.

- 「순암호설」

윤종진尹鐘軫, 1803~1879은 자가 금계琴季로 호는 순암淳菴, 아명은 신동信東 혹은 원례元禮였다. 다산초당의 주인인 윤단의 손자다. 윤단의 장남 윤규노의 막내로 넷째 아들이다. 윤종진은 당시 열여섯 살로 초당 강학의 말석에 끼어 앉아 형들과 함께 글공부를 시작해 다산의 사랑을 듬뿍 받았다. 늦둥이로 태어난 윤종진은 체격이 왜소한 데다, 마음마저 여렸다. 다산은 그를 위해 순암이라는 호를 지어주었다. 다산은 매사에 자신감이 부족하면서도 지기는 싫어하는 윤종진에게 춘추전국시대의 안영과 전문, 당나라 때의 배도, 조선의 이원익 등 외모나 체격은 보잘것없었지만 성실한 노력으로 재상의 지위에 올라 나라를 위해 큰일을 해냈던 작은 거인들을 손꼽으며 격려했다.

너는 행여 주눅 들지 말고 남보다 열 배 더 노력해야 한다. 거기에 천근의 무게를 더 깃들여야지. '순(淳)'이란 한 글자를 잊지 말거라. 도탑고 두텁게 한결같아야 한다. 사람이 진국이란 소리를 들어야지 경박하단 말을 들어서야 쓰겠니? 너와 같은 조건에서도 큰 뜻을 세워 우뚝한 자취를 남긴 선인들을 마음에서 새겨 두거라. 남이 너를 우러르게 해야지 얕잡아보게 해서는 안 된다. 힘쓰고 또 힘써야 한다. 평생 기억해두렴. 알겠느냐?

스승에게 생각지 않은 선물을 받은 윤종진은 그 가르침을 마음에 깊이 새겼다. 분발의 기운이 안에서부터 솟아났다.

다음은 황상에게 자신을 낮춰야 올라가고 스스로 높이는 사람은 남이 그를 끌어내린다고 충고한 말이다.

스스로 낮추는 사람은 남이 그를 올려주고, 스스로 높이는 사람은 남이 그를 끌어내린다. 이 말은 마땅히 죽을 때까지 외우도록 해라. 내가 일찍이 이익에 밝은 사람을 본 적이 있다. 그는 토지 세금의 많고 적음을 따지는 이치와 물의 혜택을 나누고 온전히 하는 구분을 논함에 있어 털끝까지 나누고 실낱같이 분석하여 정밀한 의리가 입신의 경지에 들었다. 이는 공자께서 말씀하신 하달의 사람이다. 상달의 사람은 의리에 밝고 하달의 사람은 이익에 밝다. 이것이 양극단이다.

– 「다산옹서이황상증언」

"스스로 낮추면 남이 나를 올려주고, 스스로 높이면 남이 나를 끌어내린다. 산석아! 너는 어떤 사람이 되려느냐? 낮추겠느냐, 높

배움에서 삶의 정도를 찾은 선비들

이겠느냐? 너는 내 이 말을 죽을 때까지 명심하거라. 너는 아전이 니, 세금 거두는 셈법과 이익을 나누는 분배가 어김없이 정확해야 겠지. 하지만 그런 것만 중요한 것이 아니다. 공자께서도 말씀하셨 다. 상달의 사람은 의리에 밝고, 하달의 사람은 이익에 환하다고. 너는 이익에 밝은 사람이냐, 아니면 의리에 밝은 사람이냐? 나를 낮추는 겸손과 이익을 멀리하고 의를 중시하는 태도를 지녀야 한 다. 그까짓 재물의 이익은 아무것도 아니다. 세금을 많이 거두고 계 산을 잘하는 것을 능력으로 알아 그 재간을 맘껏 휘두르면 결국 칭 찬하던 입들이 너를 그 자리에서 끌어내리려 들 것이다. 이익이나 손해냐를 가늠하기 전에 옳은지 그른지를 따지는 것이 먼저다. 한 번 더 말해주마. 자신을 낮출수록 올라가고, 올릴수록 낮아진다. 잊 으면 안 된다."

뒤늦게 배움을 시작한 늦깎이 제자 장수칠에게는 학문은 우리 가 하지 않을 수 없는 일이기 때문에 해야 한다고 하였다.

학문은 우리가 하지 않을 수 없는 일이다. 옛사람은 1등의 의리라 고 말했지만, 나는 이 말에 문제가 있다고 생각한다. 마땅히 유일 무이한 의리라고 바로잡아야 한다. 대개 사물에는 법칙이 있게 마 련이다. 사람이 되어 배움에 뜻을 두지 않는다면 그 법칙을 따르 지 않겠다는 말이다. 그러므로 금수에 가깝다고 말하는 것이다.
　　　－「반산 장수칠을 위해 써준 증언. 자는 내칙이고 장흥이다」

"선생님! 공부를 왜 해야 합니까? 알려주십시오."

늦깎이 제자 장수칠의 질문에 다산은 잠시 침묵하다 이렇게 말한다.

"공부란 하고 싶어서 하는 것이 아니라 하지 않을 수 없어서 하는 것일세. 공부를 가장 우선해야 할 일로 꼽은 옛사람의 말에 나는 동의하지 않네. 이렇게 말해서는 약하지. 공부는 우선 해야 할 그 무엇이 아니라 달리 선택의 여지가 없는 유일무이한 것이라네. 사람이라면 하지 않을 수 없고 반드시 해야만 하는 것이지. 공부하지 않는다면 짐승의 삶을 살겠다는 것과 같은 말인 걸세. 공부를 왜 해야 하냐고? 묻고 따질 것도 없네. 그냥 하게."

당시 장수칠의 집안은 장흥 반산에 집성촌을 이뤄 살고 있었다. 이른바 망족望族, 즉 선망받는 씨족으로 행세깨나 했던 듯하다. 다산은 말한다.

한 집안이 대대로 수십 집 모여 살면 그 고장에서는 선망받는 씨족이 된다. 이 가운데 단 한 사람의 학자도 없다면 크게 수치스럽다. 그런데도 얼굴을 뻗대고 고개를 치켜든 채 마을을 누비고 다니니 몹시 부끄러운 일이다. 젊은 후생들이 본받을 바가 없어 점차 다들 제멋대로 굴며 망령되고 어리석어서 토호土豪나 향간鄕奸이 되고 만다.

　　－「반산 장수칠을 위해 써준 증언. 자는 내칙이고 장흥이다」

장흥 반산의 장수칠 집안은 대대로 선망받는 씨족으로 집성촌을 이루며 행사깨나 하며 살던 집안이었던 모양이다. 그런 장수칠의 집안에 대해 다산은 말한다.

"여보게! 한 고장에서 명망 있는 집안으로 행세하면서 한 사람의 학자조차 없다면 그야말로 부끄러운 노릇이 아니겠는가? 조상의 이름을 파먹고 살면서도 그에 맞는 덕행과 학문을 갖추지 못했다면 얼굴을 들 수가 없는 법이지. 그런데도 부끄러운 줄 모르고 고개를 뻣뻣이 쳐들고 거들먹거려 행세나 하려 들면 젊은이들이 그걸 먼저 배워서 나중엔 못 하는 짓이 없게 되네. 시골에서 토호 노릇이나 하고 살려는가? 향간이란 비방을 듣고 싶은 겐가? 그렇다면 그리하게. 그렇지 않다면 공부를 해야겠지."

반산 장수칠에게 다시 배움이 공부의 절반이라고 다산은 말한다.

『시경』「열명」편에서 "오직 배움이야말로 공부의 절반이다"라고 했다. 이 말은 제 몸을 닦는 것이 오도吾道의 전체에서 단지 절반의 공功이라는 뜻이다. 이제 『서전』에서는 "오직 가르치는 것이 공부의 절반이다"라고 했는데, 이는 남을 가르치는 것이 오도의 전체에서 실로 절반의 공에 해당한다는 의미이다. 이 두 가지 풀이가 서로 어긋나지 않는다. 이 뜻을 안다면 마땅히 경세經世의 학문에 뜻을 두어야 한다.

  - 「반산 장수칠을 위해 써준 증언. 자는 내칙이고 장흥이다」

반산 장수칠이 스승에게 "경세의 공부란 어떤 것입니까?"라고 물었다.

"『서경』에서는 배우는 것이 공부의 절반이라 하고, 다른 글에서는 가르치는 것이 공부의 절반이라고 했네. 한꺼번에 읽으면 공부는 배우는 것 절반과 가르치는 것 절반을 합친 것이라는 말이 되겠지. 교학상장敎學相長이란 말을 들어보았는가? 가르치고 배우면서 함께 성장한다는 말일세. 배우는 것만 배우는 것이 아니고, 가르치는 것도 배우는 일이라 할 수 있지. 내가 부족해서 배우지만, 그렇다고 내가 완전해야 가르치는 것은 아닐세. 배우기 위해 가르치고, 가르치면서 배우게 되는 법이지. 세상을 경영하는 공부도 배우면서 적용해보고, 적용하다가 배우게 된다네. 구분해 따지느라 실천 없는 궁리만 하고 있으면 공부에 발전이 있을 수 없네."

3. 강진에서 자녀들의 교육

다산 정약용은 강진에서 가족과 자식에 대한 사랑을 편지로 이어 나갔다. 다음은 진규동의 『다산의 사람 그릇』 '18년 유배지에서 정약용을 만나다'에서 인용한 글이다. 천주쟁이 대역 죄인으로 유배된 다산은 물론 남은 가족 역시 힘들기는 마찬가지였다. 왜냐하면, 다산의 삶을 보면 부정부패로 재물을 축적해 둔 것이 없었기 때문이다. 이것은 조정에서 벼슬을 하고 있을 당시 여자 하인이 옆집 호박을 따서 죽을 끓이다가 부인 홍씨에게 들켜서 혼이 난 이야기를 보면 알 수 있다.

다산의 공직생활에도 부부의 살림살이는 그리 녹록지 않았다. 홍씨가 누에를 쳐서 '초라한 생계'를 이어가면, 다산은 연작시를 지어 그 노고에 보답한다. 시에는 "한 뙈기만 심어도 열 집 옷이 나오는 한 달짜리 누에 치기가 삼 농사 목화 농사보다 훨씬 효과적"

이라는 실학자다운 계산이 나온다. 신유박해에 연루된 다산이 유배길에 오르자 한강 남쪽 마을 사평沙坪에서 눈물로 이별하고 마재로 돌아온 홍씨, 어린아이들을 지키고 생계를 주도하며 아버지와 남편의 빈자리를 채워나간다. 다시 누에치기에 몰두하자 남편은 편지로 "뽕은 어린 딸 시켜 따오게 하고, 힘든 일은 아들놈을 시키시오"라며 힘을 실어 준다. '병든 처[병처病妻]'로 불린 홍씨의 고단한 일상은 강도 높은 노동보다도 생사를 장담할 수 없는 지기의 온전한 귀향을 기다리는 시간 그 자체가 아니었을까. 그것도 무려 18년을. 그 와중에 막내아들 농이를 잃게 되는데, 죽음이 임박해서도 아버지가 보냈다는 소라껍데기 2개를 기다리던 4살짜리 아들이었다. 다산은 아버지로서 자신의 슬픔보다 아이 어머니의 처지를 더 슬퍼하며 두 아들에게 '엄마를 보호하라'라는 영을 내린다.

이처럼 남은 가족들조차도 어렵게 된 상황에서 다산은 자식들 걱정이 앞섰다. 그러나 다산은 자신의 분노와 억울한 생각보다는 자식들이 잘못될까 봐 늘 걱정이었다. 왜냐하면, 자식들은 과거시험을 볼 수도 없고 어디 가서 떳떳하게 활동하기도 힘든 처지가 되었기 때문이다.

모든 사회로부터 역적 죄인의 아들로 낙인찍혀 자포자기로 아들들이 삶을 포기할까 봐 걱정되었다. 그래서 다산은 오갈 수도 없고 직접 볼 수도 없는 처지에서 서신을 통하여 지속적으로 교육을 시켰다. 그리고 어느 정도 유배 기간이 지나면서 아들들이 오가며 직접 글을 가르치고 교육한 내용을 점검도 하였다.

다산이 두 아들에게 보낸 편지를 살펴보면 효도, 학문하는 자세,

독서 방법, 저술방법, 시작법 등으로 다양하다. 다산의 이러한 편지의 주요 내용을 살펴보면 지금도 우리에게 필요한 지혜라고 생각된다.

-책 한 장이라도 베껴주는 것이 풍성한 제물로 제사 지내는 것보다 좋다-

내가 죽은 뒤에 아무리 정결한 희생과 풍성한 안주를 진설해 놓고 제사를 지내준다 하여도, 내가 흠향하고 기뻐하는 것은 내 책 한 편을 읽어주고 내 책 한 장을 베껴주는 일보다 못하게 여길 것이니, 너희들은 그 점을 기억해 두어라.

-주역 사전은 사람의 지혜나 생각으로 이룰 수 없는 책이다-

'주역 사전'은 바로 내가 하늘의 도움을 얻어 지어낸 책이요, 절대로 사람의 힘으로 통할 수 있고 사람의 지혜나 생각으로 이룰 수 있는 바가 아니다. 이 책에 마음을 가라앉혀 깊이 생각하여 오묘한 뜻을 모두 통할 수 있는 사람이 있다면 그는 바로 나의 자손이나 친구가 되는 것이니 천 년에 한 번 나오더라도 배 이상 나의 정을 쏟아 애지중지할 것이다.

-상례 사전은 모든 책 중에서 오직 물려받을 만한 책 중의 하나이다-

'상례 사전'은 바로 내가 성인을 독실하게 믿고 지은 책으로 내 생각에는 광란의 물결을 돌리고 온갖 내를 막아 공·맹의 참된 근원으로 돌아가게 했다고 여기는 것이니, 정밀하게 생각하고 관찰하여 그 오묘한 뜻을 터득하는 사람이 있다면 이것이야말로 뼈에 살을 붙이고 죽은 생명을 살려준 은혜와 같아 천금을 주지 않더라도 받은 것처럼 감지덕지하겠다. 이 2부만 전하여 물려받을 수 있다면 나머지 것들은 폐가한다 하더라도 괜찮겠다.

-하늘의 이치는 돌고 돈다. 항상 마음을 화평하게 요로에 있는 것처럼 처신하라-

진실로 너희들에게 바라노니, 항상 마음을 화평하게 가져 요로에 있는 사람들과 다름없이 처신하여라. 그리하여 아들이나 손자의 세대에 가서는 과거에도 마음을 두고 경제에도 정신을 기울일 수 있도록 해야 한다. 하늘의 이치는 돌고 도는 것이라서, 한 번 쓰러졌다 하여도 결코 일어나지 못하는 것이 아니다. 만약 하루아침의 분노를 견디지 못하고 서둘러 먼 시골로 이사가 버리는 사람은 천한 무지렁이로 끝나고 말 뿐이다.

          - 가경 경오년 초가을에 다산의 동암에서 쓰다

-당파에 관계하지 마라-

우리 집안은 조상 때부터 당파에 관계하지 않았다. 더구나 어려움에 처한 때부터는 괴롭게도 옛 친구들에게까지 연못에 밀어 넣고 돌을 던지는 경우를 당했으니, 너희들은 내 말을 명심하고 사당파에 마음을 깨끗이 씻어버려야 한다.

-시에는 반드시 감개한 내용이 있어야 한다-

'시경' 3백 편은 모두 성현들이 뜻을 잃고 시대를 근심한 작품들
이다. 그러므로 시에는 반드시 감개한 내용이 있어야 한다. 그러
나 절대로 미묘하고 완곡하게 표현을 해야지 얄팍하게 드러나도
록 해서는 안 된다.

-사람을 알아보려면 먼저 가정에서의 행실을 살펴야 한다-

사람을 알아보려면 먼저 가정에서의 행실을 살펴야 한다. 만약
그의 옳지 못한 점을 발견하면, 즉시 자신에게 비춰보아, 자기에
게도 그러한 잘못이 있을까 두려워하는 마음으로 그러지 않도록
힘차게 공부해야 한다.

-아버지를 개나 염소처럼 여겨도 되느냐-

다른 사람이 이 아비를 개나 염소처럼 업신여기고 있는데도 너
희들은 부끄러워할 줄을 모르고 이처럼 나를 독촉하여 일을 이
루려고 하여, 감히 저들의 비웃고 냉소하는 말을 아비에게 전한
단 말이냐. 가령 저들의 권력이 꺼진 불을 다시 일으켜 나를 공
격해서 추자도나 흑산도로 보낸다 할지라도 나는 머리카락 하나
끄덕이지 않는다.

- 두 아들에게 답한 병자1816, 순조 16년, 선생 55세

6월 4일/ 다산시문집 제21권/ 서

　　　　　　　　　　　　　　배움에서 삶의 정도를 찾은 선비들

세속에 이르는 '겉으로만 인정을 베푸는 척한다[허덕색虛德色]'
라는 말을 너는 알고 있느냐? 힘 안 들이고 입만 놀려 너의 뜻을
기쁘게 해주고는 돌아가서 냉소하는 자가 가득 차 있다는 것을
너는 아직도 깨닫지 못한 것이냐? 넌지시 권세가 성함을 보여 몸
을 굽히고 땅에 엎드리게 한 것인데 네가 과연 그 술수에 빠졌으
니 어리석은 사람의 행동이 아니겠느냐?

        – 학연에게 보여주는 가계/ 다산시문집 제18권/ 가계家誡)

    어려운 과정에서 다산은 해배解配 귀양을 풀어줌에 대한 미련을 버
리고 있었지만, 다산의 큰아들 학연은 자식 된 도리로 어떻게든지
다산을 해배시키려고 했다. 그 와중에 자신의 해배에 대한 소식을
들은 다산이 자식들에게 쓸데없는 짓으로 아비를 개나 염소처럼
업신여기게 만들었다며 호통을 치는 편지이다. 아무리 유배를 와
있지만 사람 같지도 않은 자들에게 가서 아쉬운 소리 하면서 아비
의 해배를 소원하지 말라는 것이었다.

    그보다 더 어려운 일을 당하고서도 지금까지 이곳에서 생활해
왔는데 이제 뭘 더 바라느냐며 저들의 권력이 꺼진 불을 다시 지펴
서 나를 공격해서 추자도나 흑산도로 다시 보낸다 할지라도 나는
머리카락 하나 까딱이지 않을 것이라는 다산의 결의는 그가 어떤
모습으로 살아왔는지를 짐작하게 한다.

    다산은 유배지에서 두 아들에게 보낸 편지에서 "폐족으로서 바
르게 처신하는 방법은 오직 독서만이 살길이다"라고 하면서 공부
만이 폐족을 살리는 유일한 길임을 간절히 부탁했다.

이제 너희들은 몰락한 집안의 자손이다. 그러므로 더욱 잘 처신하여 처음보다 훌륭하게 된다면 이것이야말로 기특하고 좋은 일이지 않겠느냐? 폐족으로서 바르게 처신하는 방법은 오직 독서하는 한 가지 방법밖에 없다.

큰아들 학연이 유배지로 아버지를 찾아왔다. 다산은 학연에게 학문에 열중할 것을 누누이 당부했다. 하지만 학연은 학문을 열심히 한다 해도 과거에 응시할 수도 없거니와 관리가 될 수도 없는 처지를 아버지에게 항변했다. 자기 집안이 이미 폐족이나 다름없다고 생각을 했던 모양이다. 큰아들 학연뿐 아니라 둘째 학유도 같은 생각이었다. 다산은 그런 아들들에게 공부의 중요성을 이렇게 말했다.

선배 가운데 율곡 같은 분은 어버이에게 사랑을 받지 못하고 괴로움으로 몇 해를 방황하다가 마침내 한 번 돌이켜 도에 이르렀으며, 또한 우리 우담愚潭: 丁時翰, 1625~1707 선생도 세상의 배척을 받고서 더욱 그 덕이 진보되었으며, 성호星湖 선생께서도 집안에 화를 당한 뒤로 이름난 유학자가 되었으니, 그분들이 탁월하게 수립한 것은 권세를 잡은 부잣집의 자제들이 도저히 따라갈 수 없다. 이것은 너희도 일찍부터 아는 사실이 아니냐

과거에 응시하여 관리가 될 수는 없지만, 공부를 통해서 얼마든지 다른 길이 있음을 주지시킨 것이다. 본래 공부의 목적이 사람다운 사람이 되는 것으로, 단지 폐족은 과거에 응시해 벼슬에 오를

배움에서 삶의 정도를 찾은 선비들

수는 없지만, 성인이 되고 군자가 되는 것은 가능하다는 것을 주지시킨 것이다. 이후에도 다산은 부단히 아들들에게 편지를 보내 공부하는 자세와 방법을 자세히 가르쳤다. 자식들에게 공부의 중요성을 가르쳤을 뿐만 아니라 다산 스스로도 자신의 처지를 한탄하지 않고 열심히 학문에 매진했고 제자들을 가르치는 일에도 소홀하지 않았다.

다산은 사의재에서 제자들을 기르며 방대한 저술을 시작했다. '폐족'이 돼버린 두 아들에게도 끊임없이 편지를 써서 격려했다. 폐족이란 '큰 죄를 지어 후손이 벼슬을 못 하는 가문'을 뜻한다.

다산은 폐족이 사람 구실을 하려면 "글을 읽고 몸가짐을 바르게 해야 한다"라고 거듭 당부했다. 그러면서 폐족끼리 어울려 다니지 말라고 부탁했다. "폐족들은 서로 가엾이 여기기 마련이어서, 관계를 멀리 끊어버리지 못하고, 결국엔 함께 수렁에 빠지게 되니, 부디 마음에 새겨 다짐하라"라고 신신당부했다.

그러면서 한편으로는 재물의 축적이나 사사로운 이익 추구보다는 은덕을 베푸는 것이 더 큰 이익이라고 두 아들에게 당부했다.

세간의 의식衣食의 자료나 재화의 물품은 모두 부질없는 것들이다. 옷은 입으면 해어지기 마련이고 음식은 먹으면 썩기 마련이며 재물은 자손에게 전해주어도 끝내는 탕진되어 흩어지고 마는 것이다. 다만 한 가지 가난한 친척이나 가난한 벗에게 나누어 주는 것만이 영구히 없어지지 않는다. … 그러므로 재화를 비밀리에 숨겨두는 방법으로는 남에게 베풀어 주는 것보다 더 좋은 것이 없다. 도둑에게 빼앗길 염려도 없고, 불에 타버릴 걱정도 없고, 소나 말이 운반해야 할 수고로움도 없이 자기가 죽은 뒤까지 지니고 가서 천년토록 꽃다운 명성을 전할 수 있으니, 세상에 이보다 더한 큰 이익이 있겠느냐? 재물은 더욱 단단히 잡으려 하면 더욱 미끄럽게 빠져나가는 것이니 재화야말로 미꾸라지 같은 것이다.

　　　　　　　－ 학연에게 보여주는 가계/ 다산시문제 제 18권/ 가계家誠

　다산은 18세기 조선 시대 대학자로 그의 생애는 청렴, 그리고 화평한 세상을 위해서 일생을 보냈다고 해도 지나친 말이 아니다. 평생 동안 재물을 축적하지 않았고, 그러면서도 공자와 안연처럼 안빈낙도의 생활을 스스로 누렸는지 모른다.

　그가 유배지에서 두 아들에게 보낸 훈계 중에 재물에 대한 글은 오늘날 오로지 더 큰 차, 더 넓은 집, 더 좋은 명품 등을 선호하는 우리에게 많은 것들을 시사한다. 불안한 기약 없는 유배 생활이 아버지 없이 자라는 자식들을 생각하면서 행여 다른 길로 빠질까 봐 노심초사하는 아버지의 심정이 고스란히 담겨 있다.

　여러 일가 중에 며칠째 밥을 짓지 못하는 자가 있을 때 너희는 곡식을 주어 구제하였느냐. 눈 속에 얼어서 쓰러진 자가 있으면 너희는 땔나무 한 묶음을 나누어주어 따뜻하게 해주었느냐. 병이 들어 약을 복용해야 할 자가 있으면 너희는 약간의 돈으로 약을 지어주어 일어나게 하였느냐. 늙고 곤궁한 자가 있으면 너희는 때때로 찾아뵙고 공손히 존경을 하였느냐. 우환이 있는 자가 있으면 너희는 근심스러운 얼굴빛과 걱정스러운 눈빛으로 우환의 고통을 그들과 함께 나누어 잘 처리할 방도를 의논해 보았느냐.

　　　　　　　－ 두 아들에게 부침/다산시문집 제 21권 서書

또 다산의 큰아들 정학연이 황상에게 써준 글에 이런 내용이 있다.

돌아가신 아버님께서 강진에 귀양살이하신 것이 무릇 18년이었
다. 학업을 청한 자가 수십 인인데, 혹 7, 8년 만에 돌아가고, 혹
은 3, 4년 만에 물러났다. 과문科文에 두루 힘 쏟은 자도 있고 시
와 고문을 섭렵한 자가 있었다.

－『다산의 재발견』인용

여러 제자 중 과거시험을 위해 철저하게 과문을 공부하는 학생
과 시와 고문을 섭렵하는 학생이 있었음을 알 수 있다. 문학과 이
학을 가르쳤을 뿐만 아니라 문학에도 과문 공부와 순수문학의 차
별성을 두었음을 알 수 있다. 다산이 초당의 제생들에게 준 글 속
에 과거 준비를 위한 공부의 글쓰기 절차를 제시했다. 고문과 과문
의 학습 순서에 관한 내용이 있다.

글에는 많은 종류가 있다. 과문이 가장 어렵고, 이문吏文이 그다
음이다. 고문은 쉽다. 고문의 지름길을 통해 들어가는 사람은 이
문이다. 과문은 따로 애쓰지 않아도 파죽지세와 같다. 과문을 통
해 들어가는 사람은 벼슬하여 관리가 되어도 공문서 작성에 모
두 남의 손을 빌려야 한다. 서문이나 기문記文, 혹은 비명碑銘의
글을 지어달라는 사람이 있으면 몇 자 쓰지도 않아서 이미 추하
고 졸렬한 형상이 다 드러나 버린다. 이로 볼 때 과문이 정말 어
려운 것이 아니다. 하는 방법이 잘못되었을 뿐이다.

－『다산의 재발견』인용

과문은 일종의 과거에서 답안 작성 형식이라 할 수 있다. 과문의 주종은 시詩·부賦·표表·책策·의疑·의義로서 '과문육체'라고 불렸다. 이 가운데 의疑·의義는 경서에 대한 논문을 작성하는 것으로 특별한 표준방식이 요구되지 않는 고문체이다. 그러나 표·책 등은 주로 내용이 그 시대에 중요하게 다루어야 할 일에 관련된 것이고, 일정한 표준방식이 요구되고, 격률의 형식이 까다롭고, 전고典故를 많이 사용하므로 특별한 공부 없이는 쉽게 지을 수가 없었다. 따라서 과거시험에 응시하는 유생들은 과문법을 익히지 않을 수가 없으므로 과문에 집중적인 노력을 기울여야 했다.

이문은 행정문서에 쓰는 글이다. 체제가 엄격하고 전문용어가 많다. 고문은 옛 고전에서 쓰는 보통 글이다. 다산은 기초를 확실히 다지기 위해 과거를 보기 위한 과문이나 이문을 익히는 대신 고문 공부를 먼저 시작하게 했다. 고문을 잘 하게 되면 과문과 이문은 저절로 된다. 이 절차와 차례는 꼭 지키도록 했다. 기본이 충실하면 응용과 적용이 자연스럽게 전개되어 힘을 쏟지 않더라도 많은 결실을 얻을 수 있게 된다.

특히 황상에게는 문학을 공부시켰다. 양반이 아니어서 과거를 볼 수 없는 신분이었기에 다산은 황상에게 시를 짓도록 가르쳤다. 공부를 시작한 지 1년 반이 지난 후에 지은 『설부雪賦』라는 시는 다산을 놀라게 했으며, 이후 그가 지은 시가 흑산도에 유배된 둘째 형 정약전에게도 전해져 크게 감탄하였다.

추사가 다산의 큰아들 학연에게 보낸 편지이다.

배움에서 삶의 정도를 찾은 선비들

탐라에 있을 때 한 사람이 시 한 수를 보여주었습니다. 묻지 않고도 그가 다산의 고제高弟임을 알 수 있었습니다. 이름을 물었더니 황모라고 했습니다. 그 시를 읊조려보니 두보를 골수 삼고 한유를 뼈대로 삼았습니다. 다산의 제자를 두루 꼽아보니 학鶴 이하로는 누구도 이 사람을 대적하지 못할 것 같습니다. 또 들으니 황모는 시문이 한당漢唐에 핍진逼眞할 뿐 아니라 그 사람됨도 당세의 고사高士라 할 만했습니다. 비록 옛날의 은일이라도 이보다 더하지 않다고 합니다. 뭍으로 나가자마자 그를 찾아갔더니 상경했다고 합니다. 구슬피 바라보며 돌아왔습니다. 이제 또 서울로 돌아가니 이미 고향으로 돌아갔다고 합니다. 제비와 기러기처럼 서로 어긋나니, 참으로 난감할 뿐입니다.

‐『다산의 재발견』인용

정학연이 황상에게 보낸 편지에 인용된 추사의 글이다. 1849년 봄에 제주도에서 유배가 풀려난 직후에 쓴 편지다. 추사는 유배지에서 시 한 수를 보고 그가 다산의 고제임을 알았다. 그만큼 황상의 시 세계가 이미 세인들의 관심사가 되었음을 알 수 있다. 다산이 서울로 돌아간 후 황상은 스승과의 약속대로 늘 부지런히 공부하며 시를 지었다. 제주도에 유배된 추사는 황상을 만날 수 있는 기대에 귀양이 풀려 서울로 오르던 길에 직접 강진을 찾아갔으나 안타깝게 만날 수 없었다. 황상은 스승이 강진을 떠난 이후 오랫동안 연락이 두절되었다가, 스승의 회혼례에 참석하여 서거 직전에 뵙고 영결했다. 그 후 연락이 없다가 1845년 스승의 10주기에 맞춰 두릉을 다시 찾았다. 그 이후 황상과 정학연 두 사람은 왕복 서신이 끊이지 않고 계속되었다.

4. 황상의 공부법, 부지런히 해야 한다

다산이 천주학쟁이로 몰려 강진으로 귀양을 오게 되자 사람들은 모두 그를 두려워하고 받아주려 하지 않았다. 할 수 없이 다산은 동문 밖 주막집 뒷방을 어렵게 빌려 살게 되었는데, 워낙 유명한 학자였으므로 그의 제자가 되기를 원하는 이가 많았다. 이에 정약용은 주막집 뒷방에 '사의재'란 간판을 걸고 아이들 몇몇을 가르치게 되었고, 이 소문을 듣고 황상이 그를 찾아왔다. 황상은 1802년 10월 10일 다산이 임시로 거처하던 강진의 주막집 뒷방에서 처음 스승과 제자로서 연을 맺었다. 그의 부친 황인담은 강진의 아전이었기 때문에 과거를 보아 벼슬을 할 수 없는 신분이었기에 늘 주눅이 들어 자신 없는 표정으로 글을 배웠다. 그렇게 6일이 지나고 7일째 되던 날, 정약용은 황상을 불러 앉혀놓고 다음의 글을 내려주었다. 표제에 증산석贈山石이 쓰여 있었다.

> 내가 산석에게 문사文史를 공부하라고 권했다. 산석은 쭈뼛쭈뼛하더니 부끄러운 얼굴빛으로 사양하며 이렇게 말했다.
> "스승님. 제게는 세 가지 병통이 있습니다. 첫째는 머리가 둔한 것이고, 둘째는 앞뒤가 꽉 막힌 것이고, 셋째는 분별력이 없어 답답한 것입니다. 이런 제가 문사를 어떻게 공부할 수 있겠습니까?"
> 이에 정약용은 따뜻한 눈빛으로 황상에게 말했다.

"배우는 사람에게는 세 가지 큰 병통이 있는데, 너는 하나도 가지고 있지 않구나! 첫째 외워 기억력이 좋은 사람의 병통은 공부를 소홀히 하는 문제점이 있다. 둘째 글 짓는 재주가 좋은 사람의 병통은 글이 가벼이 들떠 허황한 데로 흐르며, 셋째 깨달음이 빨라 이해력이 좋은 사람의 병통은 거친 것이 문제점이다. 대개 머리가 둔하지만, 공부를 파고드는 사람은 식견이 넓어지고, 앞뒤가 꽉 막혔지만 터지게 되면 사람은 그 흐름이 성대해지며, 분별력이 없어 답답한 사람이 꾸준히 연마하면 그 빛이 반짝반짝 빛나게 된다. 그러면 파고드는 방법은 무엇이냐. 부지런히 해야 한다. 또 앞뒤가 막힌 것을 터지게 하는 방법이 무엇이냐. 부지런히 해야 한다. 연마하는 방법이 무엇이냐. 이 역시 부지런히 해야 한다. 그렇다면 부지런히 하는 마음은 어떻게 지속하느냐. 마음을 확고히 하는 데 있다."

– 『다산의 재발견』 인용

다산은 자신의 무능함을 탓하는 황상에게 그 무능함이 오히려 공부하는 데 장점이 될 수 있다며 용기를 북돋아 준 것이다. 스승의 말에 큰 감동을 받은 황상은 스승의 가르침을 평생 잊지 않고 근면과 끈기로 공부하였다. 공부를 시작한 지 1년 반이 지난 후에 지은 『설부雪賦』라는 시는 다산을 놀라게 했으며, 이후 그가 지은 시가 흑산도에 유배된 형 손암 정약전에게도 전해져 크게 감탄하였다고 전해지고 있다. 1808년 스승이 다산초당으로 거처를 옮기고 나서는 생계를 잇기 위해 농사를 지으며 간간이 홀로 옛 시를 읽으며 공부하였다.

황상이 부지런히 힘쓴 공부는 차츰 두각을 나타내기 시작했다.

그가 지은 시를 받고 다산은 이렇게 적었다. "보내온 시가 돈좌기
굴頓挫奇崛: 시문詩文의 기세가 갑자기 약해지면서 기발하고도 빼어나
기 때문에 내 기호에 꼭 맞는다. 기쁨을 형용할 수가 없구나. 이에
축하하는 말을 적는다. 아울러 스스로 제자 중에서 너를 얻은 것을
다행으로 여겨 기뻐한다." 다산은 황상에게 칭찬만 한 것이 아니
다. 그가 장가를 든 뒤 공부를 다소 게을리하는 기색이 있자 꾸짖
는 편지를 보냈다.

> 네 말씨와 외모, 행동을 보니 점점 태만해져서, 규방 가운데서 멋
> 대로 놀며 빠져 지내느라 문학 공부는 어느새 까마득해지고 말
> 았다. 이렇게 한다면 마침내 아주 어리석고 못난 사람이 된 뒤에
> 야 그치게 될 것이다. 텅 비어 심지가 없으니 소견이 참으로 걱
> 정스럽다. 내가 너를 몹시 아꼈으므로 마음속으로 슬퍼하고 탄
> 식한 것이 오래다. 진실로 능히 마음을 일으켜 세우고 뜻을 고쳐,
> 내외가 따로 거처하고 마음을 오로지하여 글공부에 힘을 쏟을
> 수 없다면, 글이 안 될 뿐 아니라 병약해져서 오래 살 수도 없을
> 것이다.
>
> ─『다산여황상서간첩』

다산의 혹독한 꾸지람에 황상은 다시 심기일전하여 글공부에
매진하였음은 말할 것도 없다. 다산이 서울로 돌아간 후 말년에는
일속산방─粟山房: 좁쌀 한 톨만 한 작은 집에서 스승의 가르침대로 부지런
함을 실천하며 시를 지었다. 제주도에 유배된 추사 김정희는 그의
시에 감탄하여 "지금 세상에 이 같은 작품은 없다"라고 감탄했을

배움에서 삶의 정도를 찾은 선비들

정도다. 귀양이 풀려 서울로 오르던 길에 직접 강진의 황상을 찾아 갔다고 전한다. 덕분에 그는 훌륭한 시인이 되었다.

황상의 시를 짓는 데 발군의 실력을 발휘했다. 다산의 여러 제자 중에서 시로는 그를 따를 사람이 없었다. 하지만 그의 신분은 일개 아전에 불과했다. 그래서 다산은 그가 자신의 얕은 기예를 뽐내 남을 우습게 보거나 거들먹거릴까 염려하여 다음과 같이 당부하였다.

> 궁벽한 고장의 사람은 교만하여 뽐내지 않는 이가 드물다. 이는 본 것이 적기 때문이다. 열 집 모여 사는 고을에도 반드시 퉁소로 떠들썩하게 이름난 사람이 있게 마련이다. 하지만 그가 어찌 참으로 서울 기생방의 묘한 솜씨를 지녔겠는가? 저들은 이원梨園, 즉 장악원에서 2일과 6일마다 열리는 모임을 본 적조차 없다. 시는 압운이 조잡한데도 꼭 스스로를 도연명이나 사령운謝靈運에 견주고, 글씨는 결구가 거칠건만 반드시 왕희지와 왕헌지로 자처한다. 그 기예가 참으로 무리보다 뛰어나서가 아니라 본 것이 적었기 때문이다. 살아 있는 동안 발길이 마을 대문 밖으로 나가 본 적조차 없다. 본받을 만한 말을 들어본 적이 없거늘 어찌 급작스레 높은 지위에 이를 수 있겠는가? 만약 먼 데 노닐며 널리 배우고 싶지 않거든 차라리 머리를 숙이고서 스스로를 낮추어야 한다.
>
> ─ 「다산옹서이황상증언」

시골에서 퉁소 꽤나 분다고 소문난 사람도 서울 기생방의 퉁소 연주자 앞에 서면 자신의 실력이 부끄러워 고개를 들 수가 없게 된다. 또 시골 촌놈이 시 좀 짓거나 글씨 좀 쓴다는 소리를 들어도 그

것은 시골에서 그나마 실력이 낫다는 말이지, 진짜 출중하다는 말이 아니다. 사람이 교만해서는 안 된다. 작은 재주를 자랑하지 말고, 더 열심히 학습하며 늘 자신을 낮추어 겸손해야 한다. 다산의 충고를 받아들인 황상은 교만하지 않고 자신의 재능을 낮추고 겸손하여 훌륭한 시인이 되었다.

황상은 정약용과 만난 지 60년이 되는 임술년에 스승과의 첫 만남을 회상하면서 '임술기壬戌記'라는 글을 지었다.

> 이때 선생께서는 동천의 여사에서 머무르셨는데 나는 아이로 관례조차 하지 않았을 때라 마음에 새기고 뼈에 새겨 감히 잃어버릴까 걱정했었다. 그때로부터 지금까지 61년이 지났는데, 읽기를 그치고 쟁기를 잡을 때도 있었지만 품은 것을 마음에 두었다. 지금은 손에서 책을 놓지 않고 문한文翰과 필묵에서 유영하니, 비록 세운 공적이 없다 할지라도 넉넉히 정중하게 뚫는 것과 소통하는 것과 두드리는 걸 지켜 또한 '병심확秉心確' 세 글자를 받들어 계승하였다고 할 만하다. 그러나 지금 나이 75세로 남은 날이 많지 않으니, 어찌 어지럽게 내달려 도를 어지럽힐 수 있겠는가? 지금 이후로도 스승이 전수해준 것을 잃지 않을 것이 분명하고, 나는 말씀을 저버리지 않고 실행하려 이에 「임술기」를 짓는다.

한양대 정민 교수는 「치원소고巵園小藁」를 황상의 후손인 황수홍의 집안에 보관 중인 것을 발견하여 세상에 처음으로 선보였다. 「치원소고」는 세상에 알려지지 않은 황상의 산문을 모은 문집으로, 이 문집은 황상의 친필로 상단에 다산의 아들 정학연이 붉은 먹으

로 손수 쓴 평어까지 달려 있었다고 전한다. 이 가운데 정학연에게
보낸 편지인 '유산 선생께 올림[상유산선생서 上酉山先生書]'이란 글에 처
음 다산과 면담했을 때의 자세한 기록이 있다.

옛날 순조 신유년1801 에 돌아가신 선생님께서 재앙을 만나 강진
에 귀양 오시니 사람들과 접촉하는 것조차 허락되지 않았습니
다. 임술년1802 가을에 제가 부족한 자질로 두세 명의 아이들과
함께 주막집 앞길에서 공놀이를 하고 있었습니다. 선생님께서
사람을 시켜 공놀이하는 아이들을 불러오게 하셨지요. 아이들은
나아갔지만 저는 평소에 부끄러움으로 낯을 많이 가렸던지라 명
령을 어겨 따르지 않다가 세 번을 되풀이해 부르신 뒤에 절을 올
렸습니다. 선생님께서 말씀하셨습니다.
"어른을 뵈었으면 인사를 해야지."
그러고는 이름과 나이, 무슨 일을 하는지를 물으셨지요. 갖추어
대답을 올렸는데, 마침 날이 어두워졌으므로 다른 아이들에게
물러가라 명하시고 저에게는 남으라고 하시더니 배우러 다니는
서당이 먼지 가까운지를 물으시곤 이렇게 말씀하셨습니다.
"네가 이곳에서 공부할 수 있겠느냐?"
제가 일어나 대답을 드렸습니다.
"부모님이 계시니 부모님께서 시키는 대로 따르겠습니다."
"그게 좋겠다. 내일 다시 오너라."
돌아와 이 분부를 아버님께 아뢰었더니, 이렇게 말씀하셨지요.
"이는 바늘과 실이 서로를 필요로 함이다. 너는 가서 따르도록
해라. 다만 스승과 제자는 의리가 중하니 조심하고 삼가서 거역
하거나 게을리해서는 안 된다."
제가 아버님 명을 받들어 다음 날 찾아뵙고 아버님의 분부를 말

쏨드리자 선생님께선 "그러하냐" 하셨습니다. 마침내 책을 어루만지시더니 제게 경서를 베껴 쓰게 하시고 『예기』 「단궁」 편을 가르쳐주시며 글공부를 권하는 글을 지어주셨습니다. '부지런히 하고 부지런히 하고 부지런히 하라'라는 세 글자를 가지고 마음을 확고히 다잡으라는 글로 말씀을 맺으셨지요. 비록 지극히 어리석은 저라도 스스로 힘써 따르기를 원할 만하였습니다. 이후로는 선생님의 자리 곁에서 지내고, 계신 곳 귀퉁이에서 잤지요. 위로는 넓은 바가 있고 아래로는 감출 것이 없어, 이 때문에 은혜와 의리의 무거움이 마치 아비가 아들을 가르치는 것과 같았으니 어찌 자식이 아버지를 섬기는 마음과 같지 않을 수 있었겠습니까?

- 『다산의 재발견』 인용

『논어』의 첫 문장은 "배우고 때때로 익히니 또한 기쁘지 아니한가?"로 시작한다. 이처럼 공자는 인류 역사에 출현한 그 어떤 성인보다도 배움의 중요성을 강조했다. 공자 스스로 자신을 태어나면서 도를 깨우친 천재가 아니라 열심히 익히고 배우는 사람이라고 했다.

퇴계 이황이나 율곡 이이, 백곡 김득신, 명재 윤증, 다산 정약용, 황상뿐만 아니라 많은 조선의 선비들이 도를 체득하고 인격 완성을 이뤄 참된 선비가 되고자 힘든 고난을 극복하면서 열심히 학문에 매진하였다. 아무리 칭송받는 선비일지라도 언제나 스스로 공부가 부족하다고 여기며 더 높은 인격 완성을 위해 쉼 없이 학문에 열중했다. 공부가 부족하기 때문이 아니라 공부하고 노력하는 것 자체가 선비의 참모습이었기 때문이다.

배움에서 삶의 정도를 찾은 선비들

5. 다시 찾은 문화재 '하피첩'

남편에 대한 그리움이 견딜 수 없었던 홍씨 부인이 다산초당으로 빛바랜 치마와 사언 시를 보낸다. 하피霞帔, 좀 생소하나 붉은 노을빛 치마로 소책자를 만들어 노을 하霞와 치마 피帔를 붙인 말이다. 다산의 가족에 대한 애정과 사랑을 그린 '하피첩霞帔帖'은 다산의 후손에게 내려오다가 6·25전쟁 때 분실되어 행방을 찾지 못했다. 우리의 귀중한 문화재였던 하피첩이 2004년 수원의 한 건물주가 폐지 줍는 할머니의 손수레 폐품 속에서 발견하여, 2015년에 국립박물관에서 경매로 구입해 보관하고 있다. 영영 우리의 기억 속에서 사라질 뻔했던 소중한 문화재가 65년 만에 세상에 선을 보이게 된 것이다. 다산의 하피첩은 1800년 천주교도로 몰려 전라도 강진 땅에 유배된 지 10년째 되는 1810년에 만들어졌다. 두릉에서 다산초당으로 편지와 함께 치마가 배달되었다. 남양주의 아내인 홍혜완이 시집올 때 입는 활옷으로써 붉은빛이 담홍색으로 빛바랜 낡은 치마를 보내온 것이다, 부부로 인연을 맺은 지 어언 34년, 떨어져 산 세월이 어느덧 10년이다. 그해 겨울, 귀양 간 남편을 만날 수 없어 그리운 나머지 당신이 시집올 때 입었던 낡은 치마와 함께 사언四言 시를 지어 보낸 지 3년 후다. 서로 만날 수 없는 그리움이 절절히 묻어나는 부인 홍씨의 애절함이 그려 있다.

그대와 이별한 지 7년
서로 만날 날 아득하니

살아생전 만나기 어렵겠죠
집을 옮겨 남쪽으로 내려가
끼니라도 챙겨 드리고 싶으나
해가 저물도록 병이 깊어져
이내 박한 운명 어쩌리까
이 애절한 그리움을
천 리 밖에서 알아주실지

천 리 밖 강진 땅에 유배된 남편과 생이별할 수밖에 없어 서로 만날 수 없는 홍씨 부인의 그리움이 사무치게 묻어난다. 사는 집을 정리해서 남편이 있는 곳에 내려가 매 끼니라도 챙겨 드리고 싶은 지어미의 애절함이 병이 깊어졌으니 멀리 떨어져 있는 남편이 혹시 알아주실지 모른다는 간절함이 표현되어 있다.

홍씨 부인의 옛정이 묻어 있는 다홍치마와 연서를 받은 다산은 아내의 그리움과 애절함에 어떻게 답서를 보낼까 고민하다 3년간 고이 보관했던 다홍치마를 4첩으로 잘랐다. 하피첩은 본래 4첩이었으나 3첩만 전해진다. 3첩 중 1첩은 박쥐 문양, 구름 문양이 그려진 푸른색 종이가 표지로 사용됐고 2첩은 미색의 표지가 있으니 3첩 모두 붉은색 면지로 되어 있다. 부인 홍씨가 보내온 낡은 치마에 두 아들_{학연과 학유}에게 간곡한 당부를 서첩으로 만들어 답한 것이 『하피첩』이다.

내가 강진에서 귀양 살고 있는데, 병든 아내가 다섯 폭짜리 낡은 치마를 부쳐왔다. 시집올 때 입은 분홍빛 활옷이다. 붉은빛은 이미 바래 옅은 황색이 되었다. 서본書本으로 쓰기에 마침맞았다. 잘라서 작은 첩을 만들고, 손길 따라 훈계의 말을 적어 두 아들에게 준다. 훗날 글을 보고 감회를 일으켜 양친의 꽃다운 은택을 떠올린다면 뭉클한 느낌이 일어나지 않을 수 없으리라. 이름하여 '하피첩'이다. 붉은 치마를 바꿔 말한 것이다. 가경 경오년 1810. 순조 10년 초가을에 다산의 동암에서 쓴다.

하피첩이 만들어진 내역이다. 역시 다산이다. 여느 집 필부라면 상상도 못 할 가족 사랑의 승화였으니, 과연 조선의 참 선비임이 틀림없다. 천 리 밖 낯선 곳에 유배 간 아버지가 어머니가 시집올 때 입었던 낡은 치마에 혼신을 다해 쓴 가르침이 아들들에게는 어떤 보물보다 값질 수밖에 없었을 것이다. 그리고 이보다 더 훌륭한 훈육이 또 어디에 있겠는가? 하피첩엔 비록 지금은 폐족의 처지나 열심히 공부하면 반드시 후일을 기약할 수 있으니, 항상 책을 손에서 놓지 말 것을 당부했다.

> 병든 아내가 낡은 치마를 보내 왔네
> 천 리 먼 길 애틋한 마음을 담았네
> 흘러간 오랜 세월에 홍색이 이미 바랜 것을 보니
> 만년에 서글픔을 가눌 수 없구나
> 잘라서 작은 서첩을 만들어
> 그나마 아들들을 타이르는 글귀를 쓰니
> 부디 부모님 마음을 잘 헤아려
> 평생토록 가슴속에 새기려무나

조선 왕조는 역사상 두 번의 문예부흥 시기가 있었다. 첫 번째는 현군 세종이 이끌었고, 두 번째는 정조의 문화정치였다. 정조는 규장각을 중심으로 학문을 부흥시키는 한편, 새로운 시대를 염원한 실학자를 기용하여 과감한 사회 혁신을 전개해나갔다. 그 중심에는 다산의 역할이 가장 돋보였다. 하지만 안타깝게도 정조가 죽자마자 그가 24년 동안 일궜던 모든 치적과 발전의 토대가 한꺼번에 무너지고 말았다. 다산도 마찬가지로 가족과 헤어지고, 자식은 낙담하고, 자신의 이상은 속절없이 묻어야 했다. 하피첩을 만들고도 자투리 천이 남았던 모양이다. 3년 뒤인 1813년, 다산은 짐을 정리하다가 그때 쓰다 남은 천 조각을 발견했다. 마침 강진에 사는 친구 윤서유의 아들 윤창모에게 딸을 시집보낸 직후였다. 사위 윤창모는 초당에 들락거리던 제자였다.

그는 딸에게도 무언가 선물을 주고 싶었던 것 같다. 그래서 이 조각천 위에 시집간 외동딸을 위해 '매조도' 한 폭을 그려주기로 한다. 아래위 두 겹으로 매화 가지가 가로 걸렸다. 아래쪽 가지에 멧새 두 마리가 엇갈려 정답게 앉아 있는 모양이 신혼부부의 정다움을 표현한 아버지의 뭉클한 사랑이 묻어 있다. 딸을 강진으로 데려와 친구 아들과 짝지어주고 나서, 화목하고 행복한 가정을 축복하는 시를 그 아래쪽에 썼다.

펄펄 나는 저 새가
내 뜰 매화에 쉬네.
꽃다운 향기 매워

기꺼이 찾아왔지.

머물러 지내면서

집안을 즐겁게 하렴.

꽃이 활짝 피었으니

열매도 많겠구나.

가경 18년 계유1813 7월 14일, 열수 늙은이는 다산의 동암에서 쓴다. 내가 강진서 귀양 산 지 여러 해가 지났다. 홍 부인이 여섯 폭짜리 낡은 치마를 부쳐왔다. 세월이 오래되어 붉은빛이 바랬으므로 이를 잘라 네 첩으로 만들어 두 아들에게 주었고, 그 나머지를 써서 작은 가리개로 만들어 딸에게 준다.

아버지와 헤어질 때 딸은 여덟 살. 마음속으로만 그리던 딸은 21세가 되어서야 뒤늦게 시집을 갔다. 출가한 딸에게 전하고 싶은 아버지의 애틋한 마음 가득하다. 다산 부부는 원래 6남 3녀를 두었지만, 천연두 등으로 먼저 떠나보내고 2남 1녀만 남았다. 다산은 전남 강진 유배지에서 18년간이나 가족과 헤어져 살아야 했다. 집에 두고 온 삼 남매를 제대로 가르치지 못하고, 자식들이 얼마나 어머니를 생각하는지를 걱정했다. 다산은 아들이 소년으로 성장하자 다음과 같은 당부 편지를 보낸다.

어버이를 섬기는 일은 부모의 뜻을 거역하지 않는 것이 가장 큰 일이다. …중략… 너희 형제는 새벽이나 밤에 방이 찬가, 따뜻한가 항상 점검하고 요와 이불 밑에 손을 넣어보고 차면 항상 따뜻하게 몸소 불을 때 드리고, 그러한 일을 종들에게 시키지 않도록 해라. 그 수고로움도 잠깐 연기 쏘이는 일에 지나지 않는 것이지만 네 어머니는 무엇보다 더 기분이 좋고 기쁠 것이다. 어머니가 기뻐하시면 너희들도 즐겁지 않겠느냐? 두 아들이 효자가 되고 두 며느리가 효부가 된다면 나야 유배지에서 이대로 늙어 죽는다 해도 아무 슬픔이 없겠다.

책 읽기를 소홀히 하고 술이 과한 아들에게 편지를 보내 충고한다. 유배지에서 보낸 편지는 서릿발같이 준엄하게 나무라면서도, 가슴 저미는 애틋한 부정父情이 녹아 있는 인간 다산의 인간미를 느끼게 한다.

너희 형이 왔을 때 시험 삼아 술 한 잔 마시게 했더니 취하지 않더구나. 그래서 동생인 너의 주량은 얼마나 되느냐 물었더니, 너는 형보다 배는 넘는다더구나. 어찌 글공부는 아비의 버릇을 이을 줄 모르고 주량만 훨씬 아비를 넘어서는 것이냐. 이것이야말로 좋지 못한 소식이구나. … 술 마시기를 지나치게 좋아하는 사람은 병에 걸리기만 하면 폭사하는 사람들이 많다. 술독이 오장육부에 배어 들어가 하루아침에 썩어 뭉크러지면 온몸이 무너지고 만다. 이거야말로 크게 두려워할 일이다. 무릇 나라를 망하게 하고 가정을 파탄시키거나, 흉포한 행동은 모두 술 때문이었기에, 옛 성인들도 탄식하였단다. 너처럼 배우지 못하고 식견이 없는 폐족 집안의 사람으로서 못된 술주정뱅이라는 이름을 더 가진다면 앞으로 어떤 사람의 등급이 되겠는가? 조심해 절대로 입에 가까이하지 말거라. 제발 이 천애의 애처로운 아비의 말을 따르도록 해라. 술로 인한 병은 눈에서도 나고 뇌에서도 나며 치루가 되기도 하며 황달도 되어 별스러운 기괴한 병이 발생하니, 한 번 병이 나면 백 가지 약도 효험이 없게 된다. 너에게 바라고 바라노니 입에서 딱 끊고 한 방울도 마시지 말도록 해라.

다산은 1818년 9월 유배가 풀려 고향에 돌아왔다. 부인 홍씨와 마흔에 헤어진 뒤 환갑을 눈앞에 두고야 다시 만났다. 고향 집에서 다산은 『목민심서』 등의 책을 마무리하거나 주변을 여행하면서 부인과 여생을 함께했다. 다산은 회혼일 아침에 75살의 나이로 눈을 감았다. 부인은 2년 뒤 다산을 따라갔다.

배움에서
삶의 정도를 찾은
선비들

초판인쇄 2024년 6월 28일
초판발행 2024년 6월 28일

지은이 변원종
펴낸이 채종준
펴낸곳 한국학술정보(주)
주 소 경기도 파주시 회동길 230(문발동)
전 화 031-908-3181(대표)
팩 스 031-908-3189
홈페이지 http://ebook.kstudy.com
E-mail 출판사업부 publish@kstudy.com
등 록 제일산-115호(2000. 6. 19)

ISBN 979-11-7217-428-6 93150